DIE SCHÖNSTEN GÄRTEN UND PARKS DER WELT

Herausgegeben
von
Caroline Holmes

Mit Beiträgen von
Helena Attlee, Andrew Boorman, Peter Brimacombe, Susan Chamberlin,
Peggy L. Cornett, David Crellin, Patrick Eyres, Godfrey Goodwin, Axel Griesinger,
Caroline Holmes, David Jacques, Erik A. de Jong, Axel Klausmeier,
Marcus Köhler, Susan Garrett Mason, Sue Minter, Magnus Olausson, Laurence Pattacini,
David Radzinowicz, Jill Raggett, Michael Symes und Jan Woudstra

area

Inhalt

Einführung

Caroline Holmes

„Das elementare rechteckige Pflanzenbeet, das nur deshalb umgrenzt ist, damit man es von allen Seiten bearbeiten kann, ohne auf die Pflanzen zu steigen, nimmt immer dekorativere Formen und Einfassungen an. An einem bestimmten Punkt wird es zum reinen Knotenornament, das überhaupt keine Pflanzen mehr enthält. Wasserkanäle und einfache Bewässerungsanlagen entwickeln sich zu verzierten Wasserspeiern und Becken, zu Springbrunnen und Kaskaden und schließlich zu ausgeklügelten Wasserspielen, die reiner Selbstzweck sind. […] Die schlichte Hecke wird anfänglich einfach beschnitten und tritt zuletzt als kunstvoll geformtes topiary-Gebilde in Erscheinung."

Anthony Huxley, *An Illustrated History of Gardening*, London 1978.

Garten des Vizekönigs, Indien (S. 142–143).

In jeder Kultur priesen die Dichter den Garten als heiligen Ort, als irdisches Paradies, dessen Natürlichkeit es von der übrigen, durch den Menschen geschaffenen Umwelt unterscheidet. Jene Schöpfungen, die das Verständnis des Gartens am nachhaltigsten geprägt haben, bieten auch heute noch mehr als einen rationalen Zugang zum Gartenbau. Die Meisterwerke der Gartenkunst vereinen die wertvollsten Traditionen mit den Vorzügen moderner Landschaftsgestaltung.

Der auf Symmetrie ausgerichtete Garten strebt nach der Vollendung der Natur, während die freie, naturnahe Gestaltung der Landschaftsgärten die Natur selbst zur Kunst erhebt. Beide Arten des kultivierten Lustgartens demonstrieren den Status ihres Bauherrn, sie künden von seinem Geschmack, seiner Bildung und seinem Esprit ebenso wie von seinem Einfallsreichtum, der sich in raffinierten optischen Täuschungen, spielerischen Elementen und architektonischen Tricks manifestiert. Ein kurzer historischer Überblick soll zeigen, in welch enger Verflechtung sich die Gartenformen in aller Welt über Jahrtausende entwickelten.

Die frühesten dokumentierten Gärten entstanden im 7. Jahrhundert v. Chr. in Persien, dessen Einflußbereich sich entlang der alten Handelsstraßen zwischen Ost und West erstreckte. Die Wurzeln dieser und anderer antiker Gärten scheinen sowohl topographischer als auch religiöser Natur zu sein. Über tausend Jahre lang wurde das Quellwasser aus den Bergen in qanat genannten Kanälen oder Tunneln zu den persischen Siedlungsgebieten geleitet, um die „ummauerten Gärten" (altpers.: pairidaeza, griech.: paradeisos) zu bewässern. Die Formen der lebensspendenden heiligen Berge wurde in den Zikkurats, den Stufentempeln Mesopotamiens, nachgebildet. In der Vorstellung des Islam, ein Jahrtausend später, symbolisieren vier Flüsse – Milch, Wasser, Honig und Wein – das Paradies; Gärten mit fließendem Wasser sind im Islam auch eine Metapher für den Gläubigen. Der historische „geviertelte Garten" (chahar bagh), in dem vier Flüsse kreuzförmig um einen zentralen Pavillon oder ein Bassin angeordnet waren, sollte durch die sinnliche Erfahrung das irdische Paradies erleben lassen und damit einen Vorgeschmack auf den Himmel geben. Für Wüstenbewohner war das Wasser die Lebensader, sein Fließen, Versickern und Hervorsprudeln versinnbildlichten Leben, Tod und Wiedergeburt. Die Wasserrinnen wurden immer mehr stilisiert, das Auffangbecken immer dekorativer gestaltet. Da der Koran die Abbildung der menschlichen Gestalt ausschließt, beschränkte sich das Dekor auf geschnitzte oder in Stuck ausgeführte kalligraphische Zeichen, die mit ihren regelmäßigen Formen ein Gefühl der Ruhe und Beständigkeit vermittelten. Der Islam und seine Gärten verbreiteten sich vom heiligen Zentrum Mekka nach Osten bis nach Indien, Südostasien, Malaysia und Indonesien; in westlicher Richtung über Nordafrika nach Spanien, zeitweise bis Südfrankreich; und in nördlicher Richtung nach Osteuropa und Südrußland. Der persische Einfluß läßt sich an der alten Medina Azahara bei Cordoba, den Mogulgärten Kaschmirs (die derzeit leider nicht zugänglich sind) und Lutyens'

Palast des Vizekönigs in Neu-Delhi ablesen, deren gemeinsames Merkmal schattenspendende, vom eintönigen Geräusch des fließenden Wassers erfüllte Gartenareale sind.

Andere antike Vorbilder lassen sich im römischen Reich und in China finden, deren Gärten eine tief empfundene Liebe zur Landschaft verraten. Die Römer assimilierten und perfektionierten die botanischen Errungenschaften des alten Mesopotamiens, der Perser, Griechen und Ägypter. Ihre Gärten sind durch Mosaike, Wandmalereien und Ausgrabungen gut dokumentiert. Klassische römische Elemente wie Villenhöfe mit Kolonnaden und Gärten mit Säulengängen wirken in späteren Anlagen in Form von Kreuzgängen, Lauben, Alleen und Pergolen nach; gleiches gilt für die Ausstattung mit dekorativen Zäunen und Spaliergittern, Teichen, Bassins und Springbrunnen, Statuen und automata. Ein großartiges Beispiel eines römischen Gartens bietet die Hadriansvilla in Tivoli, Italien. Bescheidenere Reste finden sich in Pompej.

Die Römer und Araber trieben Handel mit Serendib (Sri Lanka): Ausgrabungen in Sigiriya zeigen palastähnliche Gärten, in denen die Einflüsse der Hängenden Gärten von Babylon, der Wassergärten des alten Rom und japanischer und chinesischer Steingärten verschmelzen. Mit seinen an Seen und Hügeln gelegenen Tempeln und Palästen übte China ab dem 16. Jahrhundert eine große Faszination auf Europa aus. 1685 schrieb Sir William Temple in seinem Essay *Upon the Gardens of Epicurus*, daß die chinesischen Gärten und Landschaften dem Prinzip des sharawadgi, einer bewußt unregelmäßigen Schönheit, folgten. Auch die Stiche Matteo Ripas, eines italienischen Priesters, der sich im Jahr 1713 am chinesischen Hof aufhielt, inspirierten französische und englische Landschaftsarchitekten.

Die alten japanischen Gärten wurzeln gleichermaßen in religiösen wie in praktischen landwirtschaftlichen Traditionen. Nach der shintoistischen Lehre können ein Naturobjekt und seine Umgebung zum heiligen Ort werden. Im 7. Jahrhundert kam der Einfluß des über Korea vermittelten chinesischen Buddhismus hinzu. Der Landschaftsgarten folgte der chinesischen Tradition von „See und Insel" mit künstlichen Hügeln und Felsformationen, die sich von den Pavillons, Terrassen und Lauben aus betrachtet wie eine ländliche Wildnis präsentieren sollten. Für buddhistische Tempel und die Residenzen der Kaiser und Shogune wurden offene Gartenhöfe angelegt. Der kleinere tsubo-Garten erstreckte sich zwischen den Gebäuden, in der Gegenwart wird er häufig als Lichtschacht mit minimalistischen Arrangements aus wenigen Pflanzen, Steinen und einer Bodenbedeckung aus Moos, Sand oder bloßer Erde gestaltet.

Hinter dem Konzept des Teegartens oder roji standen wabi, die ländliche Einsamkeit, yungen (Stille) und sabi (Patina des Verwitterten). Über Steinstufen gelangte man zum Teehaus, einem einfachen Bau von verfeinertem ländlichen Charakter, davor befand sich ein Steinbecken für die rituelle Handwaschung in der Teezeremonie. Das wichtigste Buch der japanischen Gartenkunst ist das Tachibana-no Toshitsuna (1028–1094) zugeschriebene *Sakuteiki*, das 1735 neu aufgelegt wurde. Es enthält detaillierte Anleitungen zur Gartengestaltung, etwa die Einteilung von Wasserfällen in Kategorien oder Anweisungen zur Positionierung von Brücken und Steinen.

Im Vergleich zwischen Szenen der Mogulminiaturen mit ihren Bassins, Kanälen, Pavillons und Gespielinnen mit der Darstellung einer sittsamen mittelalterlichen Dame auf der Blumenwiese in den Teppichen von Cluny werden die sinnlichen Genüsse des Gartens deutlich.

Die in der Buchmalerei dargestellten mittelalterlichen Gärten zeigen höfische Szenen, Gartenarbeit oder die Landschaft außerhalb des Gartens. Der von Mauern umgebene hortus conclusus („eingeschlossene Garten") mit Lauben und Rasenbänken bot wahre „Räume" unter freiem Himmel. Die Kräutergärten wurden vierteilig angelegt; die Beete waren nach Sorten getrennt; auf einer Blumenwiese waren erhöhte Bänke plaziert. Aus den großen, von einem Graben eingefaßten Kräutergärten entwickelten sich schließlich die frühesten Renaissancegärten.

Die Renaissance brachte die Wiederentdeckung der Antike und der Perspektive; man entwickelte eine neue Haltung gegenüber der Natur und betrachtete diese in vielerlei Hinsicht als der Kunst untergeordnet. Zwischen 1450 und 1600 wandelte sich der Renaissancegarten in drei Stufen – Humanismus, Hochrenaissance, Manierismus – vom abgeschlossenen, nach innen

Garten des Meisters der Netze, China (S. 104–105).

gerichteten Gartenareal zur weitläufigen Anlage mit großzügigen Sichtachsen und Alleen. Der humanistische Garten wurde in der 1499 von Francesco Colonna (1433–1527) verfaßten Allegorie *Hypnerotomachia Poliphili* (Der Traum des Poliphilus) illustriert: Der Held Poliphilus zieht durch Wälder, Tempel und Ruinen, um Weisheit und Wahrheit zu finden. Diese begegnen ihm in Gestalt der Nymphe Polia; im Liebesgarten waschen sich beide im Jungbrunnen von Sünden rein. Der Wasserstrahl des von einer Laube überdachten Brunnens fällt in sanftem Bogen in ein Steinbecken. Die Liebenden fahren in einem wundersamen Boot zur Insel Kythera, die als kreisrunder Garten beschrieben wird – umgeben von einer Reihe hoher Zypressen und in 20 gleich große Bereiche gegliedert; diese sind von Pergolen mit Kletterpflanzen eingefaßt und durch aus vier überkuppelten Säulen gebildete Pavillons voneinander abgesetzt. Nach römischem Vorbild ist der Garten mit extravagant geformten Buchsbaumskulpturen geschmückt, auch Beete mit Knotenornamenten aus Buchs werden erstmals in der *Hypnerotomachia* beschrieben. Die Zeitgenossen lasen den Roman nicht nur als philosophische Abhandlung und Allegorie, sondern als Anleitung für die praktische Gartengestaltung. Der botanische Garten in Padua wurde 1545 als nahezu perfekte Nachahmung der mythischen Insel Kythera angelegt.

Die verschiedenen Stile der Hochrenaissance blieben für lange Zeit prägend. Die symmetrisch angelegten Gärten waren architektonisch auf die Gebäude und die Form des Grundstücks abgestimmt. Ein Musterbeispiel ist die Villa Belvedere, für die Bramantes (1444–1514) Entwurf weit in die Landschaft ausgreifende Perspektiven vorsah; Nischenfiguren, rauschende Brunnen und Grotten bereichern die Ansicht. Als die Franzosen sich 1495 aus Neapel zurückzogen, folgten ihnen italienische Gärtner, die den Stil der französischen Gartenarchitektur veränderten. Jacques Androuet du Cerceau (um 1515–1584) veröffentlichte in der Sammlung von Architekturstichen, *Les Plus Excellents Bâtiments de France* (1576–1579), unter Angabe von Daten und Architekten sowie mit detaillierten Plänen, die Ansichten der schönsten französischen Gärten des 16. Jahrhunderts. Der Plan von Amboise zeigt einen kunstvollen gegliederten Garten, doch die Anlage der Beete und die Konzentration auf das Innere des Gartens bleiben dem Mittelalter verhaftet. Dennoch deuten einzelne Gestaltungselemente auf die folgende Entwicklung hin: Die rechteckigen Beete mit Flechtornamentik könnte man als frühe Knotenkompartimente interpretieren, auch eine Frühform des Parterres läßt sich erkennen. Solche Entwürfe der Hochrenaissance dienten späteren Schöpfungen als Anregung, etwa in Biltmore (1891) und Villandry (1906).

Villandry, Frankreich *(S. 134–135).*

Die 1604 errichteten Gärten des schottischen Edzell Castle verkörpern paradigmatisch die Kultur und Geisteshaltung der Renaissance. In die Südwand sind Nischen und Wandtafeln eingelassen, welche die Sieben Freien Künste illustrieren – das elementare Trivium (Grammatik, Rhetorik und Dialektik) und das höhere Quadrivium (Geometrie, Musik, Arithmetik und Astronomie). Diese Motive sind Zeugnis einer umfassenden Bildung, des Verständnisses mathematischer Proportionen, musikalischer Harmonien und der Sternenkunde, die eine kenntnisreiche Konzeption, Diskussion und Erläuterung solcher Gartenentwürfe erst möglich machte.

Der großartigste Renaissance-Stil, der Manierismus, benötigte nicht nur einen Architekten, sondern auch einen Hydraulikingenieur, um Symbole eines irdischen Paradieses zu schaffen, die gleichnishaft und moralisch belehrend wirken sollten. Der Garten war die Bühne für höfische Tändelei, philosophischen Diskurs und Meditation. Gleichzeitig präsentierte er neben botanischen Exoten und überwältigenden Wasserkünsten auch die Antikensammlung des Besitzers. Pirro Ligorios (1500–1583) Entwurf der Villa d'Este bietet das beste Beispiel manieristischer Hydraulik und Ikonographie.

Etienne du Perac (1544–1601) führte den manieristischen Garten in Frankreich ein, Claude Mollet (um 1564–1648) und Jacques Boyceau (um 1565–1633) waren die ersten, die Symmetrie- und Proportionsregeln aufstellten. Sie wandten die Gesetze der Perspektive auf die Hauptalleen an. So sollten etwa die grünen Palisadenhecken entlang der allées nicht höher sein, als zwei Drittel der Wegbreite. Statuen und Brunnen wurden eingesetzt, „um die Sichträume einzugrenzen und zu gliedern, wodurch das Auge gezwungen wird innezuhalten und das Relief einzubeziehen und somit dem Betrachter die anderen Werke bewußt macht, die von diesen Reliefelementen umgeben sind" (J. Boyceau, *Traité du jardinage selon les raisons de la nature et de l'art*, 1638).

Unterhalb italienisierender Terrassen legte man auf dem flachen Terrain Parterres mit geometrischen und fließenden Mustern aus Zwergbuchsbaum an. Die einzelnen Kompartimente entwickelten sich aus den Knotenornamentbeeten der Renaissance, die nun im einheitlichen Entwurf des Broderieparterres zusammengefaßt sind. Die ersten parterres de broderie stammen von Boyceau und Mollet, sie sollten nur entlang einer Hauptachse, vorzugsweise jener des Hauses, betrachtet werden. Mollet gestaltete für Henri IV. die Parterres der königlichen Gärten von St. Germain-en-Laye und in den Pariser Tuilerien, wo er mit Pierre le Nôtre (1570–1610 tätig), dem Großvater André Le Nôtres, zusammenarbeitete. Der große André Le Nôtre (1613–1700) bekleidete in der dritten Generation die Position eines königlichen Gärtners und konnte auf eine umfassende Ausbildung verweisen, die Malerei und Tapisserieentwurf ebenso wie die Wissenschaft der Perspektive, die kartesianische Optik und die antike Mythologie umfaßte.

Im Europa des 17. Jahrhunderts war die französische Kultur und Ästhetik bestimmend. Die barocke Gartenkunst nahm in Vaux-le-Vicomte ihren Ausgang, wo Le Nôtre das weite Terrain formte und der Landschaft Struktur verlieh. Diese neuartigen Gestaltungsprinzipien lieferten das Modell für Versailles, wo die Alleen und Blickachsen weit in die umliegende Landschaft führen. Versailles war das Zentrum, das den höfischen Stil in ganz Europa prägte; Le Nôtres Gärten bildeten eine „juwelenbesetzte Krone" rund um Paris. Sein Einfluß spiegelt sich in Schöpfungen wie Het Loo und Hampton Court Palace wider; auch die Entwürfe von George London (gest. 1714) und Henry Wise (1653–1738) in Chatsworth sowie Jean-Baptiste Le Blonds (1679–1719) in Peterhof gehen unmittelbar auf Le Nôtre zurück.

Die ausgedehnten Rasenflächen der bowling-greens (frz. boulingrins) und Rasenparterres (parterres à l'anglaise) sind eine Verbindung zwischen der englischen Vorliebe für den Rasen und der französischen Liebe zum Ornament. Die berühmten Parterres mit ihren stark leuchtenden Farben waren die Vorläufer heutiger Blumenbeete und Bepflanzungsmuster. Die Rabatten (platesbandes) bildeten die Einfassung der Kompartimente; häufig wurden sie in Form von erhöhten „Karpfenrücken"-Beeten angelegt, ein Element, das auch Monet in der Großen Allee von Giverny aufgriff. Wasserparterres hatten ihren Ursprung in den reichgeschmückten Kaskaden und Treppenanlagen Italiens. In den flachen Gärten Frankreichs entwickelten sich daraus geometrisch und symmetrisch angelegte Wasserflächen und Bassins, in denen sich Garten und Gebäude spiegelten. In England planten George London und Henry Wise Gärten im Stil Le Nôtres, deren charakteristisches Merkmal die Symmetrie der radial vom Haus ausgehenden Parterres, Wasserspiele und Areale mit natürlichem Bewuchs war. Die geometrische Anlage dieser Gärten wird in den detaillierten Vogelschau-Ansichten Johannes Kips und Leendert Knijffs deutlich, die zwischen 1697 und 1707 entstanden.

Giverny, Frankreich
(S. 126–127).

Den Aufstand gegen den geometrischen Garten französischer Prägung leitete Joseph Addison 1712 mit einem Artikel im *Spectator* ein, der die Frage aufwarf: „Wieso sollte sich nicht ein ganzes Landgut durch intensive Bepflanzung in eine Art Garten verwandeln lassen, der dem Besitzer sowohl Profit als auch Vergnügen bringt. Ein mit Weiden bepflanzter Sumpf, von Eichen beschattete Berge sind nicht nur schöner, sondern bringen auch mehr Nutzen, als wenn sie nackt und schmucklos daliegen. Kornfelder bieten einen schönen Anblick [...] Man könnte aus seinem Besitz eine hübsche Landschaft machen." (*The Spectator*, Nr. 414, 25. Juni 1712). Dem Aufruf folgte John Aislabie (gest. 1742), der ab 1716 gemeinsam mit seinem Sohn William (gest. 1781) die im bewaldeten Tal des Skell gelegene Landschaft um Studley Royal in North Yorkshire gestaltete. Die Anordnung stiller Gewässer, Rasenflächen und Tempel vor dem Hintergrund dunkler Bäume entspricht der perfekten Verschmelzung von wilder Naturlandschaft – des Erhabenen – mit der verfeinerten Gartenästhetik des 18. Jahrhunderts – dem Schönen.

William Kent (1685–1748) wurde von Lord Burlington nach dessen Rückkehr von der europäischen Bildungsreise zunächst als Künstler und Architekt, später als Landschaftsgestalter engagiert. Lancelot „Capability“ Brown (1716–1783) machte im Park von Stowe Bekanntschaft mit Kents Gartenkunst und begann damit eine Karriere, in deren Verlauf er die alten geometrischen Gärten mit seinen naturalistischen Landschaften radikal hinwegfegte. Seine Vision des englischen Parks wurde weltweit zum Vorbild. Brown perfektionierte den nach dem schlängelnden Verlauf der Wege benannten serpentine style – bei dem ein äußerer Gürtel hoher Bäume das Anwesen schützte und einen schattigen, verschlungenen Zufahrtsweg zum Haus bildete, der vielfältige Aussichten zwischen Baumgruppen, über grasbewachsene Lichtungen und in Windungen angelegte Seen bot. Humphry Repton (1752–1818) folgte in vielem dem Vorbild Browns, doch er bereicherte die Landschaften um malerische Dörfer und Blumen- und Rosengärten in der Nähe des Hauses. Er überreichte seinen Kunden stets ein in rotes Saffianleder gebundenes „Rotes Buch“, in welchem aufklappbare Aquarelle und Grundrisse die unattraktiven Ansichten des Gartens vor und die erfreulichen nach seinem „Eingriff“ zeigten.

Stowe, England (S. 84–85).

Das expandierende britische Empire der viktorianischen Ära belebte die nostalgischen symmetrischen Rosengärten und Parkanlagen wieder, in England ebenso wie in entlegenen Regionen der Erde. Im ganzen Empire entstanden botanische Gärten als Heimstatt für die zum Teil in abenteuerlichen Expeditionen auf der ganzen Welt gesammelten exotischen Exemplare. Der bedeutendste dieser botanischen Gärten ist heute noch Kew Gardens in London. Die Weltausstellung von 1851 brachte Gestaltungsideen (und Besucher) aus dem gesamten Empire nach London; die Pariser Weltausstellung von 1889, die Kolumbus-Ausstellung 1892 in Chicago sowie die Londoner anglo-japanische Ausstellung von 1910 zeigten japanische Gärten, die damals in Mode kamen.

Auch italienisierende Gärten waren im England des 19. Jahrhunderts beliebt, etliche stammen von Sir Charles Barry (1795–1860) oder William Andrews Nesfiel (1793–1881). Im Lauf des Jahrhunderts bezogen die großen Landsitze der amerikanischen Ostküste, Englands und Schottlands immer häufiger Anregungen aus Italien und Frankreich. Terrassen mit geometrischen Parterres, prächtige Gewächshäuser, Blickachsen in die Tiefe der Landschaft, japanische Gärten oder Steingärten sowie Tennisplätze oder Krocketrasen bildeten nun wesentliche Elemente der Gartengestaltung. Im Jahr 1909 wurde Sir Reginald Blomfield (1856–1942) zur Planung des Gartens von Mellerstain, nahe Gordon an der schottischen Grenze, engagiert. Der von Le Nôtre inspirierte grandiose Entwurf ließ den architektonisch gestalteten Garten mit dem Horizont verschmelzen. Blomfield schrieb dazu 1910: „Die formale Gartengestaltung sollte vielleicht architektonische Gartengestaltung genannt werden, da sie darin besteht, die das Haus prägenden Entwurfsprinzipien auf das umliegende Land auszudehnen.“ (*The Formal Garden in England*, 1901)

Um die Jahrhundertwende trat die vom mittelalterlichen Handwerkswesen beeinflußte Arts and Crafts-Bewegung dafür ein, kunsthandwerkliches Können in natürlich gestalteten Gärten einzusetzen. William Robinson (1838–1935) propagierte diesen Trend auf seinen regelmäßigen Reisen nach Frankreich und die USA. Sein Garten in Gravetye Manor in Sussex war mit überwiegend einheimischen Bäumen, Sträuchern und Pflanzen gestaltet, die von amerikanischen Sorten komplementiert wurden. Frederick Law Olmsted (1822–1903), der Vater der amerikanischen Landschaftsarchitektur, hatte die Debatte zwischen Blomfield und Robinson – geometrischer Garten versus Naturlandschaft – mit großem Interesse verfolgt. 1892 schrieb er: „Es wäre wünschenswert, daß man völlig zum alten formalen Garten zurückkehrt, anstatt mit dem gegenwärtigen widersprüchlichen Mischmasch von formal-natürlichem Garten weiterzumachen.“

Robinsons Einfluß läßt sich am deutlichsten an Gertrude Jekylls (1843–1932) Werk ablesen. Zwischen 1894 und 1912 schufen Jekyll und Edwin Lutyens (1869–1944) etwa 70 Gartenentwürfe. Jekylls Gartengestaltung hatte dabei häufig den Effekt, die Strenge von Lutyens' „Wrenaissance“ – der angeblich von Lutyens selbst geprägte Begriff bezeichnet ironisch die von Christopher Wren (1632–1723) beeinflußte neoklassische Architektur – zu mildern. Pergolen und Bogen schlossen sich an reich mit Blumen bepflanzte Terrassen und Höfe an, vorbei an Wasserrinnen und Bassins gelangte man über Stufen zu speziellen Jahreszeitengärten. Jekyll entwickelte eine ganz persönliche Sicht der Farbwirkungen: Bei Orange „ist der Effekt hell und heiß, genug, um einen grauen Tag optisch aufzuwärmen, also tendieren die Orangetöne ins Rot und nicht ins Gelb"; bei Grau beabsichtigt sie einen Effekt von „Graugrün und Silbergrau mit Blumen in Weiß, Pastellrosa und Blautönen"; die Blautöne dagegen „gehen ins Weiß und Grau und nicht zu Purpur hin". Die Amerikanerin Beatrix Farrand (1872–1959) sah während ihrer Europareise, die sie mit ihrer Tante, der Romanautorin Edith Wharton, unternahm, die schönsten geometrischen Gärten und wurde unter diesem Einfluß selbst Gartenarchitektin; Dumbarton Oaks ist eine ihrer Schöpfungen.

Die modernen Tendenzen des 20. Jahrhunderts mischten sich mit traditionellen Mustern und brachten neue Strömungen in der Gartenarchitektur hervor, Beispiele dafür sind die Werke Antonio Gaudís (1852–1926) in Barcelona und Frank Lloyd Wrights (1867–1959) in Chicago.

In Gaudís Parque Güell spiegelt sich, in organische Formen und Mosaike gekleidet, barocke Vielfalt ebenso wie die Wasserspiele der maurischen Gärten. Lloyd Wright sah sich nicht in erster Linie als Landschaftsarchitekt, aber er integrierte Elemente der umgebenden Natur in seine Entwürfe. Sein prairie-style ist von der weiten, flachen Landschaft des Mittelwestens geprägt: Die Gärten verschmelzen mit der Landschaft, durch üppige Bepflanzung in Haus und Garten sind die Übergänge von innen nach außen fließend gestaltet. Sein Meisterwerk, Haus Fallingwater in Pennsylvania, war inspiriert von dem Kontrast zwischen seiner Heimat Wisconsin und einem Hokusai-Holzschnitt, von dem er tief beeindruckt war, der ein Haus auf einer Hügelkuppe über einem in die Tiefe stürzenden Wasserfall zeigt. Im Jahr 1937 erhielt Alvar Aalto (1898–1976), der ein Jahr in Japan gelebt hatte und von einem Artikel über Fallingwater angeregt wurde, den Auftrag zur Planung der Villa Mairea. Gemeinsam mit Thomas Church entwickelte er eine lockere, kurvilineare Form, die den Swimmingpool als natürliches Element mit dem Garten verband.

Die Einflüsse der Arts and Crafts-Bewegung setzten sich mit Lawrence Johnston (1871–1958) in Hidcote Manor und Vita Sackville-West (1892–1962) und Harold Nicolson (1886–1968) in Sissinghurst fort. Die Tradition des klassisch proportionierten symmetrischen Gartens wurde in Europa von Harold Peto (1854–1933) sowie Russell Page (1906–1985) in Zusammenarbeit mit Geoffrey Jellicoe (1900–1996) weitergeführt. Im Jahr 1929 bereiste Christopher Tunnard (1910–1979) England; bevor er 1939 nach Yale ging, veröffentlichte er *Gardens in the Modern Landscape*. Tunnard war von der englischen Landschaftsgestaltung ebenso wie von der Spiritualität und Schlichtheit japanischer Gärten beeindruckt. Die japanische Erfindung der Schiebetür veränderte die Abgrenzung von Haus und Garten grundlegend, dementsprechend strebte Tunnard eine einfache, klare Ästhetik in der Gestaltung von Haus und Garten an.

Die grundlegenden Gestaltungselemente der Gartenarchitektur, wie Gebäude, Wasser, Pflanzen und Felsen neben Religion und Philosophie, sollten jedoch nicht die sinnlichen Eindrücke eines Gartens vergessen lassen. Geräusche und Bewegungen, Vogelstimmen und das Spiel von Wind und Wellen, sind ebenso wichtige Elemente der Planung. Man stelle sich den Unterschied zwischen den gedämpften Geräuschen eines islamischen Gartens, das Rascheln der Seidengewänder und das Murmeln des Wassers, im Gegensatz zum Lärmen barocker Menschenmengen bei den Maskenspielen, Seeschlachten und Feuerwerken von Versailles vor. So wichtig wie der Symbolgehalt der Gärten und ihre Anregungen aus Mythologie und Literatur ist ihre ständige Verfeinerung nach den sinnlichen und emotionellen Bedürfnissen der Gesellschaft. Auch die zeitgenössische Gartenarchitektur spiegelt unsere Sehnsucht nach dem Paradies wider. Gleichzeitig weckt sie in uns den Wunsch, die Geschichte des Gartens zu verstehen und die Gartenkunst weiterzuentwickeln. Die Gartenarchitektur kann eine städtische Wohnanlage, einen Palast oder ein Landhaus bereichern. In einer natürlichen Umgebung steht das Haus wie auf einer Weide; inmitten geometrischer Formen kann sich seine verschwenderische Pracht entfalten, während moderne Wohnsiedlungen den Landschaftseindruck, sparsam dosiert, durch verglaste Dächer, Fenster und Türöffnungen eindringen lassen.

Dumbarton Oaks, USA
(S. 144–145).

Sigiriya

SRI LANKA

„Vom Paradies nach Taprobane sind es 40 Meilen; dort kann man den Klang der Paradiesbrunnen hören."

Überlieferung, berichtet von Friar Marignolli im Jahr 1335, zit. n. Arthur C. Clarke, *Fountains of Paradise*, London 1979.

Blick von oben auf die Anlage.

3. Jahrhundert v. Chr. Gründung eines buddhistischen Klosters.

484 n. Chr. Kassapa bezieht den vollendeten Palast. Nach seinem Tod wird das vorher dort ansässige buddhistische Kloster bis ins 14. Jahrhundert weitergeführt.

16.–17. Jahrhundert Sigiriya wird zum entlegenen Außenposten der Könige von Kandy.

19. Jahrhundert Die Briten beginnen mit Ausgrabungen.

Achtziger Jahre des 20. Jahrhunderts Sigiriya wird in das UNESCO Cultural Triangle-Projekt aufgenommen.

Mit seiner einzigartigen Geschichte, Topographie und Geologie wurde Sigiriya in Sri Lanka – Sigiri bedeutet Löwenfels – als achtes Weltwunder bezeichnet. Für Sri Lanka gibt es viele alte Namen: darunter das römische „Taprobane", das arabische „Serendib", das Horace Walpole zum Begriff serendipity inspirierte, und das chinesische „Si-Lan" (Land der Freuden). In den Gärten Sigiriyas klingt etwas vom Zauber dieser Namen nach.

König Kassapa, der 477–495 n. Chr. regierte, ließ den 200 Meter hohen natürlichen Felsen mit Hilfe von Ziegel und Mörtel in einen ruhenden Löwen verwandeln. Die Besucher traten durch das Löwenmaul ein und stiegen durch einen freskengeschmückten Gang empor zu einem höfischen Paradies mit eleganten Pavillons, Gärten und Bassins, das sich auf einer Fläche von 1,2 Hektar erstreckte und von dem man auf die darunter liegenden Terrassen-, Wasser- und Steingärten herabblickte. Das Wasser wurde den südöstlich des Fundaments liegenden wewa (riesigen „Tanks" oder künstlichen Seen, in denen während der Regenzeit Wasser gespeichert wurde) entnommen und mittels einer Reihe von Flaschenzügen nach oben gekurbelt. Von der ursprünglichen Bepflanzung künden nur noch die Blumen in den Fresken der „Wolkenfräulein", deren Inschrift lautet: „Heil Dir, Goldfarbene auf dem Berghang, deren strahlend rosige Hand eine blaue Wasserlilie trug [...]."

Die dem Tropenwald abgerungenen Stein-, Terrassen- und Wassergärten liegen westlich des Felsens. Die Steingärten, eine typisch chinesische Anlage, entstanden vor der Zeit Kassapas als Teil eines buddhistischen Klosters aus dem 3. Jahrhundert v. Chr. Ein Netzwerk von gewundenen Pfaden und Gängen führt um „natürliche" Felsblöcke verschiedener Größe, die mit Reliefs verziert sind. Diese Felsen bilden Höhlen, einige davon waren mit Deckenmalereien versehen. Shan shui (die chinesischen Begriffe für Berge und Wasser, allgemein aber die Bezeichnung einer „natürlichen" angelegten Landschaft), der Übergang zwischen Stein- und Wassergarten, wird durch ein achteckiges, von einem 15 Meter hohen Felsen überragtes Wasserbecken markiert. Ein ziegelgesäumter Weg legt eine Zentralachse durch die Terrassengärten, er steigt von der Basis des großen Felsens zu den Steingärten auf, von dort weiter zu den königlichen Badebassins. Früher war jede der von Bruchsteinmauern eingefaßten Terrassen im babylonischen Ziggurat-Stil geometrisch bepflanzt. Der Besucher konnte zum wewa spazieren, das heute nur noch halb so groß ist wie das Original, und dort den Anblick der blauen Wasserlilien genießen. Durch einen kunstvoll gestalteten Torbau betrat man die eingefriedeten Wassergärten, wo Bassins, fließende Gewässer und Brunnen sanfte Kühlung spendeten, während tropische Vögel, Bäume und Wasserpflanzen das Auge erfreuten. Schließlich gelangte man zu den königlichen Badebassins, vier L-förmigen, an den Rändern sanft ansteigenden Becken um einen großen Pavillon, die durch Terrassen und Stufen verbunden waren. Die gesamte Anlage wurde vom dominierenden Sigiriya-Felsen beherrscht, der möglicherweise Alakamunda symbolisierte – das im Himalaya angesiedelte Bergparadies von Kuvera, dem Gott der Reichtümer.

Damals wie heute dient diese geformte Landschaft ebenso der Demonstration von Macht wie dem Vergnügen, das Arthur C. Clarke zu *Fountains of Paradise* inspiriert hatte.

C.H.

Der Felsenpalast und die Gärten von Sigiriya.

Die Phönixhalle „schwimmt" auf dem See aus der Heian-Periode.

Byodo-in

UJI, JAPAN

„Jeder, der das Paradies schauen will, muß den Tempel von Uji besuchen."

Altes Sprichwort, zitiert im *Sakuteiki.*

Der Byodo-in von Uji, im Süden von Kyoto, ist das schönste erhaltene Beispiel eines reinen Landvilla-Tempels aus der Heian-Periode (794–1185). Die berühmte Phönixhalle wurde auf dem Landsitz des Fujiwara Michigan (966–1027) errichtet, der als Vermittler zwischen Kaiser und Hofbeamten eine einflußreiche Rolle am Kaiserhof spielte. Sein Sohn und Nachfolger Fujiwara Yorimichi (922–1074) ließ den weitläufigen Palast Byodo-in bauen. Im Jahr 1052 wurde dieser Palast in einen Tempel umgewandelt; die Phönixhalle, die heute noch steht, wurde 1053 fertiggestellt.

Die zentrale Halle beherbergt die Tempelstatue des Amida Buddha, der über See und Garten blickt. Die nach dem aus der Asche auferstandenen Fabeltier benannte Phönixhalle gleicht im Grundriß einem Vogel, der Mittelteil stellt den Körper dar, während die flankierenden Gänge die Flügel bilden. Die Ikonographie der Phönixhalle gibt Einblick in die höfischen Gesellschaft der Heian-Zeit, in der Bilder und Metaphern von großer Bedeutung waren: Man findet sie nicht nur im Gebäude, sondern auch im Garten, der das „Paradies im Westen" des Amida Buddha repräsentiert. Diese Allegorie von Wiedergeburt und Paradies bildete die ideele Basis in der Tradition der Heian-Gärten.

Der See im Westen der Phönixhalle wurde aus einer Bucht des Flusses Uji geformt, er könnte der Überrest eines älteren und größeren Sees sein. Die Gärten der Heian-Zeit waren Bestandteil einer hochentwickelten höfischen Kultur, deren Vertreter in allen Lebensbereichen einen verfeinerten Schönheitssinn demonstrieren mußten, sei es bei der Wahl der passenden Farbe eines Kimonos als Ausdruck einer Jahreszeit oder beim Verfassen eines elegant komponierten Gedichts. Die Gärten jener Zeit waren eine wichtige Bühne für das Leben der Aristokratie, eine lebendige Darstellung dessen findet sich in der *Geschichte des Prinzen Genji*, einem Roman der Heian-Zeit.

Das zentrale Gestaltungselement des Gartens war, wie in Byodo-in, der See, der häufig den größten Raum einnahm. Er enthielt mindestens eine Insel, die über eine Brücke mit dem Festland verbunden war. Die Seen dienten als Bühne für die Musiker, die in Booten mit Drachen- oder Phönixfiguren am Bug über das Wasser fuhren, während das Publikum die Darbietungen von den umliegenden Gebäuden aus verfolgte. Die Vegetation der Gärten bestand aus einer Vielzahl von Saisonblumen und blühenden Sträuchern, die der Landschaft wesentlich mehr Farbe verliehen, als es in späteren Gärten üblich war. Das früheste bekannte Handbuch der Gartenkunst, das *Sakuteiki*, wurde in der zweiten Hälfte des 11. Jahrhunderts verfaßt; man schreibt es Tachibana-no Toshitsuna (1028–1094) zu, dessen Vater den Garten von Byodo-in errichtet haben soll. Das Buch muß zweifellos von diesem Garten beeinflußt worden sein.

Trotz der Beeinträchtigungen, die der Garten in Byodo-in im Lauf der Jahrhunderte erlitten hat, blieb sein wichtigstes Merkmal, der See, erhalten; allerdings dürfte dieser heute etwas kleiner sein. Seine bedeutendste Funktion ist die einer Projektionsfläche für die perfekte Spiegelung der Phönixhalle. Das wunderbare Gebäude mit den horizontalen Akzenten der zentralen Halle und der symmetrischen Korridore wird vom Wasser so reflektiert, daß sich Gebäude und Garten verbinden, um dem Betrachter das „reine Land des Westens", Amida Buddhas Paradies, ins Gedächtnis zu rufen, was gewiß den Intentionen des Architekten entspricht.

J.R.

Um 1000 Die bestehende Villa wird für Fujiwara Michigan errichtet.
1053 Bau der wesentlichen Tempelhäuser und mögliche Umgestaltung oder Anlage des Gartens.
1336 Die meisten Palastgebäude werden zerstört.
1999 Instandsetzung des Sees vor der Phönixhalle.

Die symmetrischen Korridor-Flügel der Phönixhalle.

Die Phönixhalle wurde 1053 vollendet.

Blick von der Alhambra auf den Generalife.

Ein Mirador mit Aussicht auf die Gärten.

Alhambra und Generalife

GRANADA, SPANIEN

„Komm, wenn die abendlichen Schatten das gleißende Licht des Hofes dämpfen und die Hallen ringsum in Dunkelheit tauchen. Dann kann nichts anderes in so heiterer Weise melancholisch sein oder harmonischer zu [einer] Erzählung von vergangener Pracht passen."

Washington Irving, *The Alhambra*, Paris 1832.

Wie ein Schiff liegt die Alhambra auf dem Sabika-Hügel am Fuße der Sierra Nevada. Zum Gebäudekomplex gehören die Zitadelle Alcazaba, Palacios, die Medina und die Villa Generalife, bekannt sind jedoch vor allem die Innenhöfe von Palacios und Generalife.

Die Paläste der maurischen Nasriden-Dynastie (1237–1492) waren geprägt vom Kontrast zwischen der strengen Außenarchitektur und der Schönheit im Inneren, das man durch kleine Höfe und verschlungene Gänge betrat. 1526 wurde der Festungskomplex in einen neu geschaffenen Renaissancepalast für Karl V. eingegliedert. Den Patio de los Arrayanes (Myrtenhof) erfüllt ein langes rechteckiges Bassin, das von zwei runden Springbrunnen gespeist wird, die den Kreislauf von Leben, Tod und Wiedergeburt symbolisieren. Das Spiegelbassin wird an den Langseiten von Myrtenhecken gerahmt, die eine Überleitung zum reichen plastischen Dekor der Arkaden an den Schmalseiten des Hofes schaffen.

Der von Arkaden gesäumte Patio de los Leones (Löwenhof) repräsentiert den persischen Typus des chahar bagh: Vier Wasserrinnen, die sich in Abständen zu je zwei runden Springbrunnen erweitern, gliedern den Hof in vier Teile und speisen den zentralen, von Löwen getragenen Brunnen. Die Rinnen schaffen durch die Spiegelung des Wassers und seinen kühlenden Effekt einen Übergang zwischen Garten und Innenräumen. Andererseits setzen sich die Marmorfliesen des Inneren im Hof fort, wo sie die Wasserrinnen, den Löwenbrunnen und vier abgesenkte Segmente rahmen. Die Säulen der umlaufenden Arkaden und zweier vorgeschobener Pavillons enden in einem reichen Stuckgewölbe, das mit komplizierten Schnitzereien und kalligraphischen Zeichen verziert ist.

Karl V. ließ den Patio de Lindaraja durch einen zentralen Brunnen und vier von Buchs eingefaßte Beetkompartimente ergänzen; den schönen Brunnen des Mexuar (maurischen Eingangs) versetzte er in den Patio de la Reja. Der Partalpalast wurde im frühen 20. Jahrhundert mit einem rechteckigen Bassin, Myrtenhecken und Terrassen rekonstruiert.

Oberhalb der Alhambra-Anlage ließ Sultan Ismail 1315 die Sommerresidenz Generalife auf den Resten eines älteren Baus errichten. Durch neuere Gärten mit kreuzförmig angelegten Wasserrinnen und geneigten Zypressen gelangt man in einen kleinen Hof; dann steigt man über eine schmale Treppe und wird im Patio de la Acequia von einer Kakophonie rauschenden Wassers empfangen. Der Patio war als intimer Garten gedacht; die kreuzförmig angelegten Kanäle wurden an den Enden von Brunnen mit lotusförmigen Schalen begrenzt. Ein reichgeschmückter Säulengang faßte den bepflanzten Innenhof ein. Von diesem Hof gelangt man zum Patio del Cipres de la Sultana und durch später angelegte Buchsbaumparterres zum Höhepunkt der maurischen Wasserkünste in Generalife: Eine Wassertreppe erhebt sich in drei Abschnitten, in der Mitte jeder Zwischenterrasse liegt ein runder Springbrunnen, und in der gefliesten Rinne des in die Mauer eingelassenen Handlaufs fließt ein Strom eiskalten Wassers – eine Konstruktion, die 300 Jahre vor der Villa d'Este entstand. *C.H.*

11. Jahrhundert Die „rote Zitadelle“ – al Qalah al-Hamra – wird errichtet.

1319 Sultan Ismail errichtet Generalife (Jinnah al-Arif, „Garten des Architekten“) als königliche Sommerresidenz.

1377 Baubeginn im Patio de los Leones.

1526 Karl V. läßt die maurischen Paläste und Gärten zu einem neuen Palastkomplex erweitern.

1654 Anlage des Patio de la Reja.

1931 Restaurierungsarbeiten und Pflanzung des neuen Labyrinths, das zum Generalife führt.

1951 Pieto Moreno entwirft die Nuevos Jardines.

Blick auf den Patio de la Acequia.

Patio de los Leones (Löwenhof).

Alcázar

SEVILLA, SPANIEN

„Wie doch alles in diesem Palast beunruhigt wirkt, als erhebe gerade seine Stille eine Frage; ein allgegenwärtiges Rätsel stellt sich den die alten Höfe durchwandernden Seelen, so, wie das Gemurmel des Wassers zu unserer Seele zu sprechen scheint."

Rogelio Perez Olivares, *El Alcázar de Sevilla*, Madrid 1943.

Myrtenlabyrinth.

Brunnen mit der Statue des Merkur.

Die Ursprünge des Alcázar von Sevilla reichen bis zur maurischen Eroberung Spaniens zurück. Während der 800 Jahre dauernden maurischen Herrschaft in Andalusien entstanden viele Paläste, Moscheen und andere großartige Bauten sowie Gärten von außergewöhnlicher Schönheit; zu den berühmtesten zählen jene von Granada, Cordoba und Sevilla.

Die Mauren erhoben die Gartengestaltung zu einer Kunstform – anmutig und elegant, dabei auch innovativ. Die maurischen Gärten hatten sowohl eine künstlerische als auch eine spirituelle Bedeutungsebene: Der Koran beschrieb das Jenseits als himmlischen Garten, in dem die Bewohner inmitten von üppigem Grün den beruhigenden Klang des Wassers genießen. So schufen die Mauren mit ihren Gärten irdische Paradiese in kühlen Höfen mit hell plätschernden Springbrunnen, Bassins mit ruhigen Wasserflächen und hohen Bäumen, die im Europa des Mittelalters ihresgleichen suchten.

Die Bassins und Brunnen ebenso wie die Schatten der hohen Palmen der Jardines de los Reales Alcázares charakterisieren den maurischen Garten als Oase in der drückenden Hitze des andalusischen Sommers – Sevilla war als der „Hitzekessel Europas" bekannt.

Der muslimische Einfluß wirkte in der europäischen Gartenarchitektur tief und nachhaltig. Besonders die englischen Landschaftsplaner des 20. Jahrhunderts, etwa Edwin Lutyens, Geoffrey Jellicoe und Harold Peto, waren davon berührt, ebenso die Spanier, die lange Zeit in feindlichem Verhältnis zu den Mauren standen. Der heute noch existierende Alcázar-Palast und die Gärten in Sevilla entstanden ab 1362, über 100 Jahre nach der Rückeroberung Sevillas durch die Spanier. Innerhalb der Mauern des maurischen Vorgängerbaus aus dem 10. Jahrhundert ließ König Pedro der Grausame von muslimischen Handwerkern einen neuen Palast im Mudejarstil erbauen. Ein während seiner Herrschaft gepflanzter Orangenbaum soll noch heute in den Gärten blühen. Aus der Zeit Karls V., als Spanien nach der Entdeckung der Neuen Welt auf dem Höhepunkt seiner Macht stand, stammen weitere Elemente wie der Pavillon mit einer eleganten Kuppel aus Zedernholz, der schöne Bronzebrunnen, die Statue des Merkur und das Myrtenlabyrinth. Die Gärten erstrecken sich über fast 16 Hektar und sind in 18 Abschnitte unterteilt, etwa den Garten des Merkurbassins oder den abgeschiedenen Dichtergarten. In der Nähe liegen der Patio de las Banderas und der Patio de los Naranjos, Relikte aus maurischer Zeit.

Der Alcázar und seine Gärten markieren den Höhepunkt spanischer Kultur und gleichzeitig seine maurische Vergangenheit. Die Alhambra und der Generalife stehen für die muslimische Kultur in ihrer Vollendung, doch Sevillas Alcázar repräsentiert, ebenso wie die außergewönliche Moschee-Kathedrale von Cordoba mit ihren arabischen Gärten, eine faszinierende Fusion von islamischen und christlichen Idealen. Vielleicht war es die für die maurische Kunst typische Mischung aus Schlichtheit und größter Verfeinerung, welche die Spanier noch lange nach der Vertreibung der Mauren faszinierte; deren Einfluß bleibt in den drei außergewöhnlichen europäischen Gärten, in Granada, Sevilla und Cordoba, bis heute spürbar.

P.B.

711 Die Mauren fallen in Spanien ein.
712 Eroberung von Sevilla.
1236 Cordoba wird von den Spaniern zurückerobert.
1248 Rückeroberung Sevillas durch die Spanier.
1362 König Pedro der Grausame läßt den Alcázar errichten.
1492 Rückeroberung Granadas, der letzten maurischen Bastion.
1492 Columbus entdeckt die Neue Welt. Bei seiner Rückkehr erstattet er König Ferdinand und Königin Isabella im Salon de Los Embajadores im Alcázar Bericht.
1516–1556 Herrschaft Karls V.
1556–1598 Herrschaft Philipps II., Spaniens Goldenes Zeitalter.
1928 Der französische Landschaftsgestalter J. C. N. Forestier (1861–1930) führt Neupflanzungen durch.
1991 Beginn gründlicher Restaurierungen

Joaquin Sorola y Bastida (1863–1923), Der Alcázar-Garten in Sevilla, *Madrid, Museo Sorolla.*

Die Gärten des Alcázar, *Stich nach einer Zeichnung von Richard Püttner (1842–1913), um 1890.*

Die Gartenfront mit den drei Arkadengeschossen. Der Garten wurde so angelegt, daß sich die beste Aussicht vom ersten Stockwerk bietet.

1458 Enea Silvio Piccolomini wird als Pius II. zum Papst geweiht.
1459 Bernardo Rossellino erhält den Auftrag zum Entwurf eines Palastes und Gartens.
1463 Palast und Garten sind vollendet.
1978 Der letzte Piccolomini stirbt und vererbt den Sitz einer Stiftung.

Der Garten aus dem ersten Stock der Loggia betrachtet, dahinter das Val d'Orcia. Die Gartengestaltung ist seit 1459 unverändert.

Palazzo Piccolomini

PIENZA, ITALIEN

„Es ist wohl nicht notwendig, daß das Herrenhaus auf dem fruchtbarsten Teil des Gutes steht, sondern besser steht es auf dem ehrenvollsten, wo man ungehindert alle Freuden und Annehmlichkeiten von Luft, Sonne und schönen Aussichten genießen kann."

Leon Battista Alberti, *De re aedificatoria*, 1485.

Seit seiner Entstehung im Jahr 1459 nahezu unverändert, ist dieser kleine Hanggarten einer der ältesten heute noch erhaltenen. Der Entwurf für Papst Pius II. verkörpert in vollkommener Weise die Architekturprinzipien des Humanisten Leon Battista Alberti, der in seinen Schriften den architektonischen Kanon der alten Griechen und Römer neu interpretierte. Seine Theorien prägten zuerst die Form der toskanischen Gärten der Frührenaissance und wurden schließlich bestimmend für ganz Europa.

Albertis Interesse galt weniger dem Grundriß des Gartens als vielmehr dessen Einfügung in die Landschaft. Er empfahl die Hanglage, die den kombinierten Vorteil von Aussicht und kühlender Brise bot, und bevorzugte Aussichten „über die Stadt, das Meer oder eine weite Ebene und vertraute Hügel und Berge". Den Vordergrund sollte die „Köstlichkeit der Gärten" bilden. Im Garten des Palazzo Piccolomini fand dies seine perfekte Umsetzung.

Pius II. war ein Anhänger der klassischen Architektur und zählte Alberti zu seinen persönlichen Freunden. Nach seiner Papstwahl faßte er den Entschluß, seinen Geburtsort Corsignano unter Anleitung Albertis als Idealstadt neu errichten zu lassen. Der Entwurf für den neuen Palast folgte dem des Palazzo Rucellai, eines Florentiner Baus Albertis. Dieser war allerdings eher Theoretiker als praktischer Architekt und ließ seine Entwürfe in Florenz von seinem Schüler Bernardo Rossellino ausführen. Der Papst folgte dem Beispiel und beauftragte Rossellino 1459 mit der Errichtung eines Palastes und Gartens.

Die Lage des neuen Palazzo wurde so gewählt, daß der großartige Ausblick auf das Val d'Orcia und, wie Alberti empfohlen hatte, „die vertrauten Berge" dahinter vorteilhaft zur Wirkung kam. Eine dreigeschossige Arkadenfassade im ersten Stock ermöglichte dem Papst, die wundervolle Aussicht zu genießen und bot auch Ausblick auf den unmittelbar darunter angelegten kleinen Hanggarten.

Dieser füllte den Raum zwischen dem Palazzo und der Bergkante aus. Der äußerst einfache Originalentwurf ist noch erhalten: Er umfaßt vier Parterres, die Beete entlang der drei Seiten der Gartenmauer steigen zur Mauer hin an. Bei der Steinbegrenzung der Blumenbeete dürfte es sich um die originalen handeln. Eine Brunnenschale im Zentrum der Anlage ist mit Vasen, Muscheln, Akanthusblättern und dem Wappen der Piccolomini geschmückt. Die Genialität des Entwurfs liegt in der Verbindung zwischen dem kleinen eingefriedeten Garten und der sonnigen Weite des Val d'Orcia, das sich dahinter erstreckt. Eine hohe Hecke bildet eine Grenze zwischen dem intimen Gartenraum und der weiten Ausdehnung des Horizonts. Drei Bögen durchbrechen die Hecke und rahmen so den Ausblick. Jenseits des Gartens zeigt sich nur mehr der nackte Fels der Steilwand und macht so diese Anlage zu einem wahren „Hängegarten". *H.A.*

Topkapi Saray ISTANBUL, TÜRKEI

„Tatsächlich zeigt sich ein Türke zu keiner Zeit so aufrichtig erfreut und zufrieden in seiner Haut als im Sommer, wenn er in einem angenehmen Garten ist; sobald er ihn betritt […] tut er seinen Übermantel ab und legt ihn beiseite, darauf seinen Turban, dann krempelt er seine Ärmel hoch und öffnet sein Hemd und hält seine Brust in den Wind."

A Description of the Grand Seigneur's Seraglio or Turkish Emperor's Court, Hg. John Greaves, London 1653; Übersetzung von John Withers aus den venezianischen Botschaftsberichten von Ottavino Bon.

Der Blumen- und Früchtesalon.

Topkapi Saray – der Palast des Kanonentors – wurde im 15. Jahrhundert von Mehmet II., dem Eroberer Konstantinopels, begonnen und bis zum 19. Jahrhundert ständig erweitert. Der zweite, der Diwanhof war berühmt für seine Bäume, von denen nur die wenigen erhalten sind, die durch Mauern vor den Gazellen geschützt waren, die frei herumlaufen durften. Die meisten Bäume wurden in der republikanischen Ära gepflanzt oder neu ausgesetzt. Gleiches gilt für den dritten Hof, den der Militärschule, wo die Führer des Reiches ausgebildet wurden.

Darüber liegen die privaten Terrassen des Sultans, teilweise gehören sie zu seinem Privatgarten, der sich bis zur großen Terrasse mit dem Brunnen und dem Bassin erstreckt. Auf den Terrassen befanden sich zahlreiche Kioske, Pavillons von verschiedener Größe und Ausstattung, die oft aus vergänglichem Material errichtet waren. Im 16. Jahrhundert ließ man Blumenzwiebeln aus Ostanatolien kommen: Eine Lieferung von 40 000 Narzissenzwiebeln in einer Karawane war nichts Außergewöhnliches. Mindestens die Hälfte davon ging während der Reise, die bis zu zwei Monaten dauern konnte, ein. Im 18. Jahrhundert veranstalteten die Sultane sogenannte Tulpenfestivals. Zu diesen Festen wurden die Gärten mit einer Fülle von Blumen, Lichtern und exotischen Vögeln geschmückt.

Weitläufige Wälder mit sorgfältig ausgewählten Bäumen umgeben den Palast. Zu den besonderen Exemplaren, die von einem Kreis aus Blumen umgeben waren, zählten neben dem Erdbeerbaum (Arbutus) auch Hainbuchen, Ulmen, Linden, Eichen, Platanen, Terebinthen, Wildbirnen und Maulbeeren. Dieser Park war vom höher gelegenen Palast durch Mauern abgetrennt. Dazwischen lag eine Reihe von heute verwilderten Gärten wie der Haremgarten. Dahinter liegt der Buchsbaumgarten mit einem großen Boots-Bassin. Hinter einem verfallenen Kiosk erstrecken sich die weitläufigen, verwilderten Elefantenwiesen.

Wendet man sich unterhalb des größten Kiosks, der die Wiedereroberung Bagdads durch Murat IV. feiert, im rechten Winkel nach rechts, entdeckt man unter seinen hohen

Das Serail und die Gärten des Sultans, um 1774–1776. Stich, aus Plans de Jardins.

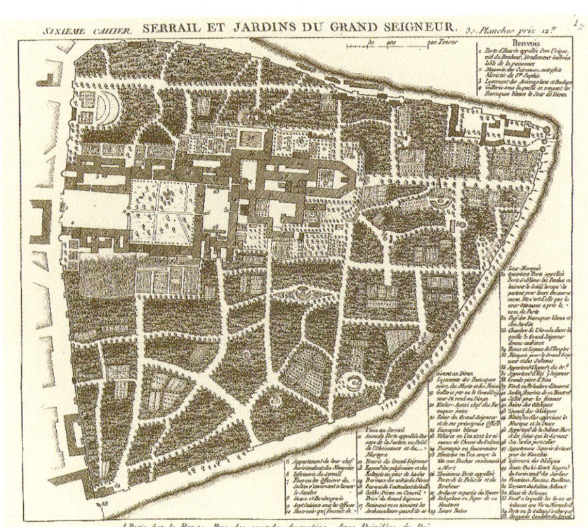

Der Rivan-Kiosk.

Der Bagdad-Kiosk.

Stützbogen die Reste einer Kaskade im italienischen Stil. Darüber erkennt man noch die prächtigen Parterres nach persischer Art auf beiden Seiten eines langen Bassins, in dem sich der Himmel schon lange nicht mehr spiegelt. In der Nähe des Pavillons des königlichen Gartens, in dem die Sultane selbst gestalterisch tätig waren, befindet sich heute ein kleiner Park.

Die Gärten blühten vor allem im Frühling, da die Mehrzahl der Blumen Zwiebelgewächse waren, wie man in Miniaturen und auf Fayencen sehen kann. Es gab Narzissen, Krokusse, Märzenbecher (von denen 99 verschiedene Sorten verzeichnet sind), Rosen, Jasmin und gefüllte Veilchen. Nahe dem Hoheitstor zum ersten Hof befand sich ein ausgedehnter Marktgarten, dessen Produkte die Palastküche versorgten und auch frei verkauft wurden.

G.G.

Siebziger Jahre des 15. Jahrhunderts Erste Arbeiten an den Gärten.

Frühes 18. Jahrhundert Im Topkapi Saray werden Tulpenfestivals veranstaltet.

Der Heian-Teich im kare-san-sui-Garten am Rinzai Zen-Tempel.

Traditionelle Bambuszäune faßen die herbstlich gefärbten Bäume ein.

Ryoan-ji

KYOTO, JAPAN

„Welche stummen Worte umschließt dieser Garten?"

François Berthier, 1997.

Der rätselhafte kare-san-sui [trocken-Berg-Wasser]-Garten ist der berühmteste unter den Gärten, die den Rinzai Zen-Tempel von Ryoan-ji in der historischen Stadt Kyoto umgeben. Doch die Ursprünge dieses trockenen Landschaftsgartens liegen im dunkeln; man wollte ihn zwar dem Künstler Soami (1480?–1525) zuschreiben, doch der Architekt bleibt unbekannt. Der Garten aus Felsen und Kies wurde wohl kurz nach 1499 begonnen, als das hojo (Halle des Klostervorstehers) nach einem Brand ersetzt wurde. Der Garten erstreckt sich auf einem Areal von knapp 200 Quadratmetern neben dem Tempel und ist als Meditationsgarten so angelegt, daß man ihn eher in sitzender Haltung vom Inneren des Gebäudes aus betrachten sollte als auf einem Rundgang.

Im Garten sind 15 Felsblöcke in Gruppen von fünf, drei und zwei Steinen verteilt. Ihre ausgeklügelte Anordnung schafft die Ausgewogenheit und Harmonie, die den vornehmen Charakter von Ryoan-ji ausmachen. Die Gruppierung der Steine bietet ein hervorragendes Beispiel für die asymmetrische Balance, für welche die japanischen Gärten berühmt sind. Die Form der Steine wird vor allem durch den geharkten weißen Kies und die räumliche Komposition unterstrichen, die seit Jahrhunderten so bewundert wird. Doch gibt es im Trockengarten mehr als Felsen und Kies: Das Areal wird durch einen stabilen Erdwall abgegrenzt, der aus einer Mischung von Lehm und Rapsöl errichtet und mit Schindeln überdacht ist. Der Wall bildet den Hintergrund für die monochromen Felsen und erinnert an die chinesischen Tuschskizzen von Landschaften, die in der japanischen Muromachi-Periode (1333–1568), der Entstehungszeit des Gartens, sehr beliebt waren.

Auch Vegetation findet sich im Trockengarten von Ryoan-ji: Die Steingruppen sind von Moos eingefaßt, dessen Farbe sich mit der Jahreszeit ändert. Während der heißen Sommer zeigt es sich braun, während der feuchteren Herbst- und Wintersaison ist es von üppigem Grün. Zusätzlich bietet die Grünpalette der Bäume jenseits des Erdwalls einen Kontrast zur herben Natur der monochromen Steinlandschaft und bildet so ein wesentliches Element des sich ständig subtil wandelnden Bildes.

Die ursprüngliche Bedeutung des Gartens ist heute ebenso unbekannt wie der Architekt, doch gibt es zahlreiche Deutungsversuche. Wichtig sei die ungerade Zahl der Felsen, die in der japanischen Kultur als glücksbringend gilt. Die Steine sollen das chinesische Schriftzeichen für „Herz" nachbilden. Sie wurden auch als Interpretation der Erzählung von einer Tigerin, die ihre Jungen über das Meer trägt, aufgefaßt. Das einfachste Erklärungsmodell beschreibt die Steine als Inseln im Meer oder als Berge, welche die Wolken durchstoßen. Der Garten fordert jeden Besucher auf, eine eigene Erklärung zu finden, wie es der Gebrauch eines koan im Zen-Buddhismus vorgibt, wo eine unbegreifliche Behauptung hilft, zu einer Erkenntnis zu gelangen.

Die Schlichtheit des Materials und seine wohldurchdachte Verwendung in den trockenen Landschaftsgärten Japans, besonders in Ryoan-ji, übten großen Einfluß auf die Künstler und Gartenarchitekten des 20. Jahrhunderts aus. In den Gärten des amerikanischen Bildhauers Isamu Noguchi spiegelt sich die Verwendung von Naturstein und die minimale Bepflanzung. Die Tradition des Zen-Priesters als Gartengestalter wird dagegen von Shumyo Masuno fortgeführt, der den Garten als spirituellen Ort, „in dem der Geist wohnt", definiert. Gewiß liegt darin das innerste Wesen von Ryoan-ji. *J.R.*

Fels-„Inseln“ inmitten des Kies-„Meers“.

Um 1150 In der späten Heian-Periode wird noch vor der Gründung des Tempels der Kyoyochi-Teich angelegt.

1440 Bau des Ryoan-ji-Tempels.

1470 Der erste Tempel wird im Onin-Krieg zerstört.

1499 Errichtung des hojo [der Halle des Klostervorstehers] – frühestmögliches Datum für die Anlage des kare-san-sui [trocken-Berg-Wasser]-Gartens.

1797 Hojo und die Buddha-Halle werden durch Brand zerstört und durch den hojo eines kleineren Tempels ersetzt.

1977 Die Mauer um den kare-san-sui-Garten wird neuerlich mit Schindeln anstelle der als nicht originalgetreu erachteten Dachziegel gedeckt.

1994 Ryoan-ji wird in die UNESCO-Liste des Weltkulturerbes aufgenommen.

Wasserbassin am kare-san-sui-Garten mit dem Motto „Ich lerne nur, zufrieden zu sein“.

Daisen-in

KYOTO, JAPAN

Kies-Kegel im Meer des Nichts.

„Der Garten ist ein Versuch, das innerste Wesen des Wassers darzustellen, ohne Wasser zu verwenden, und es tiefergründiger darzustellen, als es mit realem Wasser möglich wäre."

Yoshinbou Yoshinaga, *Composition and Expression in Traditional Japanese Gardens*, Tokyo 1962.

Der Daisen-in-Untertempel der Rinzai Zen-Schule des Buddhismus im Daitoku-ji-Komplex von Kyoto liegt in einem berühmten allegorischen kare-san-sui-Garten. Der Trockengarten wurde nach dem Bau des Tempels um 1510, gegen Ende der Muromachi-Zeit (1333–1568) angelegt. Wie beim anderen meisterlichen Garten Ryoan-ji bleibt auch hier die Entstehungsgeschichte ein Geheimnis.

Die Gartenarchitektur von Daisen-in wird häufig dem Tempelgründer Kogaku Soko (1464–1548) zugeschrieben. Er wurde möglicherweise vom Künstler Soami (1480?–1525) unterstützt, dessen Landschaftsgemälde der vier Jahreszeiten die Schiebetüren in der Wohnung des Vorstehers schmücken. Einige Autoren deuten an, daß der Garten aus dem Nachlaß eines Samurai erworben wurde, während man annimmt, daß die Handwerker, die den Garten anlegten, auch in den Gärten von Kinkaku-ji und Ryoan-ji tätig waren.

Der Daisen-in-Trockengarten vereinigt in seinem Entwurf zahlreiche Elemente der Muromachi-Gärten: Im Unterschied zu Ryoan-ji werden hier in beschränktem Maß Sträucher und Bäume verwendet, die Hauptelemente sind jedoch Felsen und Kies. Da der Garten in seiner Gesamtheit nicht auf einen Blick zu erfassen ist, erlebt man ihn wie die Abfolge monochromer Rollbilder, die in der Zeit der Gartenentstehung sehr verbreitet waren.

Der Garten reflektiert die Lehre des Zen-Buddhismus, seinem Konzept liegt die Allegorie des buddhistischen Strebens nach Erleuchtung zugrunde. Der hojo (Halle des Vorstehers) liegt mitten im trockenen Landschaftsgarten; die nordöstliche Ecke – auf einer Breite von nur drei Metern verkörpert sie eine hügelige Landschaft mit einem reißenden Fluß – bedarf laut der fernöstlichen Geomantik der Verteidigung, häufig durch einen Berg. Diese Zone der Schwäche wird durch große Felsen geschützt, die das Bild hoher Berge evozieren, während weiße Kiesterrassen einen Wasserfall, die Quelle des Lebens oder der Wahrheit, repräsentieren. Am Fuß des Berges teilt sich der Kiesfluß dann in zwei Richtungen: Nördlich des Tempels fließt er neben steinernen „Klippen" und formt einen natürlichen Stein zum Händewaschen – ein Motiv, das sich später in Teegärten weiterentwickeln sollte; der südliche Arm fließt zwischen Felsen, die als Inseln des Kranichs und der Schildkröte gestaltet sind; beide Symbole langen Lebens entstammen den Mythen um den Berg Horai (beschnittene Kamelienbäume formen die Gestalt ferner Berge). Inseln, die sich dem Strom entgegenstemmen, stellen die Prüfungen des täglichen Lebens dar.

Glockenförmiges Fenster zum Garten.

Die Szene wird durch einen Korridor unterbrochen, der den Garten quert; hier ruht Stein auf dem Kies, der, beladen mit den Lebenserfahrungen, als „Schatzschiff" bezeichnet wird. Eine Steinformation in der Nähe symbolisiert eine junge Schildkröte, die gegen den Strom schwimmt – die Sinnlosigkeit menschlichen Strebens, in die Vergangenheit zurückzukehren. Der größte Teil des Gartens liegt südlich des hojo und besteht aus einem schlichten weißen Rechteck von geharktem Quarzkies, dem Meer des Nichts.

Die vielen symbolischen Landschaftsmotive und allegorischen Bezüge in Daisen-in harmonisieren mit der subtilen Anordnung der Steine und sparsam eingesetzten Bepflanzung.

J.R.

Um 1510 Bau des Haupttempels und Gartens.

Nach 1945 Die Tempelgebäude werden restauriert, der Garten wird wieder instandgesetzt.

1961 Der Korridor und das zugehörige glockenförmige Fenster werden wiedererrichtet.

Der steinerne „Wasserfall" am Beginn der allegorischen Reise.

Hampton Court Palace

MIDDLESEX, ENGLAND

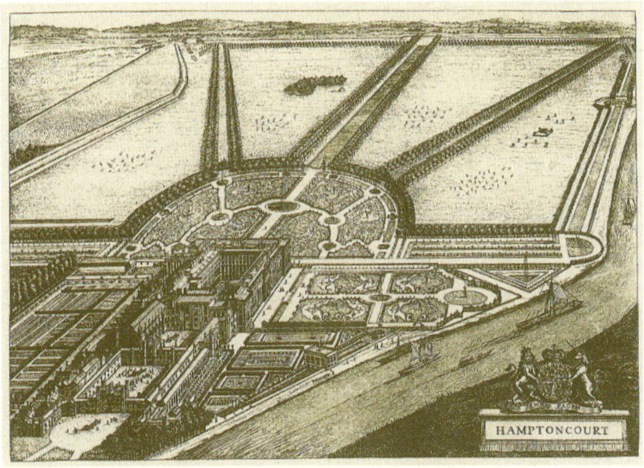

Leendert Knijff (1650–1721), Ansicht von Hampton Court Palace, die das Alleensystem, den Mittelkanal und die Themse zeigt.

1525 Heinrich VIII. zwingt Kardinal Wolsey, ihm Hampton Court abzutreten.

Sechziger Jahre des 17. Jahrhunderts Charles II. läßt den Mittelkanal und die Alleen anlegen.

Neunziger Jahre des 17. Jahrhunderts Der für Willem tätige Gartenarchitekt Daniel Marot entwirft das Labyrinth und andere kontinentale Gestaltungsmotive.

Vierziger Jahre des 19. Jahrhunderts Öffnung der Gärten für die Öffentlichkeit.

1982 Die moderne Restaurierung beginnt auf der Basis historischer Quellenforschung.

„Da gab es alle möglichen Formen, Männer und Frauen, halb Mensch und halb Pferd, Sirenen, Dienerinnen mit Körben […] aus gebundenen trockenen Zweigen und den bereits genannten immergrünen Sträuchern, oder ganz aus Rosmarin, alle lebensnah und so gekonnt und amüsant verbunden, vermischt und zusammengewachsen, beschnitten und wie Gemälde arrangiert, daß es schwer wäre, Gleiches zu finden."

Thomas Platter aus Basel über einen Besuch in Hampton Court 1599,
zit. n. Laurence Fleming und Alan Gore, *The English Garden*, London 1979.

In den dreißiger Jahren des 16. Jahrhunderts machte Heinrich VIII. aus Hampton Court den großartigsten Garten im englischen Königreich. Die prunkvoll gemalten heraldischen Fabeltiere, „King's Beasts", an den Mauern belegen nicht nur das königliche Interesse am mittelalterlichen Rittertum, sondern verliehen dem Garten auch eine besondere Note. Das weitläufige Dreieck zwischen Schloß und Themse wurde befestigt und in mehrere Abschnitte unterteilt: den in Kompartimente gegliederten Geheimgarten – ein Dreieck mit einem künstlichen Hügel, der von einem verglasten Festsaal bekrönt wurde – und ein weiteres Dreieck mit ornamental angelegten Fischteichen. Im Norden erstreckten sich bis zur Parkmauer der Turnierplatz und der Große Obstgarten. Östlich des Hauses lag der House Park mit einem Wildgehege und weiteren Gärten. Im späten 16. Jahrhundert wurde der für seine beschnittenen Zierbäumchen und Hecken bekannte Privy Garden geschaffen.

Charles II. ließ im St. James's Park Alleensysteme mit einem Mittelkanal nach niederländischem Muster anlegen. Eine größere Version entstand 1661 im House Park von Hampton Court. Bis zum Bau des Kanals von Versailles war jener von Hampton Court der längste Kanal überhaupt. Ähnliche Alleen wurden auch in anderen Parks des höfischen Umfeldes, etwa Cobham Hill oder Twickenham Park, angelegt. Im allgemeinen entsprach es jedoch der englischen Sitte, die Alleen als Zufahrt zum Haus und nicht dahinter zu planen.

Willem von Oranien, der 1689 mit seiner englischen Gemahlin Mary den Thron bestieg, wählte Hampton Court zu seinem Lieblingssitz, da es seiner Leidenschaft für Skulpturen, Wasserspiele und Gartenbau entsprach. Willem und Mary hatten die Gärten von Het Loo

Gartendetail mit Knotenornamenten.

anlegen lassen und brachten in ihrem Gefolge etliche Mitarbeiter einschließlich Daniel Marots nach England. Gemeinsam mit dem Bauaufseher William Talman und dem Gärtner George London schufen sie Gärten von europäischem Rang. Marys außergewöhnliche Pflanzensammlung wurde aus Het Loo überführt und in „neuen Glaskästen" untergebracht.

Marot entwarf den mit Brunnen geschmückten Fountain Garden und die sogenannte wilderness, möglicherweise auch das Labyrinth. Im Jahr 1699 ließ Willem einen neuen Geheimgarten mit Blick auf die Themse anlegen, dessen Broderien von Voluten und Rasenrabatten eingefaßt wurden. Er selbst erlebte die Fertigstellung nicht mehr. Königin Anne ließ den Fountain Garden vereinfachen, die heute noch vorhandenen Eiben pflanzen und umlaufende Kanäle ausheben. Die Gärten waren zu ihrer Zeit die größten und schönsten in England. Sie markierten den Höhepunkt des geometrischen Gartenstils. Genau aus diesem Grund galten sie den folgenden, dem Landschaftspark zugeneigten Generationen als Sinnbild des schlechten Geschmacks.

Ab 1840 wurden die Gärten der Öffentlichkeit zugänglich gemacht, was Anlaß für groß angelegte Auspflanzungen im Fountain Garden war. In den achtziger Jahren des 19. Jahrhunderts begann der in Hampton Court ansässige Ernest Law die Geschichte des Schlosses zu publizieren. Die Bezeichnung der Gärten und schließlich die Gärten selbst wurden verändert, um im Pond Yard wieder die Atmosphäre der Tudorzeit erstehen zu lassen.

Im Jahr 1987 wurde der Fountain Garden mit Linden bepflanzt, 1994/95 wurde der Privy Garden detailgetreu in den Zustand um 1700 zurückversetzt. *D.J.*

Der holländische Garten.

Blick auf den Privy Garden.

Villa Medici

FLORENZ, ITALIEN

„Der reichste, prächtigste und dekorativste Garten in Europa."

Giorgio Vasari, 1568.

Tierskulpturen in der Tuffsteingrotte.

Gartenfront der Villa.

Die Villa Medici und der Garten in Castello wurden 1538 von Niccolò Pericoli (Il Tribolo) (1500–1550) entworfen. Fortgeführt wurden die Arbeiten von anderen Architekten, darunter die Bildhauer Bartolomeo Ammanati (1511–1592) und Bernardo Buontalenti (1531–1608). Das von dem Historiker Benedetto Varchi für den Großherzog Cosimo I. (1519–1574) ausgearbeitete, umfassende ikonographische Programm stellte die Verherrlichung der Familie Medici dar. Die zwei im höher gelegenen Teil des Gartens errichteten Brunnen symbolisierten die Berge, aus denen die Flüsse Arno und Mugnone entsprangen; auch Ammanatis eindrucksvolle Bronzestatue des Winters (manchmal auch als Apennin bezeichnet), der fröstelnd auf einer Felsinsel in einem Bassin kauert, läßt an den Berg als Ursprung des Wassers denken. Der tiefer gelegene Brunnen war ursprünglich von Giambolognas (1529–1608) Statue der Venus bekrönt, die ihr langes Haar auswindet. Die heute im Bargello befindliche Figur verkörpert sowohl die Göttin Venus als auch die von dem Fluß als Lebensader abhängige Stadt Florenz. Das Wasser ergoß sich von der Statue des Winters herab durch die Grotte der Flußquellen, dann über den Venusbrunnen zum untersten Brunnen mit Herkules und Antäus. Herkules preßte das Wasser aus dem Mund des Antäus, wie er ihm der Sage nach das Leben herauspreßte. In diesem Programm liegt eine Anspielung auf Cosimo I., der durch ein neues Leitungssystem das Wasser aus den Bergen nach Florenz brachte, wie er es auch über ein Aquädukt in den Garten leiten ließ.

Hinter der relativ einfachen Villa steigt der Garten den Hügel hinan. In der Hangneigung folgt zuerst der große Parterregarten mit dem Herkulesbrunnen in der Zentralachse. Dieser heute offene Abschnitt war ursprünglich großteils mit einem Zypressenwäldchen oder einem Labyrinth konzentrischer Kreise bepflanzt, seitlich befindet sich eine Orangerie. Den oberen Abschluß des Parterres bildet eine Stützmauer, in deren Mittelachse ab 1546

1538 Beginn der Gartenplanung.

Um 1780 Renovierung im neoklassischen Stil, Versetzung der Brunnen.

Um 1830 Neupflanzung des oberen Waldes, Wege im englischen Stil angelegt.

Die Figur des Winters.

eine mit Muscheln, Korallen und Tuff ausgekleidete Grotte von starkem Symbolgehalt angelegt wurde. In den Nischen erscheinen Tierskulpturen aus farbigem oder farbig gefaßtem Marmor, die sich scheinbar aus dem Fels des Hintergrundes erheben. Ursprünglich bevölkerte eine Vielzahl von Tieren die Grotte, heute werden die meisten Skulpturen im Florentiner Museum Bargello aufbewahrt. Das Einhorn soll der Legende nach vergiftetes Wasser reinigen und damit den Tieren das Trinken ermöglichen. Im politischen Sinne symbolisierte das Einhorn Cosimo, den wohltätigen Friedensstifter und Beschützer der Florentiner.

Vieles von der Garteneinrichtung und der Bepflanzung in Castello ist zerstört. Vor allem die ursprünglich umfriedeten Abschnitte und Geheimgärten für Kräuter und Obstbäume sowie exotische Bäume und Sträucher sind verschwunden oder umgestaltet. *M.S.*

Boboli-Garten FLORENZ, ITALIEN

„Am 29. Mai des Jahres 1620 um 14 Uhr und 11 Minuten – eine Zeit, die Giovanni Peroni, der Kosmograph und Mathematiker von Cosimo II. de' Medici, als günstig und vorteilhaft erachtete – wurde auf der Nordseite der Grundstein gelegt, welcher zuvor vom Kaplan und Zeremonienmeister Ser. Antonio Zucchetti [...] mit Weihwasser gesegnet worden war [... selbiger] auch eine mit Medaillen, Gold-, Silber- und Bronzemünzen gefüllte Steintruhe segnete, die in die Grundmauern gesetzt wurde."

Memorie MS über die Wiedererrichtung der Palastflügel, zit. n. Gaetano Cambiagi, *Descrizione dell'Imperiale Giardino di Boboli*, Florenz 1757.

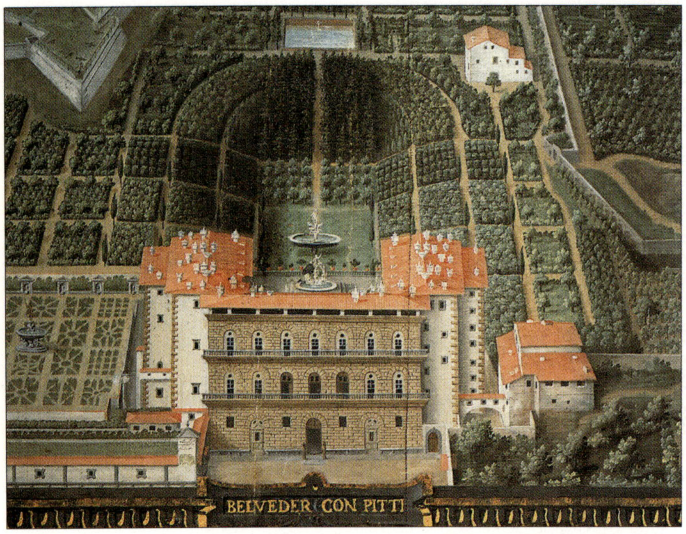

Giusto Utens, Lunettengemälde mit der Ansicht des Palazzo Pitti und des Boboli-Gartens, Tempera auf Leinwand, 1599, Museo Storico- topograpfico „Firenze com'era".

Der Boboli-Garten erstreckt sich über die Anhöhe hinter dem Palazzo Pitti in Florenz. Seine Anfänge gehen auf das Jahr 1549 zurück, in dem Eleonora de' Medici, die Gemahlin Cosimos I., einen halbfertigen Palast von der Familie Pitti erwarb. Umgehend wurde der als Il Tribolo berühmte Architekt und Bildhauer Niccolò Pericoli (1500–1550) mit dem Entwurf eines Gartens beauftragt, der den geeigneten Rahmen für öffentliche Zeremonien und Feste bilden sollte. Trotz der zahlreichen Veränderungen, die er im Laufe verschiedener Perioden erfuhr, ist der Boboli-Garten noch heute ein perfektes Beispiel für eine Anlage, die Macht und Reichtum ihres Besitzers zur Schau stellen sollte.

Als erstes ließ Il Tribolo die von Wald und Gestrüpp bewachsene Anhöhe planieren, mit einer dicken Humusschicht bedecken und mit Stechpalmen, Zypressen und Föhren bepflanzen. Doch bereits 1550, nur ein Jahr nach Beginn der Arbeiten, starb der Architekt. Die Berichte, er sei an Erschöpfung gestorben, erscheinen durchaus glaubwürdig, wenn man bedenkt, daß er gleichzeitig an Cosimos großem, westlich von Florenz liegenden Garten in Castello gearbeitet hatte. Somit fiel die weitere Planung des Boboli-Gartens Bernardo Buontalenti und Bartolomeo Ammanati zu.

Im Spannungsfeld zwischen Renaissance und Barock entstanden, vereinigt der Boboli-Garten in seiner heutigen Form Elemente, die von verschiedenen Epochen und Architekten geprägt sind. Viele Teile sind seit langem zerstört, was dem Ort eine Aura des Unvollendeten verleiht. Zu den herausragenden Denkmälern zählt Buontalentis prächtige Grotte aus dem Jahr 1583, die heute restauriert ist. Ihr reich ausgestattetes Inneres beherbergt Giambolognas *Venus* und eine Kopie eines der *Sklaven* von Michelangelo. 1637 vertiefte Giulio Parigi eine natürliche Einbuchtung an der Hügelflanke hinter dem Palast zu einem Amphitheater in Form eines Halbkreises mit sechs Rängen. Es bildete einen wunderbaren Rahmen für die Festlichkeiten, die jedes öffentliche Ereignis begleiteten. So wurde etwa anläßlich der Hochzeit von Cosimo III. de' Medici mit Louise d'Orleans im Jahr 1661 *Il Mondo Festeggiante* in diesem Gartentheater aufgeführt.

Der reizvollste Teil des Gartens ist wohl das 1618 von Giulios Bruder Alfonso Parigi entworfene Isolotto, eine künstliche Insel in einem ovalen Bassin. Von Zitronenbäumchen gesäumte Brücken verbinden die Insel mit dem Ufer. Die schmiedeeisernen Tore der Brücken sind von Steinböcken bekrönt – ein Hinweis auf das Sternzeichen Cosimos. Im Mittelpunkt der Insel erhebt sich der von Il Tribolo entworfene erste Brunnen mit der Figur des *Oceanus*, des Ursprungs aller Meere und Flüsse. Zu Füßen der von Giambologna ausgeführten Statue kauern die Götter der drei größten damals bekannten Flüsse: Ganges, Euphrat und Nil. Eine weitere Statue stellt Perseus dar, der das Wasser durchpflügt, um die an einen Felsen gekettete Andromeda zu retten. Alle Brunnen des Gartens huldigen der Großtat Cosimos I., dem Florenz ein System zur Versorgung mit Frischwasser verdankte. *H.A.*

1453 Luca Pitti beauftragt Filippo Brunelleschi mit dem Bau des Palazzo Pitti.

1549 Eleonora de' Medici, die Gemahlin Cosimos I., erwirbt den unvollendeten Palast und den dahinter liegenden Hügel. Il Tribolo erhält den Auftrag zur Gestaltung der Gärten.

1550 Il Tribolo stirbt.

1560 Eleonora übersiedelt mit ihrer Familie in den Palazzo Pitti.

1583 Buontalentis Grotte ist vollendet.

1618 Errichtung von Alfonso Parigis Isolotto.

1637 Giulio Parigi erbaut das Amphitheater und den Hof.

Isolotto, Tore mit den Steinböcken, die auf Cosimos III. Sternzeichen verweisen.

Unten: Die Grotte.

Ganz Unten: Skulptur auf einer der Verbindungsbrücken zum Isolotto.

Villa d'Este

TIVOLI, ITALIEN

„Die Strahlen sind so stark, daß sie in der Luft aufeinandertreffen, sich bekämpfen und in das Becken einen dichten unaufhörlichen Regen niedersenden. Wenn nun die Sonne darauffällt, zaubert sie unten im Teich, in der Luft, ringsherum einen so natürlichen und so leuchtenden Regenbogen hervor, daß man von dem, den man am Himmel sieht, gar nichts mehr sagt. Ich hatte das noch nirgends sonst getroffen."

Michel de Montaigne, *Tagebuch einer Reise durch Italien, die Schweiz und Deutschland in den Jahren 1580 und 1581*, Frankfurt a.M. 1988.

Oben: Die „Allee der hundert Brunnen". Mitte: Der Brunnen der Natur. Unten: Brunnen mit einer Skulptur aus der Villa Hadriana.

Der Garten der Villa d'Este in Tivoli, 30 Kilometer von Rom, zählte zu den prächtigsten der italienischen Renaissance. Kardinal Ippolito II. d'Este hatte ihn auf einem Hügel errichten lassen, der nach Westen gerichtet war und einen Blick über die Campagna bis nach Rom bot. Der steil abfallende Hang erforderte eine Terrassenanlage, deren oberen Abschluß die Villa bildete. Die große Zentralachse wurde durch eine Treppe betont, mehrere Querachsen ergaben sich durch die Terrassenwege, deren Verlauf und Endpunkte durch vielfältige Gestaltungselemente markiert wurden. Der gesamte Garten war nach Idee und Gestaltung auf die antike Villa Hadriana und einige in der Nähe liegende Tempel bezogen: Die Achsen des Gartens führen in Verlängerung zu einigen dieser antiken Denkmäler.

Das Überraschendste und Spektakulärste an diesem Garten waren seine Wassereffekte, von den giochi d'acqua bis zu den wasserbetriebenen Automaten (singende Vögel, eine schreiende Eule), die heute verloren sind. Entlang eines der Querwege, „Allee der hundert Brunnen" genannt, sind kleine Fontänen und Sprühbrunnen, auf mehrere Stufen verteilt, aneinandergereiht, auf der untersten Stufe werden sie von hundert Flachreliefs mit Szenen aus Ovids *Metamorphosen* begleitet. Das Spiel des Orgelbrunnens wurde ursprünglich ebenso mit Wasser erzeugt wie der Kanonenknall, der im Drachenbrunnen ertönte. Die Mannigfaltigkeit der Brunnen reichte von mächtigen Wasserfällen bis zur Wand aus feinstem Regen, die im Sonnenschein einen Regenbogen erscheinen ließ.

Der Garten folgte einem ausgeklügelten ikonographischen Programm, in dessen Zentrum Herkules und Hippolytos als Symbole der Keuschheit standen. Beim Drachenbrunnen steht Herkules am Scheideweg zwischen dem steilen Pfad zur Tugend (Dianagrotte) und dem leichten Weg zu Genuß und Laster (Venusgrotte) – eine ähnliche Statue ist in Stourhead zu sehen. Weitere Themen sind die Musen und das Schöpferische in der Kunst; die Fruchtbarkeit der Natur, die in einem der Diana von Ephesus nachgebildeten vielbrüstigen Naturbrunnen zum Ausdruck kommt, und die von einer der klassischen Sybillen geweissagte Wiederkunft Christi, die im Brunnen der tiburtinischen Sibylle repräsentiert ist. Rometta, eine Miniaturnachbildung des antiken Rom, enthielt die Statue eines Löwen, der ein Pferd zerfleischt (eine Kopie davon findet sich in Rousham), ein Symbol für die Unterwerfung Tivolis durch Rom. Das Gesamtprogramm ist schwer zu deuten, weil viele der ursprünglich aus der Hadriansvilla stammenden Skulpturen im 18. Jahrhundert entfernt wurden.

Nach einem Jahrhundert waren die wasserbetriebenen Mechaniken großteils funktionsunfähig, und der Garten begann zu verwildern. Seit dem Ersten Weltkrieg befinden sich Villa und Garten in Staatsbesitz und werden zur Zeit restauriert.

Die Bedeutung der Villa d'Este lag in ihrer Verkörperung von Macht und Kontrolle über die Natur, besonders über das Wasser. Ihre mannigfachen Wassereffekte gaben Anregung für viele andere Wasserspiele in italienischen Gärten, und die Mode der wasserbetriebenen Mechaniken verbreitete sich im 17. Jahrhundert bis nach Frankreich und England. *M.S*

1550 Beginn der Gartengestaltung.

1575 Die Gärten sind im wesentlichen vollendet. Ab dem späten 17. Jahrhundert setzt der Verfall ein.

1918 Die Gärten gehen in den Besitz des italienischen Staates über.

Die Wasserspiele der Villa d'Este waren Anregung für viele andere Wasserkunstwerke in Italien.

Piranesis Stich zeigt die Gärten im Zustand des Verfalls.

Chenonceaux

CHENONCEAUX, FRANKREICH

Brunnen, umgeben von vier Parterrekompartimenten.

„Die Königinmutter gab dann ihr Bankett in Chenonceaux, von dem man sagt, es habe sie über 100 000 livres gekostet, die von den wohlhabenderen unter den königlichen Dienern geliehen wurden [...] und bei diesem glänzenden Bankett waren die schönsten und vornehmsten Damen, halbnackt und mit offenem Haar nach der Art verheirateter Frauen, angehalten, die Speisen aufzutragen [...].“

15. Mai 1577, ‚The Journal du règne de Henri III.', in: *Notice historique sur les châteaux de Chenonceaux*, Tours, 1845.

Verzaubert liegt Chenonceaux, eingebettet in alten Wäldern, an den ruhigen Gewässern des Flusses Cher im milden Klima des Loiretales. Im Jahr 1547 schenkte Henri II. den Landsitz seiner Maitresse, der geistreichen und begabten Diane de Poitiers. Dianes erster und noch heute existierender rechteckiger Garten, der keine räumliche Verbindung oder perspektivische Ausrichtung zum Schloß hatte, entsprach dem Typus der französischen Frührenaissance. Die vier Rechtecke des Grundrisses waren in je sechs Quadrate unterteilt; den Obst- und Gemüsegarten zierten diverse Figuren, Boskette und ein Labyrinth. Einem ähnlichen Entwurf begegnet man heute noch im potager von Villandry.

Philibert de l'Orme, der für Diane bereits das Schloß Anet entworfen hatte, errichtete eine Brücke als Verbindung zum jenseitigen Ufer des Cher. Entlang der durch die Brücke vorgegebenen Achse führte ein Weg zwischen zwei heute nicht mehr existierenden quadratischen Gärten hindurch. Einer war in vier Vierteln um ein zentrales Bassin gegliedert, der andere bestand aus vier Vierteln, die durch Diagonalen nochmals vierfach unterteilt waren – ein Muster, das auch bei der Wiederherstellung von Dianes erstem Garten zur Anwendung kam. Nach dem Tod Henris im Jahr 1559 forderte seine Witwe Katharina de' Medici Chenon-

Diane de Poitiers' Garten.

Das Schloß mit dem seitlich gelegenen Broderieparterre.

1551 Diane de Poitiers läßt den etwa 1 Hektar großen ersten Garten anlegen.

1556 Philibert de l'Orme errichtet eine Brücke zum anderen Ufer und ermöglicht so die Schaffung zwei weiterer, heute nicht mehr erhaltener Gärten.

1559–1589 Katharina de' Medici nimmt Chenonceaux wieder in Besitz – temporäre und dauerhafte Ausgestaltung der Gärten für ihre „magnificences".

Ab etwa 1890 Restaurierung der Gärten.

ceaux zurück. In der Folge ließ sie im Garten üppige Feste mit kostspieligen Feuerwerken, Wasserspektakeln und Maskenspielen veranstalten. Katharinas magnificences waren integraler Bestandteil ihrer Politik.

Katharina beauftragte Bernard Palissy, einen exzentrischen Keramiker, Naturforscher und Gartenarchitekten, der seine Anregungen aus der humanistischen *Hypnerotomachia Poliphili* bezog, mit dem Entwurf der Fontaine du Rocher. Ein Berg repräsentierte den Musensitz Parnaß, von diesem künstlichen Felshügel herab ergossen sich Wasserströme wie natürliche Quellen in ein großes Bassin und über dunkle Grotten, die mit Palissys Glasurkeramik geschmückt waren. Unter Verwendung von Plänen, die Philibert de l'Orme empfohlen hatte, ließ Katharina unter der Leitung des Architekten Jacques Androuet du Cercau eine zweistöckige Galerie über der Brücke errichten. In *Grands bastiments de France* findet sich eine Ansicht in Vogelperspektive, die Du Cercau wohl zwischen 1559 und 1565 von diesen Gärten angefertigt hat.

Schließlich geriet Chenonceaux in Vergessenheit; nur kurz flammte neues Interesse auf, als Claude Dupin den Philosophen Jean-Jacques Rousseau in seine Dienste stellte, der festhielt: „Wir verbrachten eine so köstliche Zeit in dieser schönen Umgebung. [...] Wir spielten Musik und führten Dramen auf. Ich verfaßte einige Gedichtzeilen unter dem Titel, L'Avenue de Sylvie', nach einer der Allen im Park am Cher." Im 19. Jahrhundert ließ die Familie Menier die Gärten Dianes und Katharinas durch Achille Duchêne und seinen Sohn Henri restaurieren. Die verschnörkelten Broderiebänder des Lavendels und die plates-bandes mit Hibiscus- und Eibenbäumchen und Blumenrabatten im Garten Dianes sind sehr effektvoll, aber nicht authentisch. Die dramatische Zufahrt durch alte Gehölze, die massiven Gartenplateaus und das Schloß, das den Fluß überspannt, evozieren durch ihre Verbindung von Kunst und Natur den Geist der frühen Renaissance. *C.H.*

Sacro Bosco BOMARZO, ITALIEN

„Kinder liefen überrascht umher, von einer [Statuen]Gruppe zur nächsten, stellten den Arbeitern Fragen, riefen und deuteten, als seien sie [...] in einem märchenhaften Vergnügungspark, in einem seltsamen Lunapark aus Stein."

Manuel Mujica Lainez, *Bomarzo,* 1969.

Der Sacro Bosco (heilige Wald) treibt die in der Renaissance gehegte Leidenschaft für symbolische Gartengestaltung auf die Spitze. Es handelt sich dabei um eine pittoreske Ansammlung von Statuen und Architekturelementen in einem Wald an der Grenze zwischen Umbrien und Latium. Der Schöpfer, Pier Francesco „Vicino" Orsini, der den Garten zwischen 1552 und seinem Tod im Jahr 1584 entwarf, war eine wichtige Figur in den römischen und vatikanischen Intellektuellenkreisen. In seiner aktiven Zeit hatte er als Soldat in der Armee Papst Pauls III. gedient.

Die Zeitgenossen Orsinis konnten bei ihrem Besuch den Sacro Bosco „lesen", wie wir heute ein Buch lesen. Die über den Garten verteilten, aus Tuffblöcken gehauenen Figuren versinnbildlichen in dreidimensionaler Form die Reise des Menschen durch die Fallstricke und Leidenschaften des Lebens hin zur Erkenntnis der göttlichen Liebe. Orsini vermochte dieses Thema sehr wirkungsvoll mit Bezug auf sein eigenes Leben als Intellektueller wie auch als Soldat auf den Schlachtfeldern Europas auszuloten. Der Wald hat also die doppelte Funktion einer visuellen Biographie und eines persönlichen Denkmals.

Auf einem felsigen Grund in einiger Entfernung von seiner Villa ließ Orsini 1552 Bäume für seinen heiligen Wald pflanzen. Fünfzehn Jahre später zog er sich aus dem Militärdienst zurück und widmete sich der Gestaltung des Gartens. Das Gelände war in drei Etagen angelegt, und der Garten bildete ein Konglomerat aus bizarren Gebäuden, Statuen, Brunnen und Steintafeln mit Inschriften. Als erstes stieß der zeitgenössische Besucher auf den Kampf zweier Riesen, zu dem Orsini von Ariostos *L'Orlando Furioso* inspiriert wurde. Weiter weg erblickt man eine riesige moosbedeckte Schildkröte, auf der die Figur der Fama ins Horn bläst: Dies konnte man als Symbol für *festina lente*, „Eile mit Weile", deuten. Wie häufig in den Renaissance-Gärten erschloß sich auch in Bomarzo der Kern der Botschaft aus der Gegenüberstellung der Figuren: Schildkröte, Fama und die Statue des Pegasus dahinter. Viele reiche Auftraggeber schmückten ihre Gärten mit Pegasus – dem Pferd, das in der klassischen Mythologie mit der Kreativität und den Musen verknüpft wird –, um so ihre Rolle als Intellektuelle und Kunstförderer zu unterstreichen. Indem er Pegasus neben die Schildkröte stellte, vermochte Orsini diese selbstgefällige Tradition zu ironisieren.

Der Höllenschlund, wohl die berühmteste von Orsinis Skulpturen, spielte eine entscheidende Rolle in der Allegorie der menschlichen Existenz, die im Park ihren Ausdruck fand. Er ist Teil einer monströsen Fratze mit geblähten Nüstern und weit aufgerissenen Augen. Eine Treppe führt in den offenen Rachen, an dessen Eingang das Zitat aus Dantes *Göttlicher Komödie* erscheint: „Ihr, die ihr herkommt, lasset alle Hoffnung." Das Innere des Schlundes ist mit großem Geschick so konstruiert, daß es Geräusche verstärkt und verzerrt. Angeblich ist jede Stimme, die darin erklingt, im ganzen Park zu hören.

Nach dem Tod Orsinis geriet der Sacro Bosco rasch in Vergessenheit. Erst durch das Interesse Salvador Dalís gelangte er wieder ins Licht der Öffentlichkeit. Jahrelange sorgfältige Restaurierungsarbeiten sicherten den Bestand dieses einzigartigen Ortes. *H.A.*

Der Tempietto.

Der Kampf zweier Riesen.

Der Bär, ein Emblem der Familie Orsini.

1552 Beginn der Arbeiten am Sacro Bosco.

1567 Orsini zieht sich vom Militärdienst zurück und widmet sich der Errichtung des Sacro Bosco.

1584 Tod Orsinis.

1645 Verkauf des Sacro Bosco an die Familie Della Rovere.

1845 Verkauf an die Borghese.

1949 Durch den Besuch Salvador Dalís tritt Bomarzo wieder ins öffentliche Bewußtsein.

1954 Der Park wird von der Familie Bettoni erworben und restauriert.

Das Schiefe Haus.

Der Höllenschlund.

Palazzo Farnese

CAPRAROLA, ITALIEN

„Die Anlage des grottesco, des Portikos und des hübschen Dekors gleicht einem natürlichen Theater, und tatsächlich diente es zur Zeit der serenissimi Farnese privaten Rezitationen von [Guarinis Schäferspiel] ‚Il Pastor Fido'."

Leopoldo Sebastiani, *Descrizzione e Relazione istorica del Nobilissimo e Real Palazzo di Caprarola* [...], Rom 1741.

Die Mosaikpflasterung hinter dem Casino verbindet Innen- und Außenräume.

Der Palazzo Farnese in Caprarola ist der Inbegriff einer Villa und Gartenanlage der Hochrenaissance. Ihr Schöpfer, der herausragende römische Architekt Giacomo Barozzi da Vignola, entwarf auch Kardinal Gambaras Villa Lante in Bagnaia, deren Garten viele Gemeinsamkeiten mit Caprarola hat.

Das massive Mauerwerk des Palazzo Farnese erhebt sich dominant über der Stadt, und auf den ersten Blick läßt sich schwer ein Garten vorstellen, der von solch imposanter Größe nicht erdrückt würde. Die Lösung, die man für dieses Problem ersann, war von bestechender Einfachheit. Der Hauptgarten wurde in einiger Entfernung vom Palast angelegt, wodurch jeglicher Konflikt zwischen Garten und Gebäude umgangen wurde.

Im Jahr 1556 beauftragte Kardinal Alessandro Farnese den Architekten Vignola, das unter seinem Großvater halb vollendete Kastell in Caprarola in einen luxuriösen Palast umzubauen. Als Vignola 1573 starb, war einer der beiden Geheimgärten fertig und der Palast nahezu vollendet.

Der Kardinal hatte zwei Appartements anlegen lassen – ein südseitiges für den Winter und ein nordseitiges, das er während des heißen Sommers bewohnte. Jede Raumflucht hatte Ausblick auf einen eigenen Garten, mit dem sie durch eine den Festungsgraben überspannende Holzbrücke verbunden war. Im Wintergarten sind vier Parterrekompartimente angelegt, die mit Hecken von Buchs, Stechpalme und Lorbeer eingefaßt sind. Eine zentrale Allee führt auf die Grotte mit dem Regenbrunnen zu. Der Sommergarten ist mit Blumen und Obstbäumen bepflanzt. Er findet seinen Abschluß im Nymphäum, das den Venusbrunnen beherbergt.

Es ist durch keinerlei Dokumente erwiesen, daß Vignola auch den Hauptgarten plante. Vom Palazzo aus erreicht man ihn über einen Weg durch den alten Jagdforst. Auf einer Lichtung steht das von Giacomo della Duca entworfene Casino. Der zweigeschossige Bau öffnet sich in jedem Geschoß durch eine zentrale dreibogige Loggia nach außen. Das Casino ist über eine Reihe von flachen Stufen erreichbar, die zwischen Rustikamauern emporsteigen. In der Mittelachse der Stufen verläuft eine Wassertreppe aus verschlungenen Delphinen. Beiderseits der Treppe sind Grotten in die Stützmauern versenkt.

Am oberen Ende der Wassertreppe öffnet sich eine kleine rasenbedeckte Piazza. Hier findet sich ein großer Brunnen in Gestalt einer monumentalen Urne, flankiert von zwei riesigen Tritonen mit Füllhörnern. Eine geschwungene Treppe führt zu einer anderen Piazza, hinter der die große, als Parterregarten gestaltete Terrasse rund um das Casino liegt. Die Terrasse ist als Parterregarten gestaltet. Die niedrige Umfassungsmauer zieren Satyrhermen, die Vasen auf ihren Köpfen tragen. Der Legende nach soll jede der 28 Figuren einen der Handwerker porträtieren, die am Bau des Gartens beteiligt waren. Leider kann diese Anekdote nicht stimmen, da die Statuen erst etwa 1620 im Zuge der von Girolamo Rainaldi geleiteten Umbauarbeiten hinzugefügt wurden.

H.A.

Phantastische Hermen in einer Grotte.

1530 Antonio da Sangallo und Baldassare Peruzzi beginnen für Alessandro Farnese die Festung in Caprarola zu errichten.

1534 Alessandro Farnese wird als Paul III. zum Papst geweiht, die Bauarbeiten werden unterbrochen.

1556 Papstenkel Alessandro Farnese der Jüngere beauftragt Vignola mit dem Umbau der Festung in einen Palazzo.

1557 Beginn der Arbeiten an den Geheimgärten hinter dem Palast.

1537 Tod Vignolas.

1584 Casino und Hauptgarten werden errichtet.

1620 Die Gärten rund um das Casino werden von Rainaldi umgestaltet.

Satyrhermen umgeben das Parterre.

Verschlungene Delphine bilden die Wassertreppe im Hauptgarten.

Villa Lante

BAGNAIA, ITALIEN

„Samstag, am letzten September, reiste ich vormittags nach Viterbo ab und ging nach Bagnaia, einem Ort, der dem Kardinal Gambara gehört, schön gebaut ist und unter anderm besonderen Reichtum an Brunnen aufweist. In diesem Punkte kommt er sowohl Pratolino wie Tivoli nicht nur gleich, sondern übertrifft sie sogar."

Michel de Montaigne, *Tagebuch einer Reise durch Italien, die Schweiz und Deutschland in den Jahren 1580 und 1581*, Frankfurt a. M. 1988.

Links: Pegasus und die Musen von Giambologna.

Oben Mitte: Die catena d'acqua.

Oben rechts: Der Gigantenbrunnen.

1568 Beginn der Gartengestaltung.

1656 Der Landsitz wird vom Papst an die Familie Lante della Rovere verpachtet; in der Folge werden das Muster der Buchshecken auf dem Rampenparterre und die hohen Hecken verändert.

1953 Die Anlage wird von der Società Villa Lante erworben; Beginn umfangreicher Restaurierungsarbeiten.

1973 Die Villa Lante geht in den Besitz des italienischen Staates über.

Der Garten der Villa Lante bei Rom wurde wiederholt als einer der vollkommensten überhaupt beschrieben. Der Grund dafür liegt wohl ebenso in der intimen Atmosphäre wie in der unglaublichen Harmonie des Entwurfs. Der ab 1568 von Giacomo Barozzi da Vignola (1507–1573) für Kardinal Gambara gestaltete Garten besteht aus mehreren Abschnitten: dem quadrato genannten Hauptparterre, das dem aus zwei einzelnen Pavillons (Casino Gambara und Casino Montalto) bestehenden Villenkomplex vorgelagert ist, und dem dahinter in drei Terrassen ansteigenden Garten. Ikonographisch repräsentiert der Garten den Übergang von der auf der Hügelkuppe angesiedelten primitiven Kultur zur Zivilisation der Renaissance in der Ebene. Dieser symmetrisch angelegte Garten wird von einem parkähnlichen Wäldchen eingefaßt, das sich auf der Anhöhe und zur rechten Seite hin ausbreitete, heute aber nahezu aller architektonischen Gestaltungselemente beraubt ist; erhalten ist lediglich Giambolognas großartige Brunnengruppe mit Pegasus und den Musen, welche die Künste und die dichterische Inspiration symbolisieren.

Am Scheitelpunkt der Zentralachse erhebt sich an der Grenze zum Wäldchen der Sintflutbrunnen, aus dessen von Moos und Farn verdeckter Grotte das die gesamte Anlage speisende Wasser entspringt. Auf dieser obersten Terrasse unterstreichen die den Sintflutbrunnen flankierenden beiden Pavillons der Musen die thematische Dialektik zwischen klassischer und primitiver Epoche, zwischen der Quelle des Lebens (Wasser) und der Kunst (Musen). Der von Steinbänken umgebene Delphinbrunnen leitet das Wasser weiter zu den tiefer gelegenen Terrassen. Die zur nächsten Terrasse hinabführende Rampe wird von der berühmten catena d'acqua, der Wasserkette, beherrscht. Deren Steinfassung ist in Form von verschlungenen Krebsschwänzen gestaltet – eine Anspielung auf das Wappentier des Kardi-

nals (gambero heißt Krebs). Auf der mittleren Terrasse trifft der Besucher auf den Brunnen der Giganten: Im Zentrum ergießt sich das Wasser aus den Scheren eines Krebses in das Becken, beiderseits lagern zwei kolossale Flußgötter mit Füllhörnern, auch den entlang der Balustrade aufgereihten Vasen entspringt Wasser. Den Mittelpunkt dieser Terrasse bildet der lange, in der Vertikalachse ausgerichtete, steinerne Tisch des Kardinals, den das Wasser in einer Rinne durchfließt, um Wein und Früchte zu kühlen. Über Treppen steigt man nun zur untersten Terrasse mit dem Kerzen- oder Lichterbrunnen. Zwischen den beiden Gebäuden der Casinos erstreckt sich ein zur Ebene hin abfallendes Buchsbaumparterre; davor breitet sich schließlich das Hauptparterre als Verkörperung der fortgeschrittenen Zivilisation aus. Den Mittelpunkt des quadrato bildet der von Broderiekompartimenten umrahmte viereckige See. Seine vier Bassins sind mit Steingondeln geschmückt, die auf den zentralen Mohrenbrunnen zuzusteuern scheinen. *M.S.*

Oben: Blick in den quadrato mit dem Mohrenbrunnen.

Unten: Der Kerzenbrunnen.

Zarskoje Selo (HEUTE PUSCHKIN)

ST. PETERSBURG, RUSSLAND

Chinesischer Pavillon im Katharinen-Park.

1712 Heirat Katharinas I. mit Peter I., dem Großen, Beginn der Arbeiten in Zarskoje Selo.

1743–1746 Unter der Herrschaft von Elisabeth Petrovna, der Tochter Peters des Großen, Beginn der zweiten Bauphase, Erweiterung des Gartens, Ausbau des Schlosses.

Um 1760 Einbau des Bernsteinzimmers, seit Kriegsende verschwunden.

1762 Thronbesteigung Katharinas II., der Großen.

1771 Johann Busch wird Hofgärtner.

1783/84 Bau des Babolovski Palais, Parkgestaltung durch Johann Busch.

1785 Bau der dorischen Säulenhalle, nach dem Architekten Charles Cameron „Cameron-Galerie" genannt.

1792–1796 Bau des Alexander-Palais für Katharinas Enkel, den späteren Kaiser Alexander, Gestaltung der Gartenanlage durch Ilia Nejelow.

„Meine Anglomanie setzt meiner Leidenschaft für Pflanzen Schranken."

Katharina die Große in einem Brief an Voltaire.

Kurz nach ihrer Heirat mit Peter dem Großen 1712 erhielt Katharina I. ein kleines hölzernes Lusthaus in Zarskoje Selo zum Geschenk. Sie ließ das Gebäude umbauen und beauftragte den Gärtner Jan Rosin, einen kleinen Garten mit Treibhäusern und Orangerie anzulegen. Bald danach lieferte der Gärtner, der auch im Sommergarten in Petersburg tätig war, einen ersten Plan, der von Johann Voght ausgeführt wurde: Um 1720 gab es bereits den heute noch vorhandenen Terrassengarten, wenig später auch Bassins und Parterres. 1723 errichtete der Architekt Förster auf einer Insel im See ein Lusthaus und eine Orangerie. Vor der Auffahrt des kleinen Lustschlosses befand sich der Tiergarten.

Die zweite, maßgebliche Bauphase in Zarskoje Selo setzt unter Peters Tochter, Kaiserin Elisabeth Petrovna (1709–1762), ein: Wahrscheinlich nach Plänen Nicolas Girards wird der Garten erweitert und nahm, nachdem die Schloßfassade zwischen 1743–1746 auf 325 Meter Länge angewachsen war, die gesamte Breite ein. Einen Eindruck von der Größe gibt ein Kupferstich, den vermutlich der Architekt Bartolomeo Rastrelli Mitte des 18. Jahrhunderts anfertigte. Der quadratische Tiergarten oder „Neue Garten" vor dem Schloß erhielt 1748 ein „Monplaisir"-Lusthaus, das ebenso wie die Ermitage (1744–1754) von Rastrelli erbaut wurde. Am Ufer des Sees ließ die Kaiserin 1749–1761 eine Grotte errichten.

Der Ausbau des ehemaligen Lusthauses zur kaiserlichen Sommerresidenz ist Architekten wie Bronstein (1718–1724 tätig), S.I. Tschewakinski (1745–1748) und Rastrelli (ab 1752) zu verdanken. Der Garten, der in seiner abgeschlossenen Form eher an niederländisch-deutsche als an französische Vorbilder erinnert, wuchs dabei zu einem großartigen Barockgarten heran, der in erster Linie der Repräsentation verpflichtet war.

Da der moderne Stil der englischen Landschaftsgestaltung in Rußland noch unbekannt war, schickte Katharina II. den Gärtner Andrei Ekleben und den Architekten Wassili Nejelow (1722–1782) mit seinen Söhnen Ilia (1745–1793) und Piotr 1769/70 nach England. Die Planungen, die sie daraufhin durchführten, waren jedoch wenig befriedigend, so daß sie 1771 den deutschstämmigen Gärtner und Pflanzenhändler Johann Busch (gest. 1796) aus London als Hofgärtner berief. Obwohl er bis 1785 nach Nejelows Plänen arbeitete, setzte die Kaiserin auch zahlreiche eigene Vorschläge um, so daß der französische Reisende Paul Sivigne 1816 zu Recht schreiben konnte: „Von ihr unterwiesen, hat der gefeierte Busch die regulären Gärten kunstvoll in einen englischen Garten umgewandelt." Tatsächlich dilettierte die Kaiserin in der Gartenkunst, übersetzte Werke wie Willam Chambers' *Designs on Chinese Buildings* (1757) ins Russische und ordnete Thomas Whatelys *Observation on Modern Gardening* (1770) neu. Am meisten lag ihr jedoch an der architektonischen Ausgestaltung: In den 1770er Jahren errichtete sie viele Monumente in Andenken an militärische Siege in Chios (Tschesme-Säule), Moldavien (Morea-Säule), Kagul-Obelisk. Zeichnen dafür zunächst die Architekten Antonio Rinaldi und Nejelow verantwortlich, so kommt es 1779 zu neuen Berufungen. Als historische Nachfolgerin der Kaiser Konstantinopels will Katharina die Große diesen Anspruch auch im Garten sichtbar machen: Unter dem italienischen Architekten Giacomo Quarenghi (1744–1828) und dem aus England berufenen Charles Cameron (1736–1812) kommen das Dorf Sophia hinzu, das Achatbad, ein antiker Ruinentempel, auch griechische Architekturelemente finden Eingang. Zwischen dem alten, nur wenig veränder-

ten Barockgarten und dem neuen Landschaftspark wird bis 1785 die offene dorische Säulenhalle, die sogenannte „Cameron-Galerie" gebaut.

In direkter Nachbarschaft ihrer Sommerresidenz ließ sie für Fürst Potemkin das Babolovski Palais (1783/84) erbauen, die Gestaltung des Parks übernahm Johann Busch. Neben dem Tiergarten entstand 1792–1796 durch Quarenghi für ihren Enkel, den späteren Kaiser Alexander, das Alexander-Palais, dessen kleine Gartenanlagen Ilia Nejelow entwarf. In unmittelbarer Nachbarschaft befindet sich Pawlowsk, das Charles Cameron für Katharinas Sohn Paul errichtet hatte. Das Schloß- und Parkensemble von Zarskoje Selo, eine der bedeutendsten Anlagen des Petersburger Barock, nimmt im Umfeld der Petersburger Schloßanlagen eine zentrale Stellung ein.

Der Park von Zarskoje Selo wurde Vorbild für zahlreiche russische Landschaftsgärten; von geringfügigen Eingriffen abgesehen, blieb er bis zum Ende der Zarenherrschaft nahezu unverändert. *M.K.*

Die Parterres vor der Parkfront des Katharinen-Palastes.

Die Tschesme-Säule.

Villa Aldobrandini

FRASCATI, ITALIEN

Oben: Das Wassertheater.

Unten: Figur des Atlas von J. Sarrazin im Wassertheater.

„In einem dieser Wassertheater findet sich ein Atlas, der den Wasserstrom in unglaubliche Höhe emporschleudert, und ein weiteres Monstrum, das mit einem Horn ein fürchterliches Brüllen erzeugt; vor allem aber die Darstellung eines Sturms ist äußerst natürlich, mit solch heftigem Regen, Wind und Donner, als wäre man selbst in einem wilden Orkan."

John Evelyn, Diary, *4.–5. Mai 1645.*

Die Villa Aldobrandini erhebt sich über der östlich von Rom gelegenen Kleinstadt Frascati. Bald nach der Vollendung im Jahr 1604 fanden das prächtige Haus und die dramatische Gartenanlage Eingang in die Reisebeschreibungen, die im 17. und 18. Jahrhundert von Reisenden aus ganz Europa in Briefen und Tagebüchern festgehalten wurden.

Die Villa wurde 1598 für Kardinal Pietro Aldobrandini errichtet. Der ursprüngliche Entwurf geht auf den lombardischen Architekten Giacomo della Porta, einem Vertreter des manieristischen Stils, zurück. Das Grundstück, das einen weiten Ausblick in die umliegende Landschaft gewährt, erhielt der Kardinal von seinem Onkel Papst Clemens VIII. zum Geschenk dafür, daß er die Este aus Ferrara vertrieben und die Stadt wieder der päpstlichen Herrschaft unterstellt hatte. Der von Giacomo della Porta entworfene, breit gelagerte Bau hatte die geringe Tiefe von nur einer Raumbreite und soll zu Lebzeiten des Kardinals einem mit Preziosen gefüllten Schmuckkästchen geglichen haben.

1602 starb Della Porta plötzlich auf dem Weg nach Rom. An seine Stelle trat ein weiterer lombardischer Architekt, Carlo Maderno, der die Villa im folgenden Jahr fertigstellte. In der Zwischenzeit hatte der Kardinal die Wasserrechte von einem Nachbarn erworben und einen 12,8 Kilometer langen Kanal samt Aquädukt errichten lassen.

Wasser bildet das zentrale Element der Anlage, die sich auf schwierigem Gelände hinter der Villa befindet. Auf dem schmalen Streifen zwischen der Rückseite des Gebäudes und dem steil ansteigenden Hang wurde ein großartiges Wassertheater angelegt, das eines der üppigsten Renaissance-Wasserspiele darstellt, die in Europa erhalten sind. Der Entwurf stammt von Carlo Maderno, für die Technik war Giovanni Fontana verantwortlich. Fontana erhielt zahlreiche Aufträge aus dem Vatikan und galt in Rom als größter Hydraulik-Spezialist seiner Zeit. Im Zentrum des Theaters steht die von Jacques Sarrazin gestaltete Statue des Atlas, der schwer am Gewicht der Weltkugel trägt. Zu seinen Füßen ringt der Titan Enkelados um seine Freiheit. In den Seitengrotten erscheinen Darstellungen Pans und eines das Horn blasenden Kentauren. Die übrigen Statuen des außergewöhnlichen wasserbetriebenen Orchesters sind nicht erhalten.

Zwei Gebäude flankieren das mittlere Bassin: eine dem hl. Sebastian geweihte Kapelle und der Tempel der Winde. Der Tempel beherbergte ursprünglich eine Darstellung des Musensitzes Parnaß sowie eine Statue des Pegasus. Im 17. Jahrhundert beschrieb John Evelyn in seinem Tagebuch „einen kupfernen Ball, der dank eines heimlich aus einem darunter liegenden Loch strömenden Windes stets etwa drei Fuß über der Erde tanzt".

Über dem Theater erhebt sich der Steilhang mit der Wassertreppe. Dieser Teil des Gartens sollte gemäß der Planung vom ersten Stock der Villa aus betrachtet werden. Der erste Abschnitt des Treppenanstiegs ist von zwei Steinsäulen flankiert, aus denen ursprünglich Wasser quoll, das durch um die Schäfte geführte Rinnen wieder herabfloß. Am Gipfelpunkt der Treppe entströmt Wasser aus einer roh behauenen Steingrotte. *H.A.*

Die Hauptfassade läßt nichts von den außergewöhnlichen Wasserspielen hinter der Villa ahnen.

1598 Kardinal Pietro Aldobrandini beauftragt Giacomo della Porta mit der Planung und Ausführung eines Gartens für seine Villa.
1602 Giacomo della Porta stirbt.
1603 Unter der Leitung Carlo Madernos wird der Hauptgarten vollendet.
1604 Papst Clemens VIII. übergibt Kardinal Aldobrandini 50 000 Scudi für den Bau eines Wassertheaters.
1621 Kardinal Aldobrandini stirbt, der Landsitz geht auf seine Cousins über.

Die Rückfront der Villa, von der sich ein schöner Blick auf die Wassertreppe bietet.

Kinkaku-ji

KYOTO, JAPAN

„Die Spiegelung des nächtlichen Himmels verlieh dem Wasserspiegel des Teiches ein mattes Weiß. Die dichte Schicht von Wasserlinsen ließ ihn wie festes Land erscheinen, nur vereinzelte Lücken in dieser dicken Decke ließen erkennen, daß darunter Wasser lag."

Yukio Mishima, *Der Tempel der Morgendämmerung*, München 1987.

Im Nordwestteil Kyotos liegt der Rokuon-ji (Wildpark-Tempel), der nach dem Jagdreservat in Indien benannt ist, in dem Buddha seine erste Predigt zur Erleuchtung hielt. In diesem Park liegt eines der berühmtesten Gartengebäude Japans, der Tempel des Goldenen Pavillons, Kinkaku-ji. Jede Ebene des Pavillons zeigt einen anderen Architekturstil der Muromachi-Periode (1333–1568). Damit sollte zum Ausdruck kommen, welche Macht sein Auftraggeber, Ashikaga Yoshimitsu, der dritte Ashikaga-Shogun, über alle Bereiche des Lebens hatte. Der Kinkaku-ji ist ein Zeugnis der großartigen Gartenarchitektur der Ashikaga-Shogune, da so ausgedehnte Anlagen bis zur Edo-Periode (1600–1868) eine Seltenheit waren.

Yoshimitsu hatte eine Vorliebe für alles Chinesische, vor allem für die Werke aus der Sung-Zeit. Er war ein Förderer der Künste, aber auch des Zen-Buddhismus, und nach seinem Tod im Jahr 1408 wurde der Goldene Pavillon in einen Zen-Tempel umgewandelt. Auch die Anlage und Gestaltung der Tempelgärten von Saiho-ji und Tenryu-ji, die von den Ashikaga-Shogunen sehr geschätzt wurden, dürften den Garten von Kinkaku-ji wesentlich beeinflußt haben.

Der Pavillon ist so angelegt, daß er in den See Kyoko-chi hineinragt. Wie bereits in der Heian-Periode fanden Bootspartien auf dem See statt; er ist von genau plazierten Inseln durchsetzt, die mit Felsen eingefaßt und mit künstlich geformten Kiefern bepflanzt sind. Durch die Anordnung der Steine gestaltete man Inseln in Form eines Kranichs und einer Schildkröte, die als Symbole langen Lebens gelten. In der Nähe des Landungsstegs am Pavillon repräsentieren zwei kleinere Schildkröteninseln Ankunft und Abfahrt – je nach Ausrichtung des „Schildkrötenkopfes". Die Anordnung der Inseln und die in den See ragenden Landzungen sind bewußt geplant, um den See größer erscheinen zu lassen. Seine Hauptfunktion ist jedoch, ein überwältigendes Spiegelbild des Goldenen Pavillons zu bieten, der Garten kann aber ebensogut vom Pavillon aus betrachtet werden. Alle drei Stockwerke des rekonstruierten Pavillons sind heute reich vergoldet, das Original fiel einer Brandstiftung zum Opfer.

Die Bäume und die Moosdecke des Bodens als wichtigste Elemente der Bepflanzung bilden einen beruhigenden Gegenpol zum theatralischen Pavillon. In Tempelnähe steht eine berühmte Kiefer, die durch kunstvollen Beschnitt die Form eines Bootes erhielt. Hinter dem Pavillon steigt das Terrain in östlicher Richtung an, dort stürzt der Drachentor-Wasserfall auf den berühmten „Karpfenstein" herab. Der ursprünglich aus einem von Saion-ji Kitsune angelegten Garten in Kamakura stammende Stein stellt einen gegen die Strömung ankämpfenden Karpfen dar. Der Legende nach verwandelt sich ein Karpfen, der es schafft, den Gipfel des Wasserfalls zu erreichen, in einen Drachen. Der „Steinkarpfen" ist also Sinnbild des Strebens nach Erleuchtung.

Über dem Wasserfall liegt noch ein See, der aus der Zeit der frühesten Villenanlage stammen soll. Darüber erhebt sich ein später errichtetes Teehaus mit angeschlossenem Garten. Vom obersten Punkt des Gartens genießt man einen schönen Ausblick auf das Dach des Goldenen Pavillons, das mit der Figur des mythischen Phönix verziert ist. *J.R.*

Die Kiefer wurde in Form eines Bootes beschnitten.

Moos als Bodendecker unter den Bäumen am See.

Um 1220 Die Familie Saion-ji läßt eine Villa und einen Tempel errichten, die aber mit dem Machtverlust der Familie verfallen.

Um 1398 Ashikaga Yoshimitsu erwirbt die Anlage von der Familie Saion-ji; vor seinem Rücktritt als dritter Ashikaga-Shogun läßt er den Goldenen Pavillon errichten.

1408 Aus Anlaß des Besuches von Kaiser Gokomatsu werden große Festlichkeiten veranstaltet.

1467–1477 Zeit der Onin-Kriege. Der Großteil der Tempelanlage wird zerstört, nur der Goldene Pavillon und der See bleiben erhalten.

Um 1610 Kaiser Gomizuno läßt die Hauptgebäude des Tempels, das Teehaus und den zugehörigen Garten anlegen.

1. Juli 1950 Der Goldene Pavillon wird durch Brandstiftung zerstört.

1955 Durch Spenden des japanischen Volkes wird eine genaue Replik des Goldenen Pavillons ermöglicht.

Rechts: Ahornblätter rahmen den Blick über den See zum Goldenen Pavillon. Die Insel täuscht eine größere Distanz vor.

Schloß Hellbrunn

SALZBURG, ÖSTERREICH

Rechts: Ein Hirschkopf als Wasserspeier.

Unten: Das Mechanische Theater.

Ganz unten: Donato Mascagni, Porträt des Erzbischofs Markus Sittikus, 1619 (Ausschnitt).

„In diesem Park verliere ich mich selbst, mehr als in einem Labyrinth. In diesen Wassern verkörpert sich Venedig, und die Bauten geben mir von Rom einen Begriff. Hellbrunn ist ein Irrsal von Wassern, ein Spiel der Najaden, ein Theater der Blumen, ein Kapitol der Statuen, ein Museum der Grazien."

Domenico Ghisberti, Hofdichter der Wittelsbacher, 1670.

Der Garten dieser Villa suburbana wurde nach den Ideen des Erzbischofs von Salzburg, Markus Sittikus von Hohenems, kurz vor Ausbruch des Dreißigjährigen Krieges angelegt. In seiner Jugend lebte der Bauherr bei seinem Oheim, dem Kardinal Marco Sittico Altemps, in Rom und im Sommer in dessen Villa in Frascati. Er war daher mit den neuesten italienischen Gartenschöpfungen wohlvertraut, besonders beeindruckten ihn die hydraulischen Wasserspiele der Villen in Pratolino, Frascati und der Terra Ferma außerhalb Venedigs. Der Giardino Segreto von Hellbrunn mit seinen hydraulischen Wasserspielen zählt zu den am besten erhaltenen manieristischen Gärten Europas.

Unter der Leitung des Italieners Santino Solari ließ Markus Sittikus eine italienisch anmutende Villa mit Grottenräumen im Erdgeschoß errichten. Unter anderem gibt es dort die Spiegelgrotte, die Regengrotte mit versteckten Wasserscherzen und die Vogelgrotte, in der ein hydraulischer Automat Vogelstimmen erklingen läßt. Diese im Sommer erfrischend kühlen Grotten standen in direktem Bezug zu den umliegenden Gartenräumen, die sich entlang einer Wasserachse, dem sogenannten Fürstenweg, lose um das Schloß gruppieren. Dieser Bereich bildet den Giardino Segreto, den ersten Teil der Gartenanlage.

Den Beginn der Achse im Nordosten markiert das Römische Amphitheater mit einem Steintisch, in dessen Platte eine Wasserrinne für Kühlung der Getränke sorgt. Das Vorbild steht im Garten der Villa Lante nördlich von Rom. Die Steinhocker des Tisches sind mit versteckten Wasserdüsen versehen, um im geeigneten Augenblick die Gäste des Erzbischofs zu „erfrischen". Die hier beginnende Wasserachse weitet sich in regelmäßigen Abständen zu quadratischen oder runden Teichen und endet im westlich gelegenen großen Wasserparterre, dem zweiten Teil der Gartenanlage. Dort bildet eine Insel den Mittelpunkt. Auf ihr befand sich ursprünglich ein Aussichtshügel mit einem runden Pavillon.

In die lockere Abfolge des Fürstenweges mit seinen sehr unterschiedlich gestalteten Grotten, Pavillons und Brunnen wurde in den Jahren 1750–1753 eine weitere Kuriosität eingefügt: das sogenannte Mechanische Theater, das eine baufällig gewordene Grotte ersetzte. Dieses von Danreiter entworfene hydraulische Theater stellt das Leben in einer barocken Kleinstadt dar. Über 100 Figuren bewegen sich zu den Tönen einer Wasserorgel und bieten ein unvergleichliches Schauspiel.

Das Tiergehege bildet den dritten Teil des Parkes. Es befindet sich im Westen der Anlage und wird, wie alle Parkbereiche, von einer Mauer umfaßt. Auf einer Anhöhe wurde 1615, wohl zu Ehren eines durchreisenden bayrischen Herzogs, das sogenannte Monatsschlößchen erbaut. Die Bauzeit betrug angeblich nur knapp einen Monat. Von hier aus führt ein Waldweg zum Felsentheater, einem der ältesten Gartentheater Europas. Markus Sittikus ließ hier Opern und Theater aufführen. Am 31. August 1617 wurde mit *Orpheus* von Monteverdi die erste italienische Oper nördlich der Alpen aufgeführt. Die Zuschauer nahmen unter einem Felsenbogen Platz, die Bühne befand sich in einer künstlichen Grotte. Jährlich stattfindende Konzerte und Aufführungen beleben diese Tradition noch heute.

A.G.

1425 Anlage eines Tiergartens mit Fischteichen.
1613–1615 Schloßbau nach Entwürfen des Architekten Santino Solari.
1615–1618 Anlage der Gärten mit Grottenarchitekturen und Wasserscherzen.
1615 Bau des Monatsschlößchens.
1617 Erste Opernaufführungen unter freiem Himmel nördlich der Alpen im Felsentheater.
Ab etwa 1730 Vereinfachung der Gärten durch F. A. Danreiter.
1750–1753 Mechanisches Theater von F. A. Danreiter.
Ende des 18. Jahrhunderts Teilweise Umgestaltung des Parks im Landschaftsstil.

Das Römische Amphitheater (1615) mit Wasserspielen.

Die Orpheusgrotte.

Kaiserliche Villa Katsura Rikyu

KYOTO, JAPAN

Eine Gruppe von Cycas revoluta.

„Ich habe gesagt, daß die ganze Ausdehnung dieses weitläufigen Gartens und sein großer Teich in der Mitte mit einem Blick erfaßt werden könnten, doch in Wahrheit war das nur meine Einbildung [...] Als wir den Steinweg entlangspazierten, die Gipfel der künstlichen Hügel erklommen und wieder zum Ufer des Teiches herabstiegen, änderte sich das Bild ununterbrochen. Es war wie eine Drehbühne, in der alles perfekt ineinander glitt."

Yasushi Inoue, ‚The Villa, the Garden and the Prince', in Anspielung auf den Genji-Roman in: Teiji Itoh, (Hg.), Imperial Gardens of Japan, New York/Tokyo/Kyoto 1970.

Die Steine sind sorgfältig angeordnet, um die Besucher auf dem Rundweg zu leiten.

Der südwestlich von Kyoto gelegene Wandelgarten der Kaiserlichen Villa von Katsura Rikyu stammt aus der Edo-Periode (1600–1868). Im Zentrum der Anlage liegt ein unregelmäßig geformter Teich mit Inseln und Vorsprüngen, um die sich ein Weg schlängelt. Den Entwurf des Gartens schrieb man in der Vergangenheit dem Architekten Kobori Enshu (1579–1647) zu, heute hält man es allerdings für möglich, daß er nur als Berater fungierte, während der künstlerisch begabte Prinz Toshihito und sein Sohn mit Hilfe erfahrener Gärtner für die Planung der Anlage verantwortlich waren.

Das Haupthaus, das vielleicht schönste architektonische Beispiel des japanischen Sukiya Shoin-Stils, gliedert sich in drei Abschnitte, die in der „Gänseflugformation" diagonal aneinandergereiht sind. Der Garten sollte sich dem Betrachter sowohl durch die Ausblicke vom Haupthaus als auch beim Umrunden des Sees im Uhrzeigersinn entlang eines vorgeschriebenen Weges erschließen. Die Stabilität der Edo-Periode ermöglichte die Entwicklung größerer Wandelgärten; diese wurden in der Absicht geplant, dem Besucher beim Beschreiten eines Weges die Ansichten zunächst zu verstecken und später zu enthüllen, wobei der Weg oft diagonal angelegt war, und den Garten dadurch größer erscheinen ließ.

Um 1000 Das Gebiet von Katsura Rikyu ist Eigentum der Familie Fujiwara.

Um 1200 Das Terrain geht an die Familie Konoe über.

1600 Prinz Toshihito (1579–1629), der Bruder von Kaiser Goyozei (1571–1617) wird Eigentümer von Katsura Rikyu.

1615 Prinz Toshihito beginnt mit dem Bau der Kaiserlichen Villa.

Um 1645 Prinz Toshihitos Sohn, Prinz Toshitada (1619–1662), heiratet die Tochter eines reichen daimyo, deren Mitgift ihm erlaubt, die Villa und die Gärten auszubauen.

1663 Der zurückgetretene Kaiser Gomizuno (1596–1680) besucht Katsura Rikyu; weitere Gestaltungselemente und Bauten könnten in Vorbereitung dieses Besuches hinzugekommen sein.

1881 Mit dem Tod Prinzessin Sumikos stirbt diese Linie der Besitzer von Katsura Rikyu aus.

1883 Die Kaiserliche Villa Katsura Rikyu wird dem Amt des kaiserlichen Haushalts unterstellt.

Man zeigte sich nicht nur gegenüber den Ausblicken, den Jahreszeiten und der Art des zur Weggestaltung verwendeten Materials empfindsam, sondern sprach auch den Intellekt des Besuchers an: Die historischen, literarischen und geographischen Anspielungen waren so gewählt, daß sie von der gebildeten japanischen Elite verstanden werden konnten.

Prinz Toshihito studierte die klassische Literatur Japans und Chinas, einschließlich der *Geschichte des Prinzen Genji*, die eine Beschreibung der Gärten der Heian-Periode (794–1185) enthält. Auf seinen Reisen beeindruckte ihn die Schönheit der berühmten Küste von Ama-no-hashidate, der „Brücke zum Himmel", so tief, daß er sie in stilisierter Form in Katsura Rikyu nachbildete. Die Ästhetik des wabi-sabi, die Wertschätzung der Schlichtheit, hatte sich in der Teezeremonie der vorangehenden Momoyama-Zeit (1568–1600) entwikkelt. Im Garten liegen fünf rustikale Teehäuser für verschiedene Jahreszeiten. Der Pavillon der bewunderten Blüten entspricht dem Typ des ländlichen Teehauses und vermittelt so den Eindruck, man sei weit über die Grenzen des Gartens hinaus gewandert.

Wie in anderen japanischen Gärten ist auch in Katsura Rikyu die Vegetation sorgfältig kontrolliert. Eine bemerkenswerte Pflanzengruppe liegt einem strohgedeckten Unterstand gegenüber, in dem die Gäste ausruhen können, ehe sie zur Teezeremonie in den Garten gebeten werden. Diese Gruppe besteht aus Cycas revoluta, die auf einem erhöhten Felsen angepflanzt sind. Ihre farnähnlichen Wedel strahlen im Sommer etwas Exotisches aus, im Winter sind sie dekorativ mit einem Kälteschutz aus Stroh umwickelt.

Im August läßt sich der Vollmond von einer eigens dafür entworfenen Plattform aus betrachten, umgeben von einem See, Inseln und dem milden Licht der Steinlaternen. *J.R.*

Links und oben: Beim Rundgang um den See bieten sich ständig wechselnde Ansichten.

Isola Bella LAGO MAGGIORE, ITALIEN

„Orangen- und Granatapfelhaine und große, mit Früchten schwer behangene Lauben von Limonen- und Zitronenbäumen. Es ist, als wäre ein wenig von den Gärten der Hesperiden an diesen verzauberten Ort verweht worden."

Charles de Brosses, *Lettres familières sur l'Italie (1739/40).*

François Flameng (1856–1923),
Der Empfang Napoleons auf der Insel Bella im 5. Jahr der Republik,
Öl auf Holz.

Isola Bella, die in einen Garten verwandelte Insel im Lago Maggiore, zählt zu den beeindruckendsten Anlagen, die man sich vorstellen kann. Der für den Grafen Carlo Borromeo auf einer Felseninsel angelegte Garten erscheint wie eine spektakuläre Galeone, die sich gegen die Wellen des Sees stemmt. Eine Seite, sozusagen das Heck, steigt in zehn Terrassen auf, während der Palast den Bug darstellt. Die zutreffende Bezeichnung „schöne Insel" ist in Wirklichkeit eine Abkürzung des Namens „Isola Isabella", den man der Gemahlin des Grafen widmete. Die unter dem Grafen Carlo Borromeo begonnenen und unter seinen Söhnen fortgeführten Arbeiten dauerten 40 Jahre. Die Hauptarchitekten waren Angelo Crivelli, Carlo Fontana und Francesco Castelli.

Von der Höhe der Terrassengärten bietet sich ein grandioser Ausblick auf den See.

Die Form der Insel schloß einen streng auf die Palastachse ausgerichteten symmetrischen Entwurf aus, dennoch ist der Grundriß geometrisch gestaltet. Der rechteckige Garten erstreckt sich zwischen dem Palast und dem Hauptelement des Gartens, einem mehrstöckigen Wassertheater, das Herkules gewidmet ist, dessen Statue an der Vorderfront zentral postiert ist. Auf dem Dach des Theaters thront ein Einhorn, das Wappentier der Familie Borromeo. Ein großes Parterre öffnet den Blick auf das Wassertheater. Das Theater beherbergt eine Zisterne, aus der die Wasserspiele und die Bewässerung des Gartens gespeist werden. Auf den quadratischen Pfeilern und in den Nischen der mit Kieselsteinen und Muscheln überzogenen Schauseite finden sich weitere Statuen. Die Rückseite des Wassertheaters ist in zehn Terrassen zum See hin abgetreppt.

Ein Stich aus dem Jahre 1726 zeigt den Garten spärlich bewachsen und von eher architektonischem Charakter. Das Wachstum der Bäume sowie Neupflanzungen führten später zur Auflockerung der strengen Linien und zur Bereicherung der Farbpalette. Im großen Parterre finden sich Kamelien, Rosen, Jasmin und Zitrusbäume, zwischen denen Pfauen paradieren. Es ist wirklich, wie es Charles de Brosses nannte, „ein Märchenschloß". *M.S.*

Um 1630 Beginn der von Graf Carlo Borromeo in Auftrag gegebenen Arbeiten.
1670 Vollendung der Gärten.

Das Wassertheater mit weißen Pfauen.

Magnolien und Kirschblüten verleihen den Steinterrassen Farbe.

Blumenreliefs an der Wand des Mausoleums.

Das Mausoleum mit dem chahar bagh.

Taj Mahal

AGRA, INDIEN

„O du beruhigte Seele,
Kehre zurück zu deinem Herrn zufrieden, befriedigt,
und tritt ein unter Meine Diener
und tritt ein in Mein Paradies."

Der Koran, 89. Sure, Stuttgart 1991, Inschrift am Haupttor.

Als Kaiser Babur im Jahr 1526 seine Armee siegreich gegen Ibrahim Lodi führte, gründete er nicht nur die Moguldynastie, sondern etablierte damit auch eine Gartentradition, die dazu geschaffen war, dem ständig umherziehenden Hof eine Heimstatt zu geben. Unter anderem ließen die Moguln Mausoleen mit Gartenanlagen errichten, deren letztes und erhabenstes Beispiel der Taj Mahal ist. Nach einer Bauzeit von 22 Jahren wurde er 1648 vollendet. Dieses am Ufer des Flusses Jumna in Agra gelegene Monument, eines der überragenden Bauwerke der Weltgeschichte, war von einem Paradiesgarten umgeben, der in seiner Glanzzeit zu den schönsten Beispielen der Mogulkunst zählte.

Die arabischen Kalifen im Irak errichteten im Jahr 860 n. Chr. die ersten Korangärten. Inspiriert von der Anleitung des Koran, ein Paradies auf Erden zu schaffen, bezogen die Architekten der Mogulgärten auch eine stark symbolische Ebene mit ein, um perfekt ausgewogene Kompositionen aus Raum, Wasser, Architektur und Vegetation zu schaffen. Zum

Vorbild des persischen chahar bagh steuerten die Mogulherrscher die einzigartige Mischung aus islamischen, hinduistischen und sufistischen Einflüssen bei.

Die Zeit war den Mogulgärten nicht gnädig. Selbst dort, wo die Grundstruktur intakt ist, ging die Vegetation verloren oder wurde unpassend ersetzt. Der Taj Mahal bildet keine Ausnahme, da die heutigen Bäume, Blumenbeete und Rasenflächen der westlichen Parklandschaft des 18. Jahrhunderts entsprechen. Der Grundriß des chahar bagh ist unverändert, allerdings weicht er insofern von der Tradition ab, als sich in der Mitte anstelle eines Aussichtspavillons oder eines Grabmals ein Wasserbecken erstreckt. Wasserkanäle, die Symbole der vier Paradiesflüsse, teilen das Terrain in die vier Gärten des Paradieses. Durch erhöhte Wege werden diese Segmente nochmals in Parterres geteilt. Die Moguln hatten ihre Pflanzen katalogisiert, sie verwendeten Obstbäume, Blumen und Schattenspender, die überwiegend identifiziert sind. Der in den Jahren 1658–1684 durch Indien reisende Chronist François Berrier sah den Taj mit „vielen blumengefüllten Parterres".

Wäre es möglich, die Bepflanzung des Taj Mahal, wie sie sich 1648, im Jahr der Fertigstellung, bot, zu rekonstruieren? Vielleicht ja. Jüngste Forschungen haben ergeben, daß sich der Grundriß nach dem *Plan der Versammlung am Tag des Jüngsten Gerichts*, einer Zeichnung des sufistischen Mystikers Ibn al'Arabi, orientierte. In diesem Fall würde das Grabmal den Thron Allahs repräsentieren, und die Gärten, einschließlich der Pflanzen, hätten ebenfalls symbolische Funktion. Faszinierend ist auch die Entdeckung eines zweiten, nach dem Taj ausgerichteten Gartenkomplexes auf dem gegenüberliegenden Flußufer. Doch so verlockend sie sein mag, scheint eine Wiederherstellung des originalen Gartens zum gegenwärtigen Zeitpunkt nicht durchführbar zu sein. *A.B.*

Biographie Shah Jahans

1592 Shah Jahan wird als Sohn des vierten Mogulkaisers Jahangir geboren und erhält den Namen Prinz Khurram.

1612 Er heiratet Arjumand Banu, die den Namen Mumtaz Mahal annahm.

1618 Sein Sohn und Nachfolger Aurangzeb wird geboren.

1626 Möglicher Baubeginn des Taj Mahal.

1627–1628 Khurram wird Kaiser; nimmt den Namen Shanab-ud-din an, wird aber als Shah Jahan bekannt.

1631 Mumtaz Mahal stirbt. Mögliches alternatives Datum für den Baubeginn des Taj.

1648 Der Taj Mahal wird fertiggestellt (manche Fachleute schlagen das spätere Datum 1652 vor).

1639–1648 Errichtung des Roten Forts und des Palastes in Delhi – zwei von Shahs zahlreichen vollendeten Bauwerken.

1666 Shah Jahan stirbt am 31. Januar und wird im Taj Mahal neben Mumtaz Mahal beigesetzt.

Villa Garzoni COLLODI, ITALIEN

„Die Sonne brach durch die Wolken und ließ das Grün erstrahlen, das Wasser ergoß sich funkelnd über die steinernen Terrassen."

Diary of William Beckford, 1780.

Am Fuße der Balustrade breiten sich reizvolle Broderieparterres aus.

Ein Dinosaurier in der topiary-Menagerie.

1652 Die Familie Garzoni initiiert den Umbau des Hauses und die Anlage des Gartens.

1786 Diodati wird beauftragt, den ab 1652 angelegten Garten zu verschönern.

1945 Der Besitz wird vom heutigen Eigentümer erworben.

Die Wassertreppe bildet die Hauptachse des Gartens.

In die doppelläufige Treppenanlage waren ursprünglich Wasserspiele eingebaut.

Der Garten der toskanischen Villa Garzoni zählt zu den extravagantesten Beispielen barocker Gartenkunst in Italien. Im Unterschied zu den Renaissancegärten dieser Region, in denen intime, abgeschlossene Gartenteile aneinandergereiht wurden, enthüllt Garzoni seine ganze Pracht auf den ersten Blick.

Zu Beginn des 17. Jahrhunderts erwarb die Familie Garzoni die alte Festung Collodi. Es gelang zwar, den strengen Bau in eine Villa umzuwandeln, die ungünstige Topographie blieb jedoch bestehen: Es gab in der Nähe des Hauses kein Flachstück, das sich für einen Garten geeignet hätte. Ein Architekt, dessen Namen nicht überliefert ist, fand jedoch eine geniale Lösung für dieses Problem: Eine Brücke über die Schlucht östlich des Neubaus schuf eine Verbindung zu einem gegenüberliegenden steilen Hang und einem ebenen Grundstück darunter. Dort wurde der neue Garten angelegt.

Über die erste Phase der Gartengestaltung in Collodi ist wenig bekannt. 1562 verfaßte Francesco Sbarra ein Gedicht über die „Herrlichkeiten von Collodi", und seine Beschreibung läßt vermuten, daß die Gärten damals vollendet waren, obgleich es dafür keine anderen Belege gibt. Über ein Jahrhundert später, im Jahr 1786, trat der Garten in eine neue Phase seiner Entwicklung ein. Die Garzoni beauftragten den Architekten Ottavio Diodati, der auch Herausgeber einer Regionalausgabe der französischen Enzyklopädie war, mit der Erweiterung der bestehenden Anlage.

Der vordere Teil des Gartens besteht aus einem runden Platz, der von Eibengängen eingefriedet ist. Eine bizarre Menagerie aus Bäumchen, die in Tierformen geschnitten sind, präsentiert einen Pfau, einen Dinosaurier und einen Elefanten. Der Eindruck, man befinde sich in einem seltsamen Zoo, wird durch Volieren mit exotischen Greifvögeln verstärkt, die im Schatten an den Rändern des Gartens aufgestellt sind. Dahinter entfalten sich die wirbelnden Arabesken der Broderieparterres.

Der Steilhang jenseits des unteren Gartens ist terrassiert. Die Terrassen sind durch ungemein reich gestaltete, balustradengesäumte Treppenläufe verbunden und mit Terrakottaaffen verziert, die wie alle anderen Terrakotten im Garten auf Diodati zurückgehen. Die erste Terrasse führt zu Diodatis hübschem Gartentheater aus Eiben- und Buchshecken.

Die Anlage kulminiert in einer spektakulären Wassertreppe, deren Stufen in einem ungewöhnlichen Winkel den Hügel hinaufsteigen. Bekrönt wird sie von einer großen Statue der Fama. Auf gleicher Ebene befindet sich auch ein kleines Badehaus mit Marmorbädern, Garderoben und einer diskret abgeschirmten Musikempore.

Heute betreten wir den Garten auf der untersten Ebene und erfassen sogleich die ganze Pracht der imposanten Wassertreppe. Früher hingegen betraten die Gäste der Garzoni den Garten über die von der Villa über die Schlucht führende Brücke. Dieser schräge Zugang bedeutete, daß die Besucher ganz unerwartet mitten in die Wassertreppe gelangten, da sie sich ihr nicht in der Zentralachse, sondern von der Seite näherten und sie nicht von einem Endpunkt, sondern auf einer Zwischenterrasse betraten. Es passiert äußerst selten, daß die praktischen Umstände, die das Öffnen eines Gartens für ein breites Publikum mit sich bringt, unser Erlebnis derartig intensivieren.

H.A.

Tuilerien

PARIS, FRANKREICH

„André Le Nôtre […] verlieh dem Garten die Steigerung einer Explosion ins Räumliche entlang der Zentralachse und schuf so die eigentliche Seele des französischen Urbanismus und das wichtigste Symbol des modernen Frankreich: die Champs-Elysées."

Vincent Scully, *French Royal Gardens: The Designs of André Le Nôtre*, New York 1992.

François Sicard (1862–1934),
Der Gute Samariter.

Am 12. März 1613 wurde André Le Nôtre im Faubourg Saint-Honoré geboren. Sein Großvater Pierre (um 1517–um 1610) war Oberaufseher gewesen, und sein Vater Jean (gest. 1655) hatte Ludwig XIII. als *Premier Jardinier au Grand Jardin des Tuileries* gedient. Beide hatten zusammen mit Claude I. Mollet an umfangreichen Entwürfen für die Tuilerien gearbeitet, doch die dynamische Achse, die sich von den Tuilerien durch die Avenue des Champs-Elysées gegen Westen erstreckt, geht auf die barocken Entwürfe Le Nôtres zurück.

Die für Katharina de' Medici angelegten Schloßgärten folgten dem Geschmack des italienischen Manierismus mit seiner Vorliebe für elegante Promenaden, ergänzt durch ein Theater, eine Menagerie, eine Voliere und eine von Bernard Palissy (um 1510–1590) entworfene Grotte. In der Folge beauftragte Henri IV. Claude I. Mollet mit der Anlage von parterres de compartiments, die dieser zusammen mit Pierre Le Nôtre entwarf. Im Jahr 1651 veröffentlichte André Mollet (gest. um 1655) *Le Jardin de Plaisir*, dessen sich André Le Nôtre bediente, als er die alten Gärten umgestaltete. Die Mittelachse wurde beibehalten, neu waren jedoch je zwei gemusterte Parterrekompartimente, die von zwei großen Bassins aufgelockert wurden.

Dieser beispielhafte, in drei Abschnitte – ornamentiertes Grand Carré, bewaldete Quincunxe und achteckiges Bassin – gegliederte Lustgarten verkörpert den „Garten als Theater". Le Nôtre hatte auch ein Freilufttheater geplant, und seine Entwürfe waren richtungweisend für die Tendenz, die Gartengrenzen durchlässig zu gestalten und die umliegende Natur in das Bühnenbild zu integrieren. Le Nôtre zog die Blickachse von den Tuilerien bis zum westlichen Horizont und berechnete die Länge und die Breite der Alleen und Promenaden so, daß auch der Himmel zu einem Element des Gartentheaters wurde. So versuchte er, die wissenschaftlichen und optischen Theorien Descartes' in die Praxis der Landschaftsgestaltung umzusetzen. Die erhöhten Seitenwege der Terrasse du Bord de l'Eau entlang der Seine, die ihren Abschluß im 1853 vergrößerten Musée de l'Orangerie fand, sowie die Terrasse du Jeu

Nicolas Coustou (1658–1733),
Die Seine und die Marne.

1564 Katharina de' Medici gibt den neuen Palast und die Gärten in Auftrag.

1577 Jacques Androuet du Cercau (um 1515/20–um 1584) entwirft Pläne mit einem symmetrischen Grundriß.

1600–1609 Claude Mollets Parterres sind vollendet.

1637 Ludwig XIII. ernennt André Le Nôtre als *Premier Jardinier au Grand Jardin des Tuileries* zum Nachfolger seines Vaters.

1643 Berufung André Le Nôtres zum *Dessinateur des Parterres de Tous les Jardins du Roi*; Tod Ludwigs XIII.

1649 Le Nôtre wird zum *Jardiniste du Roi* ernannt.

1668 Le Nôtre legt mit den Champs-Elysées die Hauptachse der Tuilerien fest.

1889 Die Gärten der Tuilerien werden durch den Jardin du Carrousel an der Stelle des abgetragenen Schlosses erweitert.

1989 Vollendung der Grand Cour du Louvre und Übertunnelung der Avenue du General Lemonnier.

1991–1995 Restaurierung unter den Architekten Pascal Cribier, Louis Benech und Jacques Wirtz.

de Paume und später die Terrasse des Feuillants neben der Rue de Rivoli sind sowohl Teil der jenseits liegenden Stadt als auch der Gärten.

Als Le Nôtre 1700 starb, war aufgrund fehlender Geldmittel die geometrische Anlage des Gartens bereits durch Bäume und Unkraut überwuchert. Die Mode favorisierte den naturnahen anglo-chinesischen Landschaftsgarten, Revolution und Kriegswirren brachten weitere Schäden mit sich; schließlich wurden die durch Feuer zerstörten Gebäude abgetragen. Erhalten blieben der Pavillon de Marson und der Pavillon de Flore, zwischen denen die von Monet im frischen Grün festgehaltene Jardin du Carrousel angelegt wurde.

Im Jahr 1989 nahm man im Zuge der Verlegung der Avenue du General Lemonnier unter die Erde eine Restaurierung in Angriff „um den alten Elementen des Gartens neues Leben und Kohärenz zu verleihen und gleichzeitig eine ästhetisch befriedigende Landschaft für die Bedürfnisse der Natur, der Freiheit und der Spaziergänger entstehen zu lassen. […] So wird dennoch ein neuer Zusammenhalt zwischen […] der Terrasse des Tuileries und dem Carrousel geschaffen […]". Das gelungene Resultat dieser Bemühungen ist eine Verbindung zwischen Louvre und Champs-Elysées über 28 Hektar von breiten Alleen, Blumenparterres, Wasserbassins und Baumgruppen, die Le Nôtres Vision von Symmetrie, Wasser und Theater nachempfinden und eine reichhaltige Sammlung von Gartenplastiken aus der Zeit Ludwigs XIV. bis heute darstellen. C.H.

Claude Monet, Die Tuilerien, *1876, Öl auf Leinwand, 54 x 73 cm, Paris, Musée Marmottan.*

Jean Joseph Sulpis (1826–1911), Historische Topographie des alten Paris, undatierter Stich von A. Berty, Paris, Bibliothèque Nationale.

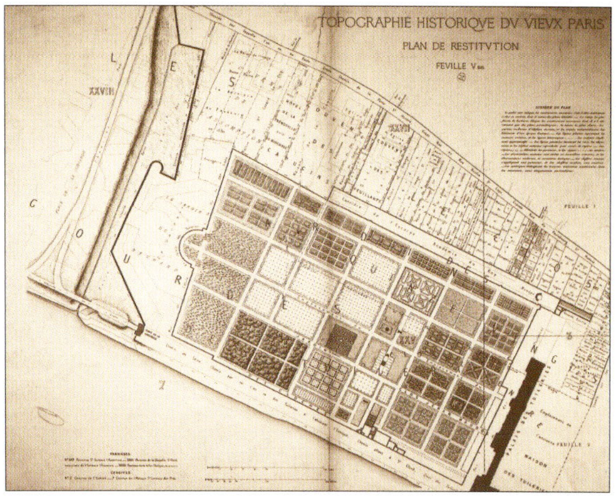

Vaux-le-Vicomte

SEINE-ET-MARNE, FRANKREICH

Die Grand Allée mit der Statue des Herkules.

„Der wesentliche Aspekt, den es bei Vaux, Versailles, Chantilly oder einem der anderen großen klassischen Gärtens Frankreichs zu begreifen gilt, ist, daß sie nicht die Schöpfung oder Umsetzung der Vision eines einzigen Künstlers darstellten, sondern das Ergebnis einer komplexen und sorgfältig abgestimmten kollektiven Anstrengung vieler begabter Kräfte waren, die gemeinsam daran arbeiteten, die Natur zu transformieren und in ein annehmbares Kunstwerk zu verwandeln. Die Erschaffung eines großen Gartens im 17. Jahrhundert entsprach eher der aufwendigen Inszenierung einer neuen italienischen Oper oder eines französischen ballet de cour."

William Howard Adams.

Fouquet, der unermeßlich reiche Finanzminister Ludwigs XIV., war Mitte des 17. Jahrhunderts eine der einflußreichsten Persönlichkeiten Frankreichs. Die Arbeiten, die er in Vaux-le-Vicomte in Auftrag gab, repräsentierten die Avantgarde des französischen Barock. Drei Dörfer wurden geschleift, um eine großzügige geometrisierte Landschaft zu schaffen. Absteigende Terrassen sind mit Parterres und Spiegelbassins gestaltet. Ausgedehnte Baumpflanzungen markierten schattige Promenaden und Wege in die angrenzenden Wälder.

Le Nôtre übernahm die Landschaftsgestaltung und folgte dabei nicht den italienischen Vorbildern, sondern orientierte sich an den üppigen weiten Feldern Frankreichs. Seine Mitarbeiter bei der Schöpfung dieses komplexen Kunstwerks waren der fontainier Claude Robillard, der Steinmetz Villedo, der Chefgärtner Antoine Trumel und die Bildhauer Nicolas Poussin, Anguier, Lespaynander, Poissant, Girardon und Legendre. Dieses nach Entwürfen Le Nôtres gestaltete Barocktheater war ein Meisterwerk der Perspektive, in dem die optische Verkürzung durch die wachsenden Abstände zwischen den Querwegen und das Filtern oder Reflektieren des Lichtes durch Bäume, Hecken und Brunnen erzielt wurde.

Überraschend tauchen entlang des Weges Gärten und eine Grotte auf, die ein phantastisches und irreales Element einbringen – Abweichungen, die durch den waldigen Hintergrund unterstrichen werden. Die zentrale Grande Allée, die sich gegen den Horizont erstreckt, wird durch die vertikalen Akzente einer Wasserfontäne und einer Herkulesstatue betont und von der lichter werdenden Baumreihe gerahmt. Am Anfang ist die Allee von Broderieparterres flankiert. Dann folgt die erste Täuschung: Die sanften Parterres de l'Angloisse, die links zur Fontaine de la Couronne führen, sind doppelt so groß wie die „coupées pour les fleurs", die musterartig zusammengesetzten Blumenbeete auf der rechten Seite.

Zwei Kanäle bilden die „Schleusentore" zum runden Bassin, dahinter erscheint die dritte Terrasse, die effektvoll zum Amphitheater und zur Grotte der Flußgötter abfällt. Dazu mußte der Fluß Anqueuil auf der Länge von einem Kilometer kanalisiert werden. Im rechteckigen Wasserbecken spiegelt sich von Ferne das Schloß, eine Doppeltreppe umfängt die Grandes Cascades. Ein langer Weg oder eine sanft abfallende Rampe führt zu den Flußgöttern Tiber und Anqueuil, deren Blick das Wasserspiel der Petites Cascades durchdringt. Die von Alleen gesäumte Rampe führt aufwärts zu einer Kopie des Herkules Farnese, ehe sie am Horizont verschwindet.

Am 17. August 1661 war Ludwig XIV. mit seiner Mutter und seiner Maitresse Ehrengast bei den glanzvollen Festlichkeiten zur Einweihung von Vaux-le-Vicomte. Schockiert von der ostentativen Prunkentfaltung ließ der König seinen Minister bald darauf verhaften.

Die Plastiken im Garten von Vaux demonstrieren Fouquets Ambitionen auf einen königlichen Status.

1641 Nicolas Fouquet erwirbt den Landsitz Vaux-le-Vicomte.

1656–1661 Le Nôtre, Le Vau und Le Brun entwerfen das Schloß und neue Gärten.

1661 Am 17. August gibt Fouquet ein großes Bankett, mit dem er den Zorn und Neid Ludwigs XIV. erregt; drei Wochen später wird er verhaftet, eingekerkert und schließlich verbannt.

1875 Alfred Sommier erwirbt Vaux-le-Vicomte.

Ab 1880 Sommier ersetzt die verlorenen Gartenplastiken und beauftragt Henri Duchêne (1841–1902) und dessen Sohn Achille (1866–1947) sowie die Bildhauer Hiolle, Gardet, Peynot und Lanson mit der Wiederherstellung der Anlage.

1908 Alfred Sommier stirbt, sein Sohn Edme und seine Schwiegertochter Germaine führen die Restaurierung fort.

1919 Der Garten wird für das Publikum geöffnet.

1929 Schloß und Garten werden zum historischen Denkmal erklärt.

Broderieparterres flankieren die Grand Allée.

Das Rundbassin am Schloß.

Die Architekten und Künstler sowie das Gros der Statuen wurden nun aus Vaux abgezogen und in den Dienst der herkulischen Arbeit an Versailles gestellt.

Im Jahr 1875 erwarb Alfred Sommier die Ruine von Vaux; nach der Restaurierung des Schlosses machte er sich mit der Hilfe der Duchênes an die Nachbildung des Gartens, die schließlich von seinem Sohn Edme abgeschlossen wurde. Die vom Wassergraben umfaßte Symmetrie des Schlosses bildete die Vorgabe für dieses erste Beispiel von pourtraiture, in der die Geometrie den tatsächlichen Bodenverhältnissen angepaßt und mittels der Beetornamentik der Parterres dem Auge ein weites Blickfeld eröffnet wird. *C.H.*

Versailles

YVELINES, FRANKREICH

„Versailles [...] ein Netz, gebildet aus Schloß, Nebengebäuden und Gärten [...] Das kunstvollste Beispiel für Charakter und Kontrast in der Gartenkunst wird wohl durch das Schloß Versailles repräsentiert und das bescheidenste durch das Bauernhaus, das sich unter dem Strohdach duckt. Das eine ist ausgeprägter als das andere, doch im Verhältnis zur Natur folgen sie demselben Prinzip. Das symmetrisch angelegte Haus erstreckt sich in die Landschaft der umgebenden Natur, und im Garten diskutieren beide ihre Unterschiede."

Geoffrey Jellicoe, *The Studies of a Landscape Designer over 80 Years,* Bd. 1, London 1960.

Jacques Rigaud (um 1681–nach 1753), Les Bains d'Apollon, *Kupferstich, koloriert*

Die bescheidene Gartenanlage des Jagdsitzes Ludwigs XIII. in Versailles stammte von Jacques Menours; von einer auf ein großes Bassin zulaufenden zentralen Allee zweigten radial Längs- und Querachsen ab. Ab 1662 gestalteten André Le Nôtre (1613–1700) und die anderen Künstler aus Vaux-le-Vicomte den Garten im barocken Stil um. Dabei wurden die Achsen und Parterres erhalten, jedoch strenger durchgebildet und verfeinert. Das Wasserbecken wurde zum Apollobassin umgewandelt. Versailles verkörperte die Macht Ludwigs XIV., die Sonne und der Sonnengott Apollo symbolisierten dessen Autorität als König und Kriegsherr. Im ganzen Park erklang das Rauschen prächtiger Wasserspiele; Stein und Marmor verkündeten das Thema des Sonnengottes, das sich in Heckentheatern, botanischen Schatzkammern und Lustgärten für die Hofgesellschaft variierte. Trotz der mangelhaften Bodenqualität und Wasserversorgung konnte in Versailles der königliche Wille verwirklicht werden, ein Weltwunder der Gartenkunst zu schaffen.

Geschickt erweiterte Le Nôtre die Hauptachse durch transversale Linien, die organisch zu einem geometrischen Netz von Kreisen und Quadraten wuchsen, in dem das Gefühl für Proportion und Ausgleich gewahrt blieb. Das Schloß beherrscht die Barockterrasse mit ausgedehnten offenen Parterres; sein Glanz wird von den Wasserbecken reflektiert. Die Königsallee führt zum Bassin der Latona. Von dort wird der Blick durch den tapis vert zu Jean-Baptiste Tubys großartiger Plastik des Apollo geleitet, der sich auf seinem Sonnenwagen kraftvoll aus dem Wasser erhebt. Hundert Stufen senkten sich vom „Himmel" zum wohlgeordneten irdischen Paradies von Jean-Baptiste de la Quintinies Potager du Roi hinab, das

1631–1634 Ludwig XIII. vergrößert das Jagdschloß in Versailles; Jacques Menours entwirft einen wenige Hektar großen Garten.

1661 Unter dem Eindruck von Vaux-le-Vicomte entschließt sich Ludwig XIV. zum Ausbau von Versailles.

1662 André Le Nôtre beginnt mit den Arbeiten.

1665 Errichtung des Petit Parc.

1674 24 große Marmorskulpturen werden in Auftrag gegeben.

1682 Der französische Hof und der Regierungssitz werden nach Versailles verlegt.

1693 Ludwig XIV. setzt die Arbeiten an den Gärten und am Park aus.

1715 Tod Ludwigs XIV. in Versailles.

1750 Bau des botanischen Gartens beim Petit Trianon.

1775 Richard Mique transformiert den botanischen Garten Ludwigs XV. in einen jardin anglo-chinois.

1789 Französische Revolution.

1830 Louis-Philippe erklärt Versailles zum Museum „zum gesamten Ruhme Frankreichs".

Der großartige Apollo-Brunnen mit der Avenue de Patte d'Oie.

Die Baumkronen bilden einen Baldachin über dem Brunnenbecken.

Marie-Antoinettes Haus im Hameau de la Reine.

symbolisch von den gestutzen Zitrusbäumchen (1 000 davon aus Vaux) und von Palmen unterstrichen wurde, die das Bassin im Orangerieparterre umgaben. Boskette wurden vom Geist antiker Mythen beseelt und bildeten mit ihren Felsmauern, Muscheln, Brunnen und Statuen den Hintergrund für Schauspiele, Konzerte und „grands divertissements". Der ausladendc Große Kanal gibt den Blick in die Tiefe der Landschaft frei. Während die Höflinge in Kutschen im Park promenierten, zog es Ludwig XIV. vor, zu Fuß durch die Gärten zu wandeln, die sich über hundert Hektar entlang der Achsen, die von den königlichen Appartements ausstrahlten, erstreckten und von einem 6 400 Hektar großen Jagdrevier umgeben waren.

Die Querachse des Großen Kanals führt hin zum Grand Trianon, dem intimen, mit einem Säulengang versehenen Palast Ludwigs XIV., dessen Parterrebepflanzung ausgetauscht werden konnte. Die französischen Herrscher bewohnten das Trianon bis 1848 und veränderten die Gärten entsprechend dem Zeitgeschmack. Napoleon ließ eine Brücke zum Petit Trianon errichten, das ursprünglich von Ludwig XV. als botanischer Garten angelegt worden war, dann von Marie Antoinette zum jardin anglo-chinois verändert und mit Staffagebauten (fabriques) wie dem Felstempel oder dem Belvedere versehen wurde. Vom Liebestempel schlängeln sich ein Bach und ein Pfad zu ihrem Hameau (1785), das vom Hameau in Chantilly inspiriert wurde. An den Ufern des Sees liegen ein Dutzend rustikale Gebäude, die im Gegensatz zu ihren Vorbildern allesamt landwirtschaftlichen Zwecken dienten. *C.H.*

Schloß Veitshöchheim

VEITSHÖCHHEIM, DEUTSCHLAND

„*Das nur wenige Kilometer nördlich von Würzburg gelegene Veitshöchheim besitzt mit der ehemaligen Sommerresidenz der Würzburger Fürstbischöfe eine Gartenschöpfung, die im deutschsprachigen Raum nichts Ebenbürtiges hat – sie gilt als* der *Rokokogarten schlechthin.*"

Helmut Reinhardt, in: Monique Rosser, G. Teyssot, *Die Gartenkunst des Abendlandes*, Stuttgart 1993.

Das Grottenhaus von Materno Bossi (Detail).

Der chinesische Pavillon von Ferdinand Tietz, 1768.

Statue des Kaisers im „Circus" von Tietz, 1766.

Trotz seines relativ bescheidenen Ausmaßes von 240 x 400 Meter gehört der Schloßgarten von Veitshöchheim zu den Höhepunkten der Gartenkunst des Rokoko. Die Originalität des komplexen Raumprogrammes und die hohe künstlerische Qualität der einstmals über 200 Gartenskulpturen verleihen diesem Garten seinen speziellen Reiz. Durch einfühlsame Rekonstruktionen wurden die barocken Anlagen wieder in den Ursprungszustand versetzt.

Die zunächst bescheidenen Gärten des Sommerhauses der Fürstbischöfe von Würzburg wurden Anfang des 18. Jahrhunderts zu einem barocken Lustgarten umgewandelt. Die bedeutendste Veränderung erfuhr der Garten jedoch in der Zeit des Rokoko. Fürstbischof Adam Friedrich von Seinsheim betraute seine Hofgärtner Johann Prokop Mayer und Joseph Oth mit der Umgestaltung; einer der besten Bildhauer des Rokoko, der böhmische Bildhauer Ferdinand Tietz, schuf die ursprünglich farbig gefaßten Gartenskulpturen.

Der Garten von Veitshöchheim bezieht sich gegen alle Regeln der Zeit nur auf sich selbst. Er ist das Resultat einer ständigen Anpassung an vorhandene Strukturen. Weder steht das Schloß im Zentrum der Anlage, noch beziehen die Sichtachsen die umliegende Landschaft mit ein. Eine hohe Mauer aus der ersten Gestaltungsphase umschließt den Garten und gibt nur an einer Stelle den Blick in die Landschaft frei. Das Schloß liegt erhöht auf einer Terrasse am äußersten Rand des Gartens und ist von Blumenparterres umgeben. Eine axial angeordnete Baumallee verbindet das Schloß mit dem Haupteingang.

Der südlich vom Schloß gelegene Garten besteht aus drei Hauptpartien: Der erste Bereich ist die sogenannte Seeregion. Diese wird von zahlreichen Figuren der Götterwelt bevölkert. Ein großer ovaler See, in dessen Mitte sich ein Musenberg mit der Skulptur eines geflügelten Pferdes erhebt, bildet das Zentrum. Dieser Parnaß mit seinem reichen Skulpturenprogramm stellt den bildnerischen Höhepunkt der Anlage dar. Ein stark gegliedertes Heckenquartier mit Obstgärten begrenzt den See.

Die Seeregion wird durch eine Lindenallee von der in der Mitte des Gartens gelegenen Laubenregion getrennt. Den Mittelpunkt dieses Bereiches bildet ein kreisförmiger Platz, der sogenannte „Circus". Dieser wird durch Heckenwände in 32 Kompartimente geteilt, die mit Skulpturen ausgeschmückt sind. Tänzer, Musikanten und Vasen mit Musikinstrumenten verleihen diesem Bereich eine heitere Note. Nach beiden Seiten verlaufen Laubengänge, die jeweils in einem Rundpavillon, dem Herbst- und dem Frühlingstempel, enden. Die ovalen Fenster der Pavillons und Ausschnitte in den dahinterliegenden Hecken gewähren immer wieder Ausblicke in die verschiedenen Regionen des Gartens.

Eine Fichtenallee begrenzt die im östlichen Teil des Gartens gelegene Waldregion. Hier ist das Reich der Tiere; die Skulpturen stellen Tierfabeln von Äsop dar. Dieser Bereich gliedert sich in drei Hauptpartien: das Heckentheater im Norden, südlich davon die Quellachse mit zwei chinesischen Pavillons und der Heckensaal mit Fabelgruppen nach Lafontaine.

1619 Erwerb zweier Schlößchen durch das Hochstift Würzburg.

1680–1682 Bau eines „Sommer- oder Lusthauses" im Auftrag von Fürstbischof Peter Philipp von Dernbach.

1702 Unter Fürstbischof Johann Philipp von Greiffenclau Umwandlung der Anlage in einen repräsentativen Barockgarten.

1749–1754 Erster Figurenzyklus von Johann Wolfgang von Auvera.

1753 Erweiterung des „Sommerhauses" durch Balthasar Neumann.

1763–1779 Umwandlung des Gartens durch Hofgärtner Johann Prokop Mayer und Joseph Oth.

1765–1768 Figurenschmuck von Ferdinand Tietz.

1772–1780 Figurenschmuck von Johann Peter Wagner.

1772/73 Grottenhaus „Belvedere" von Materno Bossi.

1776 Öffnung des Gartens für die Öffentlichkeit.

1802 Ende des Fürstbistums Würzburg.

1927 Erste denkmalpflegerische Maßnahmen.

1945 Teilweise Zerstörung der Gartenarchitekturen.

1952–1966 Erste durchgreifende Restaurierung. Ersatz der Skulpturen duch Kopien, die Originale befinden sich im Mainfränkischen Museum Würzburg.

Blick aus dem Nordpavillon in die Heckenkabinette.

Entlang der Gartenmauer befinden sich im Osten und Süden einige unabhängige Gartenarchitekturen, die als Point de vue wichtige Sichtachsen abschließen. Die im Krieg zerstörte große Kaskade diente als Ausgangspunkt der eigentlichen Hauptachse des Gartens. Diese verläuft durch alle Regionen und findet im Musenberg ihren grandiosen Abschluß.

Im südöstlichen Gartenteil befindet sich das pittoreske Grottenhaus, auch Belvedere genannt. Das Untergeschoß besteht aus einer Tuffsteingrotte, die mit bizarren Muschelskulpturen exotischer Tiere geschmückt ist. Eine halbkreisförmig angeordnete Außentreppe führt zum oktogonalen Aussichtspavillon hinauf. Von diesem Punkt kann man einen Rundblick über den gesamten Garten genießen. *A.G.*

Het Loo

APELDOORN, NIEDERLANDE

„Die Gärten sind überaus prächtig und großartig, äußerst mannigfaltig mit den herrlichsten Brunnen, Parterres, Kies- und Rasenwegen, Baumgruppen, Statuen, Urnen, Gemälden, Sitzbänken und reizvollen Ausblicken in das Land geschmückt."

Walter Harris, *A Description of the King's Royal Palace and Gardens at Loo,* London 1699.

Natürliche Quellen speisen die zahlreichen Springbrunnen des Gartens.

Die Orangenbäumchen künden als Symbole des Gartens der Hesperiden von Macht und Ruhm des königlichen Auftraggebers.

Der heutige Besucher der Gärten von Het Loo könnte leicht vergessen, daß er sich durch eine Parklandschaft bewegt, die vom holländischen Staat rekonstruiert und erst 1984 fertiggestellt wurde. Die Wiedererrichtung war die Folge der kontroversen Entscheidung, zu Ehren des regierenden Hauses Oranien den dynastischen Prunk neu erstehen zu lassen. Dabei blieb unbeachtet, daß dieser Entschluß die politische Botschaft widerspiegelte, die diese Gärten für den ursprünglichen Auftraggeber, Willem III. (1650–1702), transportierten.

Die Anlage von Het Loo ist eng mit dem Leben dieses Monarchen verknüpft. Er hatte während seiner Zeit als Statthalter im Jahr 1684 das Land bei Apeldoorn erworben, um dort seiner Leidenschaft für die Jagd und die Gärtnerei frönen zu können. Die Bauarbeiten begannen 1686, kamen jedoch bald zum Stillstand aufgrund der politischen Entwicklung, die zur Glorreichen Revolution führte und Willem und Mary im Frühjahr 1689 auf den englischen Thron brachte. Nach diesen folgenschweren Ereignissen wurde die Arbeit in Het Loo wieder aufgenommen; die Bauleitung lag nun in den Händen von Hans Willem Bentinck, Herzog von Portland und Romeyn de Hooghe. Daniel Marot (1661–1752), dem man lange Zeit den Gartenentwurf Het Loos zuschrieb, hatte in Wirklichkeit nur einige Details beigesteuert.

Im Jahr 1691 führte Willem III. seine Schöpfung den Alliierten der antifranzösischen Allianz vor und stellte den Garten somit in den Dienst seiner politischen Propaganda. Das erklärt auch, weshalb er die Anlage zwischen 1691 und 1699 vergrößern ließ, mußte sie doch seinem königlichen Status entsprechen. Normalerweise mied Willem III. das Grandiose und Monumentale, dem er das Feinteilige und Intime vorzog. Dennoch scheinen die zahlreichen Stiche von Het Loo zu bestätigen, daß Het Loo nicht als Nachahmung der Gärten des großen französischen Gegenspielers zu sehen ist, sondern als Antwort darauf.

Statuen, Pflanzen und von Quellen gespeiste Brunnen spielten eine große Rolle auf dieser Bühne für Kunst, Natur und Politik. Fluß- und Naturgötter erhoben diesen Garten auf dem Sand- und Heidegrund in der Veluwe-Region zum locus amoenus. Vier große Urnen repräsentierten Holland, England, Schottland und Irland und verwiesen somit auf Willems Reich. Himmels- und Erdkugeln führten eine makrokosmische Ordnung in den Garten ein, dessen symmetrisches Konzept dadurch zur Allegorie der politischen Macht wurde. Die Venusstatue des zentralen Brunnens ließ den Garten im Lichte eines neuen Goldenen Zeitalters von Wohlstand und Fruchtbarkeit unter der Regierung Willems und Marys erscheinen. Eine kostbare Sammlung von Blumen in den plate-bandes und exotischen Pflanzen in der Orangerie bereicherten diese Repräsentation der Fülle der Schöpfung.

Die Kaskaden mit Arion und Narzissus symbolisierten die Tugenden Willems III. und feierten ihn als Herrscher, der den Protestantismus verteidigt und sein Volk vor Eindringlingen geschützt hatte. Der Herkulesbrunnen symbolisierte als traditionelles Herrscheremblem Kraft und innere Tugend: Herkules regiert nicht in Versailles, sondern in Het Loo. Eine hölzerne Pyramide am Ende der Hauptachse kündete vom Ruhm und Glanz des Herrschers. In allen diesen großen Zügen und kleinen Details funktionierte der Garten als theatrum politicum für einen großen europäischen Herrscher, Willem III. *E.A. de J.*

1684 Willem III. erwirbt das mittelalterliche Schloß und die Herrschaft Het Loo; der Bau eines neuen Schlosses und Gartens wird in Angriff genommen.

1688/89 Baustop aufgrund der politischen Ereignisse.

1691 Vollendung von Gebäude und Garten (erste Phase).

1691–1699 Erweiterung von Het Loo.

1699 Het Loo (zweite Phase) ist vollendet und wird in vielen Stichen und einer Beschreibung von Walter Harris, *A Description of the King's Royal Palace and Gardens at Loo*, London 1699, gefeiert.

1699 Claude Desgots (gest. 1732), ein Neffe Le Nôtres, plant einen neuen Gartenentwurf, der aufgrund des frühen Todes von Willem III. im Jahr 1702 nicht zur Ausführung gelangt.

Die Himmelskugel.

Chatsworth DERBYSHIRE, ENGLAND

„Beim Wäldchen steht eine schöne Weide, die Blätter, die Rinde und alles wirken sehr natürlich, und plötzlich, mit dem Öffnen einer Schleuse, ergießt sich ein Regenschauer aus jedem Blatt und den Zweigen; sie ist aus Messing gemacht, und zu jedem Blatt führen Schläuche, sie sieht genau aus wie irgendeine Weide."

Celia Fiennes, ‚Journal', zit. n. Laurence Fleming and Alan Gore, *The English Garden*, London 1979.

Der Wellington Rock beherrscht die begrünten Rockeries.

Der erste Duke of Devonshire ließ Chatsworth ab 1686 radikal umgestalten, um ein englisches Versailles zu schaffen. George London und Henry Wise entwarfen weitläufige geometrische Gärten in der Umgebung des Hauses und Alleen in Richtung Stand Wood, eine natürliche Waldlandschaft außerhalb des Gartens. Von dort wurde Wasser für die großartige Kaskade des Le Nôtre-Schülers Grillet herangeführt. Für diesen Wasserfall entwarf Thomas Archer das sogenannte Kaskadenhaus. Das Wasser fließt über verschieden geformte Steine, verteilt auf 24 Stufen, und erzeugt damit eine Vielfalt von Klängen. Das Gewächshaus von 1698 dient heute als Kamelienhaus, an der Stelle des Bassins befindet sich ein geometrischer Rosengarten. Das älteste, aus dem Jahr 1692 erhaltene Element ist der „Weidenbaum" (allerdings nicht das Original, er wurde zweimal ersetzt und einmal restauriert). Er besteht aus Kupfer und Messing und gleicht im Winter anderen Laubbäumen – bis er Wasser regnet.

In den sechziger Jahren des 18. Jahrhunderts veränderte Capability Brown die Landschaft, indem er zwischen Haus und Gärten und das umgebende Heidemoor einen Baumgürtel pflanzte. Die ehemaligen Terrassen wurden zu einer Rasenfläche, „The Great Slope", umgewandelt, die heute die mit verschiedenen Wildblumen und Gräsern durchsetzten Salisbury Lawns bildet.

Der Architekt Jeffry Wyatville brachte wieder Geometrie ins Spiel, als er die parallel zur Ostfront verlaufende Allee Broad Walk verlängerte und im Westgarten üppige Blumenbeete mit Steineinfassungen anlegte. Im Jahr 1826 wurde Joseph Paxton (1803–1865), der Schöpfer des Londoner Kristallpalastes, zum Obergärtner ernannt, der mit seinem Wissen und Enthusiasmus den sechsten Duke stark inspirierte. Man organisierte botanische Expeditionen, um das Arboretum, das Pinetum und die Glashäuser mit exotischen Pflanzen zu bestücken. Das bekannteste Werk Paxtons in Chatsworth war das 1920 abgetragene Great Conservatory, ein etwa 3 000 Quadratmeter großes Gewächshaus aus Holz, Eisen und Glas. Dort gelang es ihm, die erste Victoria amazonica zum Blühen zu bringen.

Entlang der über 100 Meter langen, „Conservative Wall" genannten, schützenden Mauer werden noch heute empfindliche Obstsorten und Kamelien gezüchtet. Die Kaskade wurde auf den Broad Walk hin ausgerichtet und vier Reservoirteiche angelegt, um die Kaskade und den neuen, von Peterhof inspirierten Emperor-Brunnen zu speisen, dessen Fontäne eine Höhe von 85 Metern erreichen kann. „Es scheint der Geist eines Druiden zu sein, der Mr. Paxton zu diesen massiven Erdbewegungen anregt", schrieb der sechste Duke. Der Wellington Rock, ein Gesteinsblock von etwa 14 Metern Durchmesser, ist der Mittelpunkt der heute größtenteils begrünten Rockeries.

In den sechziger Jahren des 20. Jahrhunderts bepflanzte man Wyatvilles steingefaßte Beete mit Broderien aus Buchs und Goldeibe. Das zentrale Rundbassin hat die Größe der Kuppel von Chiswick House, also wurde dessen Palladianischer Grundriß um das Bassin in Goldeibe nachgebildet. Das Wasser als wichtigstes Element des Gartens von Chatsworth spielt bis heute eine große Rolle: 1998 wurde die Wasserskulptur *Revelation* von Angela Conner aufgestellt. *C.H.*

1688 George London und Henry Wise werden mit dem Entwurf und der Anlage klassischer geometrischer Gärten beauftragt.

1760 Capability Brown wird berufen, um einen Landschaftsgarten zu gestalten.

1826 Joseph Paxton wird zum Obergärtner ernannt.

1960 Neubepflanzung von Wyatvilles Steinbeeten mit Buchs und Eibe; um das Rundbassin wird der Grundriß von Chiswick House nachgebildet.

1998 Angela Conners *Revelation*: die Außenschicht aus mattem Metall öffnet sich und enthüllt eine goldene Kugel.

Der Rosengarten.

Der „Weidenbaum".

Blick aus der Vogelperspektive auf die Anlage von Chatsworth House, Stich von I. Kip nach einer Zeichnung von Leendert Knijff (1650–1721).

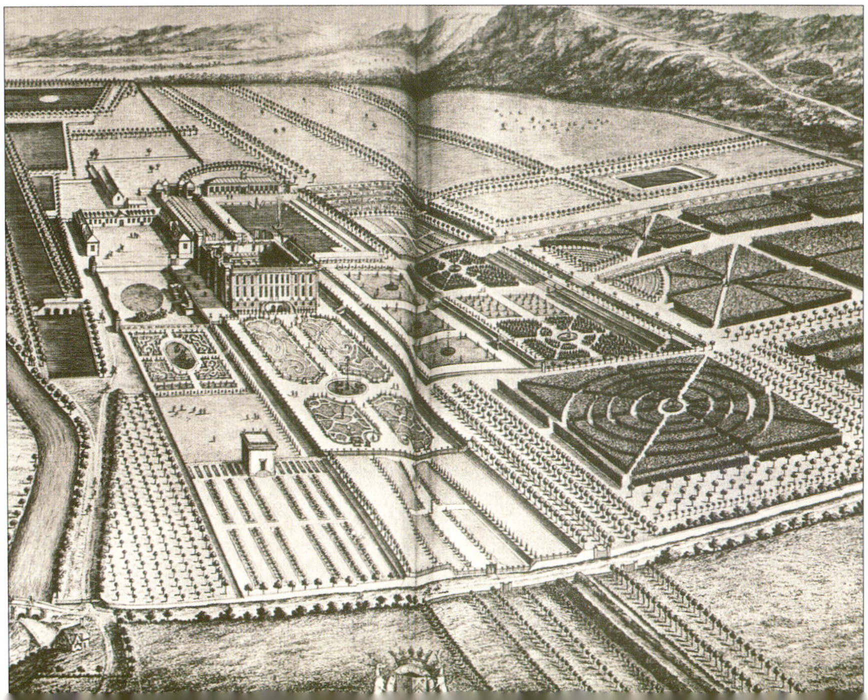

Oben und unten: Eiben-Bäumchen in Form von Schachfiguren.

Um 1250/1300 Der ursprüngliche Wehrturm und das Haus werden errichtet.

Um 1570 Das befestigte Haus wird zu einem komfortablen Herrensitz umgebaut.

1688 Colonel Grahme zieht nach Levens Hall.

1694 Guillaume Beaumont legt den Garten an.

Um 1800 Die Familie Bagot erwirbt Levens Hall.

1994 Dreihundertjähriges Jubiläum des Gartens. Levens Hall wird der Garden of the Year Award der Historic Houses Association zuerkannt.

Levens Hall

WESTMORLAND, ENGLAND

„Wir werden uns bemühen, zu zeigen, wie die Atmosphäre und das Genie der Gärten auf eine, wie ich meine, indirekte, vorbereitende und förderliche Weise den menschlichen Geist zu Tugend und Frömmigkeit führt. Wie Höhlen, Grotten, Hügel und unregelmäßige Gartenornamente zur kontemplativen und philosophischen Inspiration beitragen; [...] denn diese Dinge beeinflussen die Seele und den Geist des Menschen und bereiten ihn auf die Zwiesprache mit guten Engeln vor."

John Evelyn, ein Freund Colonel James Grahmes, in einem Brief an Sir Thomas Browne, 1657.

Die Thronbesteigung Williams III. im Jahr 1688 brachte unweigerlich personelle Veränderungen mit sich. Der bis dahin als Tierwärter am königlichen Hof amtierende Colonel James Grahme zog sich nach Levens Hall, auf den gerade erworbenen Landsitz im Norden zurück; ihm folgte Guillaume Beaumont, bis dahin königlicher Gärtner in Hampton Court.

Gemeinsam gestalteten sie Garten und Park am Südrand des Lake District und erregten damit weithin Bewunderung und reges Besucherinteresse. Tatsächlich war es hauptsächlich der isolierten Lage zu verdanken, daß später die wechselnden Moden der Gartenkunst an Levens Hall vorüberzogen und die Anlage sich heute weitgehend so präsentiert wie vor 300 Jahren.

Der topiary genannte kunstvolle Schnitt der Zierbäumchen ist das zentrale Gestaltungselement in Levens Hall, das von Colonel Grahme angeblich in einem Kartenspiel gewonnen wurde. Der Gartenentwurf Beaumonts aus dem Jahr 1694 ist weitgehend unverändert erhalten, ebenso die von ihm gesetzten Bäume und Sträucher. Es ließ sich nicht vermeiden, daß die Bäume und Hecken im Laufe von 300 Jahren trotz jährlichen Rückschnittes auswuchsen. Über 90 Riesen überragen nun die Besucher; eine dichte Schar von Pfauen, Schachfiguren, großen Schirmen und anderen phantastischen Formen.

Guillaume Beaumont war ein Mann von hervorragendem Geschmack und Stilempfinden in einer sehr stilbewußten Epoche. In Architektur und Gartenkunst vollzog sich damals ein Wandel von französischer Prunkentfaltung zu zurückhaltender niederländischer Eleganz und kleineren Dimensionen. Es ist eine Ironie des Schicksals, daß dieser von einem holländischen Herrscher entlassene französische Gartenarchitekt einen perfekten englischen Garten im holländischen Stil schuf.

Dunkelgrüne Eiben, Goldeiben und Buchsbäumchen, von niedrigen Buchshecken umrahmt, bilden ein Parterre mit ganz verschiedener Bepflanzung, die von leuchtend weißen Tulpen im Frühling über gelbe und weiße Maßliebchen bis zu Heliotrop im Hochsommer reicht. Levens Hall ist tatsächlich ein Garten für alle Jahreszeiten; besonders attraktiv ist er im Winter, wenn die Blumenbeete unter der Schneedecke verschwinden, die dunklen Eiben weiß gesprenkelt sind und der Garten eine seltene abstrakte Qualität gewinnt. In seiner ganzen Geschichte hatte Levens Hall nur 10 Obergärtner. Sie gewährleisteten die Kontinuität von Beaumonts Konzepten und erhielten dabei Unterstützung von der Familie Bagot, in deren Besitz Levens Hall seit über zwei Jahrhunderten ist.

In England existieren etliche hervorragende topiary-Gärten, von Athelhampton und Parnham in Dorset über Packwood in Warwickshire bis zu Beaumonts früherem Garten in Hampton Court. Aufgrund seines Alters und seiner Originalität, zusammen mit der Atmosphäre von Dauerhaftigkeit und Kontinuität in einer Welt der Veränderungen, ist Levens Hall

Das Buchsbaumparterre.

Die neu gepflanzten Goldeiben heben sich deutlich vom dunkelgrünen Hintergrund ab.

jedoch einzigartig. Verdientermaßen erhielt der Garten daher im 300. Jahr seines Bestehens den renommierten Garden of the Year Award. Es steht außer Zweifel, daß der von Guillaume Beaumont etablierte hohe Standard bis heute aufrechterhalten wurde. *P.B.*

Schloß Schönbrunn

WIEN, ÖSTERREICH

Das Taubenhaus im östlichen Boskettgarten

Treillagenpavillon im östlichen Kammergarten.

„Mit seinen Gärten, in denen 1757 der erste Zoologische Garten der Welt angelegt wurde, bildet Schönbrunn ein außergewöhnliches barockes Ensemble und bietet ein perfektes Beispiel für ein Gesamtkunstwerk."

UNESCO World Heritage Committee Report, 1996.

Der am westlichen Stadtrand von Wien gelegene Park von Schönbrunn stellt den Höhepunkt gärtnerischen Gestaltens in Österreich dar. Trotz ständiger Um- und Ausbauten in den letzten 300 Jahren hat sich der Park sein barockes Aussehen in großen Zügen bewahrt.

Der ursprüngliche Jagdpark des 16. Jahrhunderts wies ein System von Jagdschneisen auf. Der neu angelegte Schloßpark des 18. Jahrhunderts übernimmt dieses geometrische System, statt Schneisen durchziehen nun Alleen diagonal und sternförmig den Park.

Der schloßnahe Gartenbereich zeichnet sich durch den Kontrast zwischen der freien Fläche des Hauptparterres und den seitlich gelegenen, von Alleen durchzogenen Heckenquartieren aus. In der Längsachse des Schlosses befindet sich das Hauptparterre mit seinen im 19. Jahrhundert angelegten Schmuckbeeten. Den Abschluß der Sichtachse bildet die auf dem Schönbrunner Berg gelegene Gloriette, ein Ende des 18. Jahrhunderts entstandenes Belvedere, das einen grandiosen Ausblick über Schönbrunn und Wien bietet.

An den Schmalseiten des Schlosses befinden sich im Osten und Westen die Kammergärten, die Privatgärten des Kaiserhauses, deren Zutritt der Öffentlichkeit verwehrt war. Diese Giardini Segreti werden von dunkelgrün gestrichenen Berceaux eingefaßt. Blumenparterres bilden den Mittelpunkt dieser intimen Anlagen. Im Anschluß an den östlichen Kammergarten befindet sich das barocke Orangeriegebäude mit dem Myrthenstock, einem Hochzeitsgeschenk des Großwesirs von Konstantinopel an Maria Theresia.

Die zu beiden Seiten des Hauptparterres angelegten Bosketts enthielten geometrisch gestaltete Irrgärten und Kammern in den Innenbereichen. Die Schnittpunkte der sternförmigen Alleen werden durch Brunnen betont, an den Endpunkten stehen oft Gartenarchitekturen als Point de vue. Das geometrische Alleenmuster wurde am Hang des Schönbrunner Berges in Form sich kreuzender Waldschneisen weitergeführt. Die riesigen, bis zu

Zeitgenössische Ansicht der Römischen Ruine, 1777.

1569 Erwerb der „Katterburg" durch Kaiser Maximilian II., Anlage eines Jagdparks.

1683 Verwüstung des Jagdschlosses und Parks während der türkischen Belagerung.

1690 Erster Idealentwurf für Neubau von Schloß und Park durch Johann Fischer von Erlach.

1696–1700 Bau des Schlosses nach Entwurf Fischer von Erlachs.

1700 Anlage des Orangeriegartens.

1743–1749 Umbau und Erweiterung der Anlage durch Kaiserin Maria Theresia.

1750 Neugestaltung der Kammergärten nach Plänen von Louis Gervais und Jean Nicolas Jadot.

1750–1755 Umgestaltung des Parkes, Erweiterung des Parterres, Neuanlage sternförmiger Alleen.

1751 Errichtung der kreisförmigen Menagerie nach Plänen von Jadot.

1753 Anlage des Botanischen Gartens.

1755 Bau der Orangerie.

1772 Bau der Gloriette nach Entwürfen von Johann Ferdinand Hetzendorf von Hohenberg.

1777 Obeliskenbrunnen von Hetzendorf von Hohenberg.

1778 Römische Ruine von Hetzendorf von Hohenberg.

1779 Öffnung des Parks für die Allgemeinheit, Erweiterung des Gartens 1788, 1801 und 1817.

1801/02 Anlage des Tiroler Gartens.

1869–1886 Erneuerung des Gartens durch den Hofgartendirektor Adolf Umlauft.

1880–1882 Bau des Palmenhauses (114 m lang).

1896 Neugestaltung des großen Parterres durch Adolf Umlauft.

12 Meter hohen Alleewände, werden von exakt geschnittenen Bäumen gebildet, von denen einige über 250 Jahre alt sind. Verschiedene Schnittvarianten verleihen ihnen unterschiedlichen Charakter. Manche Alleen haben vertikal geschnittene Wände und sind nach oben hin offen, andere werden von einem tunnelartig geschnittenen Blätterbaldachin überdeckt. Dieses Wechselspiel von Hell und Dunkel, die Blickbeziehungen zu den verschiedenen Pavillons, Brunnen und Statuen mildern die bisweilen eintönige Form der langen Achsen.

Wichtiges Gestaltungselement des Gartens sind die Parkarchitekturen, die das Boskett begrenzen. Den Abschluß der vom Schloß ausgehenden südöstlichen Diagonalallee bildet der frühklassizistische Obeliskenbrunnen. Unterhalb einer Aussichtsterrasse, von der man die Allee und das Schloß überblickt, stürzen Kaskaden und Wasserspiele in die Tiefe. Die Römische Ruine steht am Endpunkt einer anderen Achse. Sie zeigt den oberen Teil einer scheinbar ins Erdreich versunkenen Ruine, die vom Neugebäude, einem imposanten Renaissanceschloß östlich von Wien, stammt und nach Schönbrunn verlegt wurde.

Die kreisförmige spätbarocke Menagerie bildet den Abschluß der südwestlichen Diagonalachse. Mittelpunkt ist ein oktogonaler Pavillon, um den sich die Tierkäfige kreisförmig anordnen. Im Gegensatz zu dem nicht mehr erhaltenen Vorbild in Versailles wird diese Menagerie noch heute genutzt. Westlich der Menagerie befindet sich der Botanische Garten, der ursprünglich aus der Barockzeit stammt. Ein Meisterwerk der Gußeisenkunst der Jahrhundertwende ist das dort errichtete große Palmenhaus. *A.G.*

Bernardo Bellotto, Die Gartenansicht des Kaiserlichen Schlosses, *1759.*

Castle Howard

YORKSHIRE, ENGLAND

„Niemand hatte mir gesagt, daß ich das mit einem Blick sehen sollte: ein Schloß, eine Stadt, eine Festung, Tempel auf Anhöhen, Wälder, von denen jedes einzelne würdig ist, den Druiden als Sitz zu dienen, den edelsten Rasen der Welt, auf der Länge des halben Horizonts umzäunt, und ein Mausoleum, das einen verlocken könnte, sich lebendig begraben zu lassen; kurz, ich habe zuvor gigantische Schlösser erblickt, doch nie ein erhabeneres."

Horace Walpole.

Vanbrughs Landschaft vom Henderskelf Lane aus gesehen: Südlicher See, Wasserfall und Garrett's Bridge.

Castle Howard war das erste Gebäude, das der Dramatiker John Vanbrugh (1664–1726) entwarf, die erfolgreiche Ausführung war dem Können des Architekten Nicholas Hawksmoor zu verdanken. Die Skizzen und das 1699 angefertigte Holzmodell für einen Schloßkomplex veranlaßten den Duke of Marlborough, Vanbrugh und Hawksmoor auch für Blenheim Palace zu engagieren. Selten wurden nichtöffentliche Gebäude von solch klassischer Grandezza und kühner Kontur konzipiert, selten gelingt es, durch Verteilung der Baumassen den Eindruck von Bewegung zu erzeugen. Die Landschaft wurde zum Theater, in welchem das Haus die Hauptrolle spielte. Von York her näherte man sich auf einer drei Kilometer langen pfeilgeraden Buchenallee, die sich beim 30 Meter hohen Obelisken in eine doppelte Lindenallee teilte und weiter zum Haus führte. Architekturelemente beleben den Park bis in die entlegensten Winkel. Den Anfang machen Hawksmoors Torbogen Carrmire Gate. Im östlichen Abschnitt liegen an einem alten Weg, Henderskelf Lane, Vanbrughs Tempel der vier Winde, Hawksmoors Mausoleum sowie die Pyramide auf dem St. Anne's Hill. In den äußeren Bereichen wird der Übergang vom linearen forest style (strahlenförmige Alleen beschnittener Bäume) zum geschwungenen serpentine style deutlich. Der Tempel geht auf Palladios Villa Carpa zurück, die unter Verwendung von Kreis und Quadrat auf mathematischen Verhältnissen und dem Prinzip harmonischer Proportionen aufbaut. Vanbrugh entwarf außerdem den South Lake sowie die Wasserfälle in den New River, der in langen Windungen unter dem Tempel vorbeifließt. Hawksmoors Mausoleum löste in der Hocharistokratie den Trend aus, sich in antikisierenden Ruhestätten auf dem eigenen Besitz statt in der Pfarrkirche beisetzen zu lassen.

Der Atlasbrunnen.

George London war bis zu seinem Tod im Jahr 1714 an der Konzeption der Gärten beteiligt. Sein Assistent Stephen Switzer schuf mit einem labyrinthischen Wegenetz, Wasserspielen und Statuen im alten Ray Wood „einen unvergleichlichen Wald in der höchsten Steigerung, welche Natur und galante Gartenkunst jemals wird erreichen können". Über 250 Jahre später wurde Ray Wood zu einem lebendigen Museum für die Sunningdale Rhododendren-Sammlung. Der künstliche Great Lake im Norden wurde zwar von Hawksmoor konzipiert, jedoch erst in den neunziger Jahren des 18. Jahrhunderts ausgeführt. In den fünfziger Jahren des 19. Jahrhunderts engagierten die Besitzer W. A. Nesfield, um neue Lustgärten im italienischen Stil, die New Pleasure Grounds, an der Südfassade anzulegen. Im Zentrum der kunstvollen Broderieparterres aus Zwergbuchs und farbigem Kies erhob sich der grandiose Atlasbrunnen, der auf der 1. Weltausstellung von 1851 gezeigt wurde. In den neunziger Jahren des 19. Jahrhunderts entfernte man, bis auf den Brunnen und die äußeren Hecken, alle Elemente.

Geschwungene Hainbuchenhecken gliedern den abgeschlossenen Garten.

Der schon von London geplante ummauerte Garten wurde 1976 als Serie von Rosengärten angelegt, die durch beschnittene Hainbuchen abgeteilt sind; ihre formale Gliederung und geschwungene Form sind eine moderne Reverenz an die Gartengeschichte. *C.H.*

1699 Charles Howard, der dritte Earl of Carlisle, beauftragt John Vanbrugh, Nicholas Hawksmoor und George London mit der Planung; Schloß, Tore, Mauer, der Tempel der vier Winde, das Mausoleum und die Pyramide entstehen.

1718 Stephen Switzer gestaltet Ray Wood neu.

1790 Anlage des North Lake.

Fünfziger Jahre des 19. Jahrhunderts W. A. Nesfield entwirft die New Pleasure Gardens.

1968 James Russell bringt die Sammlung Sunningdale nach Ray Wood.

1976 In Erinnerung an Lady Cecilia Howard wird der Rosengarten angelegt.

Vanbrughs Tempel der vier Winde.

Blenheim Palace

WOODSTOCK, ENGLAND

„Man findet eine sehr schöne Lage vor (von derem westlichen Ende man das Tal und den Fluß überblickt) und könnte sie vielleicht für einen abgelegenen Lustort geeignet finden – die Art von strohgedeckten Gebäuden wurde stets sehr geschätzt, wenn sie von besonders schöner Lage waren. Und ich glaube, es gibt keine schönere als diese."

John Vanbrugh über die Lage des Gewächshauses an Sarah Churchill, Duchess of Marlborough, 1709; zit. n. Kerry Downes, *Vanbrugh – a Biography*, London 1987.

Die Broderieparterres.

12.–14. Jahrhundert Der königliche Jagdsitz Woodstock wird mit Lauben, Wassergärten und einem Tierpark ausgestattet.

1705 Vanbrugh und Hawksmoor beginnen mit den Entwürfen für Blenheim Palace; unter Mitarbeit von Henry Wise entstehen Parterres, Alleen und der sogenannte Militärgarten.

1763 Beginn der Gestaltung durch Capability Brown.

1896 und 1925 Achille Duchêne entwirft verschiedene Parterres.

Brunnennische, von Hermen flankiert.

Die Landschaft um Blenheim Palace gilt als das Meisterwerk von Lancelot Capability Brown und ist Beleg für seinen Umgang mit der Natur, die er als Mittel der Kunst einsetzt. Die Geschichte des Parks lieferte den würdigen Hintergrund, während Brown den von Vanbrugh, Hawksmoor und Wise geschaffenen geometrischen Garten in eine wunderschöne Landschaft verwandelte.

Den mittelalterlichen Woodstock Palace umgab ein königliches Jagdrevier, das von einem Graben und einer hohen Steinmauer eingefaßt wurde. Hier machte Heinrich II. „Fair Rosamund" den Hof, ihr Brunnen, Rosamund's Well, ist als Überrest eines von den arabischen Gärten Siziliens inspirierten Lauben- und Wassergartens erhalten geblieben.

Im Jahr 1705 übertrug Königin Anne „Woodstock Manor-House und den [...] gesamten Woodstock Park genannten Grund" an John Churchill, den ersten Duke of Marlborough. Dieser erhöhte Rang verlangte nach Gebäuden und Gärten, die so beeindruckend wie Castle Howard waren, also wurden John Vanbrugh und Nicholas Hawksmoor beauftragt, einen prächtigen Palast zu entwerfen. Henry Wise sollte Gärten von militärischer Präzision schaffen, denen es allerdings an einem schlüssigen Gesamtkonzept mangelte, so daß Vanbrughs großartige Brücke sich über dem schmalen Flüßchen Glyme erhob. Sarah, Duchess of Marlborough, merkte an: „Das ist ein Chaos, das nur Gott der Allmächtige beenden könnte"; dabei blieb es bis nach ihrem Tod im Jahr 1744. Capability Brown begann seine Tätigkeit 1763. Er entwarf einen Landschaftspark für die über 1 000 Hektar große Anlage und setzte dabei seine typischen Gestaltungsmittel ein: den belt – einen äußeren Baumgürtel, der nicht nur Schutz, sondern auch einen optischen Hintergrund bot und entlang dessen die Besucher den Park umrunden und in sorgfältig konzipierten Ausblicken genießen konnten; sowie die clumps – Baumgruppen, die wie zufällig verteilt erscheinen, in Wahrheit jedoch die Ausblicke auf das Schloß oder die Landschaft hervorheben oder verdecken sollten.

Horace Walpole schrieb, daß Vanbrughs Brücke „um einen Tropfen Wasser bettelt", und Brown gelang es, durch die Anlage der großen Seen, eines mäandrierenden Flusses und zweier Kaskaden die Landschaft zu beleben. Die 60 Hektar großen Seen verliehen der Brücke erst ihren Sinn; den korrekten Wasserspiegel regulierte Brown mittels eines stromabwärts gelegenen Kanals. Vom Hauptsee und der oberen Kaskade zum Fluß Evenlode wurde ein künstlicher Fluß angelegt, der „mit sich in einer Serpentine durch ein weites Tal zieht, durch Gruppen von sprießenden jungen Bäumen verschönert [...]." (W. Mavor, *New Description of Blenheim*, 1789) In den siebziger und achtziger Jahren des 18. Jahrhunderts entwarf William Chambers unterhalb der Kaskade und des Dianatempels die Neue Brücke. Als der neunte Duke of Marlborough das Schloß übernahm, war der ursprüngliche Garten unter dem Wildwuchs fast verschwunden. Er wandte sich an den französischen Landschaftsarchitekten Achille Duchêne, der die Parterres von Vaux-le-Vicomte restauriert hatte.

Dieser entwarf für die Ostfront ein Broderieparterre mit Orangenbäumchen in Kübeln und Statuen. 1925 kehrte Duchêne zurück und entwarf ein Wasserparterre nach dem Vorbild von Versailles: Eine niedrige Buchshecke umfaßte die Kanäle, die das Wasser von Rosamund's Well herleiteten. Der neunte Duke schrieb an Duchêne: „Durch ihr Denken allein, durch ständige Überlegung und reife Reflexion, vermochten Künstler ihre großen Werke zur Freude der Nachwelt zu hinterlassen." *C.H.*

Vanbrughs Brücke über die Seenanlage.

Governor's Palace

WILLIAMSBURG, VIRGINIA, USA

Eine Laube im Ballroom Garden.

„Einhunderfünzig acres [ca. 60 Hektar] schönen, gut gerodeten Landes, das mit Tulpenbäumen, Eichen und Föhren bepflanzt ist und von Flüßchen bewässert wird. Man sagt mir, daß die Wiesen im Frühling von weißem Klee bedeckt sind."

Governor Norbert Berkeley, Baron de Boutecourt, im Jahr 1768, kurz nach seiner Ankunft in Amerika, wo er die Nachfolge des Gouverneurs Francis Fauquier antrat, zit. n. Peter Martin, *The Pleasure Gardens of Virginia*, Princeton 1991.

Im Jahr 1695 wurde auf der Middle Plantation in der englischen Kolonie Virginia das College of William and Mary gegründet. Drei Jahre später sollte dies der Ort für die Gründung einer neuen Hauptstadt werden. Die Planung der Gärten und Parklandschaft um den Gouverneurspalast war ein wesentliches Element der Stadtentwürfe. Im Jahr 1706 wurden dafür £ 3 000 bereitgestellt; als jedoch 1722 unter Gouverneur Alexander Spotswood das aufwendige Gebäude und die Gärten vollendet waren, schlugen die Wogen der Kritik hoch.

Die Restaurierung und Wiederherstellung des kolonialen Williamsburg in den 1920er Jahren ist der Vision des Reverend W. A. R. Goodwin und der Großzügigkeit von John D. Rockefeller zu verdanken, die ein lebendes – und in einigen Fällen heiß umstrittenes – Lehrbuch der kolonialen Gartenkunst in Amerika schufen. Bei der Restaurierung der Gärten des Gouverneurssitzes wurden die originalen Fundamente der Mauern ausgegraben; anhand ihrer Toröffnungen ließ sich nun der Verlauf der Gartenwege rekonstruieren. Die im Ashmolean Museum in Oxford aufbewahrte „Bodleian Plate", eine gestochene Kupferplatte von etwa 1740, zeigt den Palastgarten mit ovalen Blumenbeeten im Vorhof und rautenförmigen Beeten im rückseitigen Parterre.

Die von Spotswood festgelegte, in Nord-Süd-Richtung verlaufende große Blickachse verleiht der Anlage die Aura von Macht und Ordnung. Vor dem Ehrenhof erstreckt sich eine Palace Green genannte Rasenfläche, die beidseitig von der Palace Street gesäumt wird, einer doppelten Allee von Trompetenbäumen, die am Palasttor in einem eleganten Oval zusammenläuft. Den Ehrenhof betritt man durch ein mit königlichen Wappentieren geschmücktes

1706 Beginn der Arbeiten am Gouverneurspalast.

1710 Gouverneur Alexander Spotswood läßt die ersten Gärten anlegen.

1751 Gouverneur Robert Dinwiddie läßt den Ballsaal und den Speisesaal anfügen.

1926 Beginn der Restaurierungsarbeiten.

1934 Das rekonstruierte historische Williamsburg wird für Besucher geöffnet.

Geometrische Blumenterrassen im holländischen Stil.

Portal. Die einfachen ovalen Beete sind der einzige Blumenschmuck. Auf den übrigen Seiten ist das Gebäude von geometrischen Ziergärten umgeben.

Im Westen des Hauses ließ Spotswood Terrassen im holländischen Stil anlegen, die zu einem Kanal hinabführten, im Nordosten entstand ein bowling green. Der Obst- und der Küchengarten wurden eingefriedet und terrassiert, um höhere Erträge zu erzielen. Ein Teil des Obstgartens wurde während der Revolution als Friedhof verwendet. Im Palast ließ Gouverneur Robert Dinwiddie einen Speisesaal und einen Ballsaal einbauen, von dem aus man in den Ballroom Garden gelangte: ein Parterre, dessen zu Rauten geschnittene Ilex vomitaria und Zierbäumchen ein Muster von Tanzschritten zu bilden scheinen. Eine Querachse führt im Osten zum Bowling Green und im Westen zu den Obstgärten. In Fortsetzung der Hauptachse säumen zwei lange rechteckige Blumenbeete ein großes mittleres Beet und erinnern so an holländische Kanalgärten. Der Übergang zwischen Parterre und Park ist durch kunstvolle Schmiedeeisengitter markiert – sie gleichen den Arbeiten Jean Tijous, eines ab dem späten 17. Jahrhundert in England tätigen Spezialisten für Eisenrepoussé.

Das Stechpalmenlabyrinth ist dem von Hampton Court Palace nachgebildet. Vom Hügel über dem Eishaus bietet sich eine Aussicht auf das Labyrinth, die Ziergärten und den etwa 25 Hektar großen Park. Die Anlage vereinigt die architektonische Symmetrie des holländischen Stils des späten 17. und frühen 18. Jahrhunderts mit der natürlichen Schönheit und dem malerischen Anblick des Parks. Anläßlich der Restaurierung wurden die Gärten mit den Originalen nachempfundenen Dekorelementen ausgestattet: Holzbänken, Schmiedeeisengittern und Bleigußfialen.

C.H.

Die große Nord-Süd-Achse endet am Gouverneurspalast, dessen strenge Architektur mit dem geometrisch angelegten Garten korrespondiert.

Stechpalmenhecken im Ballroom Garden.

Peterhof

ST. PETERSBURG, RUSSLAND

„Unermeßliche Gärten. Glanzvoller als der Garten der Armida."

Alexander Puschkin.

Peterhof gehört mit einer Gesamtfläche von 100 Hektar mit über 20 Palästen und Pavillons zu den prächtigsten Barockanlagen Rußlands. Die von Peter I. angestrebte Öffnung Rußlands nach Westen führte nicht nur zum Ausbau St. Petersburgs zur Hauptstadt, sondern auch zur Einführung westlicher Kunst, Architektur und Lebensstils am russischen Hof.

Ab 1714, während der nordischen Kriege, setzten die Bauarbeiten für Peterhof ein. Neben den Entwürfen des Zaren bestimmt vor allem die Tätigkeit der Architekten Johann Friedrich Braunstein, Jean-Baptiste Le Blond und Niccolo Michetti die erste Bauphase bis 1724. Später ist Michail Zemzov verantwortlich, gefolgt von Bartolomeo Rastrelli, der den Palast ab 1745 stark erweiterte und ihn der Schloßanlage von Zarskoje Selo gleichstellte. Unter Katharina II. und ihren Nachfolgern wurden nur noch Umbauten vorgenommen.

Wichtige Bestandteile des Ensembles waren von Anfang an der Obere und der Untere Garten, deren Anlage Le Blond zugeschrieben wird. Vor dem Schloß wurden Rasenparterres und Wasserbecken angelegt, die Hanglage zum Finnischen Meerbusen hinter dem Gebäude bot Gelegenheit für Wasserspiele und Kaskaden. Das Schloß nimmt dabei eine zentrale Lage

Blick in den Monplaisir-Park zum Lustschlößchen Katharinas II.

Die Große Kaskade mit reichem Skulpturenschmuck.

Stich von Niquet nach einer Zeichnung von Louis Nicolas Lespinasse (1734–1808), um 1784.

Vom Palast öffnet sich der Blick über die Große Kaskade zum Finnischen Meerbusen.

1715 Beginn der Arbeiten an Peterhof, Entwürfe von Alexandre-Jean-Baptiste Le Blond, einem Le Nôtre-Schüler.

1745 Weiterführung der Planungen durch Bartolomeo Rastrelli.

Mitte des 19. Jahrhunderts Erweiterung der Anlage durch Adam Menelaws und Karl Friedrich Schinkel.

zwischen diesen beiden Gartenbereichen ein. Den Mittelpunkt bildet eine sechsstufige Kaskade mit einer acht Meter hohen Fontäne am Fuße des Palastes. Die mit 17 Statuen, 29 Basreliefs und Dutzenden von Fontänen und Brunnen geschmückte Mittelachse endet an der Figur Samsons, der mit dem Löwen kämpft – ein Symbol des Herrschers, aber auch Erinnerung an die siegreiche Schlacht in Poltava am St. Samsons Tag, am 27. Juni 1709. Aufgrund der Meernähe haben alle Statuen entweder einen Bezug zum Wasser oder aber zu den siegreichen Schlachten Peters des Großen. So finden sich ein Perseus- und ein von Carlo Rastrelli 1726 geschaffener Tritonenbrunnen, Flußgottheiten und im Oberen Garten als Pendant zur Samsonfigur ein Neptun-Brunnen.

Daneben gibt es zahlreiche Wasserspiele, für die Peterhof berühmt ist, wie die spritzende Sitzbank und die kleine Eiche, aus deren Ästen Wasser rinnt. Auf die Mittelachse des Monplaisir-Lustschlosses (1714–1723) sind die an den Petersplatz in Rom angelehnten Römischen Brunnen (1739, Karl Blank) und der Drachenbrunnen ausgerichtet. Am Ende entstand ein Barockgarten, der zwar westeuropäische Stilelemente aufgriff, diese jedoch, unter dem Einfluß Peters des Großen, zu einer einzigartigen Synthese verschmolz.

1779 wurde der Gärtner James Meader aus England berufen, der zusammen mit Giacomo Quarenghi in Erweiterung des Barocken Gartens einen Englischen Garten mit gleichnamigem Palais plante. Unter Kaiser Nikolaus I. wurde das Areal vom Architekten Andrei Schtakenschneider um eine römische Villa, das Belvedere und ein Blockhaus (Nikolski Dom) ergänzt. Adam Menelaws erbaute 1829 die kaiserliche Villa (Cottage), neben der Karl Friedrich Schinkel 1831–1833 eine neugotische Kirche errichtete. Seit Mitte des 19. Jahrhunderts finden kaum noch Veränderungen statt, so daß das Ensemble bis heute unverändert blieb.

M.K.

Stowe

BUCKINGHAM, ENGLAND

Inszenierte Sichtachsen schaffen interessante Wechselbeziehungen zwischen den verschiedenen Bauten.

Um 1680 Sir Richard Temple entwirft die geometrischen Gärten.

Ab 1715 Umgestaltung in eine großzügige barocke Anlage durch den 1. Viscount Cobham.

Ab 1735 Schrittweise Umgestaltung in einen Landschaftspark.

Ab 1751 Fortsetzung dieser Umgestaltung durch Earl Temple.

1848 Verkauf der Inneneinrichtung des Hauses.

1922 Die Stowe School erwirbt das Anwesen (Eröffnung 1923).

1990 Die Gärten werden offiziell dem National Trust übertragen.

„Das ganze Areal ist in verschiedene Szenerien gegliedert, jede zeichnet sich durch eigenen Geschmack und Einfallsreichtum aus; die Wechsel sind so häufig, unerwartet und grundlegend, die Übergänge so kunstvoll gestaltet, daß sich nie dieselben Einfälle fortsetzen oder bis zum Überdruß wiederholen."

Thomas Whately, *Observations on Modern Gardening*, London 1771.

Stowe war die berühmteste englische Gartenschöpfung des 18. Jahrhunderts. Sein Einfluß wirkte in Europa bis nach Rußland, es war bekannter und besuchter als jeder andere Garten seiner Zeit. Allerdings war es ein Garten, der sich über ein ganzes Jahrhundert hinweg entwickelt hatte und deshalb verschiedene Auffassungen und Stile reflektierte. Aus einer einfachen geometrischen Anlage schuf Richard Temple, 1. Viscount Cobham (1675–1749), unter Leitung des königlichen Gärtners Charles Bridgeman den großartigsten und prunkvollsten Barockgarten, der sich denken läßt. Vom Herrenhaus auf der Anhöhe senkte sich der breite Hang mit Parterres und einer Allee von Silberpappeln zu einem achteckigen Bassin hinab. Die Geometrie war das vorherrschende Gestaltungselement: Gerade Alleen kreuzten und verbanden sich auf einem Areal, das durch ein befestigtes Aha, einen künstlichen Graben mit einem Mauerzug, umfaßt wurde; an den wichtigen Blickpunkten hatte Sir John Vanbrugh Gebäude plaziert.

In den dreißiger Jahren des 18. Jahrhunderts vollzog sich ein dramatischer Richtungswechsel. Cobham engagierte William Kent, um den östlichen Gartenabschnitt neu zu gestalten, der als Elysische Felder bekannt wurde. Die Umgestaltung in eine Naturlandschaft mit einer Reihe von Gebäuden erfolgte vor einem politischen Hintergrund. Cobham hatte sich 1733 von der Whig-Regierung abgespalten und wurde zum Führer einer Oppositionsgruppe, der „Cobham Cubs". Die traditionellen Tugenden, die der Ideologie der Whig-Opposition entsprachen, wurden durch Gebäude wie den Gotischen Tempel (James Gibbs, 1741) demonstriert, während der Premierminister, Sir Robert Walpole, satirisch als kopflose Statue neben der Ruine des Tempels der modernen Tugenden dargestellt wurde. Kent und Gibbs nahmen das von Vanbrugh eingeführte Motiv der erotischen Liebe auf und stellten auch Themen wie Freundschaft, Tapferkeit und Gedankenfreiheit in Gebäuden wie dem Tempel der Freundschaft und dem den Nationalhelden gewidmeten Temple of British Worthies dar.

Lancelot Capability Brown war in den vierziger Jahren als Obergärtner in Stowe tätig. Ihm wird das gewundene, grasbedeckte Griechische Tal zugeschrieben, das seinem populären Stil entspricht. Nach Cobhams Tod ließ Earl Temple (1711–1779) die ursprüngliche Geometrie Bridgemans weiter in Richtung eines Landschaftsparks modellieren; neue Bauten und die Umwandlung der bestehenden thematisierten den Triumph des Empire: Der Griechische Tempel wurde zum Tempel der Eintracht und des Sieges, auch ein Denkmal für Captain Cook wurde errichtet. Der erste Marquis of Buckingham (1753–1813) vollendete, was Earl Temple begonnen hatte.

1813 war die Umgestaltung der Gärten im wesentlichen abgeschlossen. Im 19. Jahrhundert verhinderten Schulden und Katastrophen weitere Veränderungen. 1923 wurde die Stowe School eröffnet und ermöglichte so die Erhaltung des Landsitzes, die sich jedoch schwierig gestaltete. Seit 1990 arbeitet der National Trust mit einem ehrgeizigen Restaurierungsprogramm an der Wiederherstellung der Gebäude und des ausgereiften Erscheinungsbildes des Gartens, wie es sich im späten 18. Jahrhundert bot. *M.S.*

Oben links: Der Gotische Tempel.

Oben rechts: Temple of British Worthies.

Die Palladianische Brücke.

Villa Gamberaia

SETTIGNANO, ITALIEN

„Auf überraschend kleinem Raum, doch ohne im geringsten überfüllt zu wirken, vereint sie nahezu jeden typischen Vorzug des alten italienischen Gartens: Sonnenlicht und Luft umfluten frei das Haus, Wasser ist reichlich vorhanden, man kann sich leicht in den dichten Schatten zurückziehen, überdeckte Wege führen zu diversen Aussichtspunkten, durch verschiedene Ebenen werden vielfältige Wirkungen erzielt und schließlich die Großzügigkeit und Einfachheit der Komposition."

Edith Wharton, *Italian Villas and their Gardens,* London 1904.

1619 Die Villa Gamberaia geht in den Besitz von Jacopo und Andrea Lapi über.

1688 Gamberaia wird verpfändet, um die bis zum Tod Andrea Lapis aufgelaufenen Schulden zu begleichen.

1717 Der Besitz wird von der Familie Capponi erworben, die den heute noch bestehenden Garten anlegt.

Am Fuße der Balustrade breiten sich reizvolle Broderieparterres aus.

Rechts: Die Südfront mit Buchsbaumhecken und -bäumchen und rosafarbenen Azaleen im Parterre.

Der Geheimgarten mit weißen Wisteriablüten und Terrakottavasen.

Vielen Generationen galt Gamberaia als eines der vollendetsten Beispiele von Gartenarchitektur. Obwohl der Garten im Zweiten Weltkrieg fast völlig zerstört wurde, hat die Beschreibung der amerikanischen Schriftstellerin Edith Wharton noch heute Gültigkeit. Nach dem Krieg erwarb Signor Marcello Marchi den Garten und bewahrte ihn vor der endgültigen Zerstörung.

Die Villa Gamberaia wurde zu Beginn des 17. Jahrhunderts für Zanobi Lapi errichtet. 1619 ging sie an seinen Neffen Andrea über, dessen Leidenschaft der Konstruktion von Brunnen gegolten haben soll. Dennoch hinterließ die Familie Lapi keine sichtbaren Spuren im Garten, 1717 erwarben die Capponi den Besitz und verliehen ihm seine heutige Form.

Die Villa ist von einer weiten, perfekt gepflegten Rasenfläche umgeben, die auf einer Seite von Gebäuden flankiert ist, auf der anderen Seite von der hohen Stützmauer der oberen Terrassen. Diese ist mit bemalten Feldern geschmückt und von majestätischen Urnen bekrönt. Den nördlichen Abschluß der Allee bildet ein moosbewachsenes Nymphäum, das im Schatten alter Zypressen liegt. Im Süden erhebt sich die Statue der Diana vor dem wunderbaren Ausblick auf das Arno-Tal.

Vis-à-vis der Villa führen schmiedeeiserne Tore zu einem Geheimgarten, der auf drei Seiten von den Stützmauern der oberen Terrassen umschlossen ist. Diese Wände werden durch rustizierte Bänder in Felder gegliedert. In den Nischen stehen lächelnde Figuren. Vier Treppenläufe mit Balustergeländer verbinden den Geheimgarten mit dem Zitronengarten auf einer Seite und dem bosco oder Wäldchen auf der anderen. Der bosco ist mit Stechpalmen und Zypressen bepflanzt und bildete als „ungezähmter" Bereich einen wesentlichen Bestandteil des Renaissancegartens, indem er einen reizvollen Kontrast zur perfekt getrimmten Rasenbahn des Parterres bot.

Ein hübsche südseitige Loggia im ersten Stock der Villa öffnet sich zu den Wasserbassins. An dieser Stelle befand sich einst ein Parterregarten mit Kräutern und Rosen. Als Prinzessin Giovanna Ghyka Ende des 19. Jahrhunderts Gamberaia erwarb, ließ sie die Beetkompartimente durch Wasserbecken ersetzen, was eine zauberhafte Wirkung erzeugte. Zwischen den geschnittenen Hecken, welche die Bassins umrahmen, verlaufen schmale Wege, eine halbkreisförmige Zypressenarkade vollendet die Komposition und eröffnet einen großartigen Blick auf das Arno-Tal. Eine Terrasse auf der Westseite der Villa wird von einer Wand begrenzt, an der bezaubernde Hundestatuen angeordnet sind; zwischen diesen und den Rosen, die sich um sie schlingen, bietet sich die herrliche Aussicht auf die in der Ebene liegende Stadt Florenz.

H.A.

Schloß Schwetzingen

SCHWETZINGEN, DEUTSCHLAND

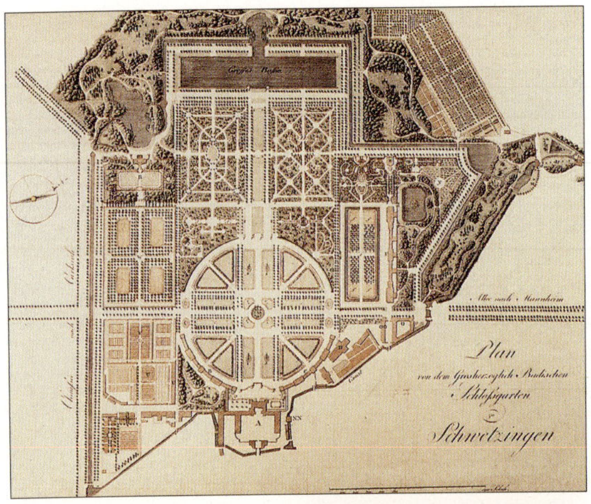

Gartenplan von Johann Michael Zeyher, 1809.

Pigages Vogelbad im nördlichen Boskett.

Blick durch das „Perspektiv".

„Ich will, bevor ich sterbe, noch einer Pflicht genügen und einen Trost genießen: Ich will Schwetzingen wiedersehen."

Voltaire.

Der in der Rheinebene gelegene Schloßpark zu Schwetzingen ist eine der schönsten Gartenschöpfungen aus der zweiten Hälfte des 18. Jahrhunderts, die sich bis heute fast unverändert erhalten hat. Unter der Herrschaft seines Erbauers, Kurfürst Karl Theodor von der Pfalz, erlebte der Park zwei völlig unterschiedliche Entwicklungsstufen. Die erste Phase war die des geometrisch angeordneten Rokokogartens. Darauf folgte nur wenige Jahre später die Phase des frühen Englischen Landschaftsparks. Es spricht für den Stolz Karl Theodors auf das bisher Geleistete, daß er den Rokokogarten unverändert bestehen ließ, als er, dem Zeitgeschmack folgend, den Garten durch einen Landschaftspark erweiterte.

Kurfürst Karl Theodor übernahm von seinen Vorgängern einen Jagdpark, den er jedoch zugunsten des Rokokoparks aufgab. Zuerst wurde ein kreisförmiges Parterre vor dem Schloß angelegt, der berühmte „Zirkel", der einmalig ist in der europäischen Gartenkunst, um diesen gruppieren sich zwei Zirkelbauten mit Orangerie, Theater und Festsälen im Osten und zwei Berceaux im Westen. Die Hauptachse des Parterres wird durch zwei Baumreihen betont, die rechteckige Mittelparterrezonen begrenzen. Im Kreuzungspunkt von Haupt- und Querachse befindet sich der runde Arion-Brunnen mit Fontäne. Vier quadratische Parterres de Broderie begrenzen die Fontäne, jeweils zwei rechteckige Parterres à l'Angloise schließen sich nach Osten und Westen an sie an.

Jenseits der Parterrezone befinden sich Boskette, die von der Verlängerung der Hauptallee in zwei Hälften geteilt werden. Architektonische Gestaltungselemente der nördlichen Boskettzone sind die große Orangerie, der auf einem künstlichen Hügel errichtete Parnaß mit Apollotempel und dem davor befindlichen Naturtheater und das ungewöhnliche, wellenförmige Vogelbad. Ein Höhepunkt des Gartens ist die frühklassizistische Badehausanlage. Ein Treillagengang führt vom Badehaus zum „Vogelhaus", ein oval angelegtes Berceau mit Vogelkäfigen und einem Brunnen in der Mitte. Unterbrochen von einem weiteren Platz führt der dunkle Treillagetunnel zu einem Grottenraum, der den Blick auf eine gemalte Ideallandschaft, das „Ende der Welt" eröffnet. Dieses sogenannte „Perspektiv" ist ein Meisterwerk illusionistischer Architektur.

Jenseits des Perspektivs befindet sich im Norden und Westen der zweite Teil der Anlage, die sogenannte Englische Gartenpartie, die von Friedrich Ludwig von Sckell in den siebziger Jahren des 18. Jahrhunderts angelegt wurde. Sckell schuf auch das berühmte „Arboretum Theodoricum" mit dem Tempel der Waldbotanik. Die Ruine eines „Römischen Aquäduktes" bildet den Abschluß des Gartenteils nach Norden. Ihm gegenüber liegt der sogenannte Türkische Garten mit Moschee. Ein in Treillagearchitektur errichteter Bet- und Wandelgang umschließt den Innenhof der Moschee. Sprüche aus dem Koran fordern den Betrachter zu Toleranz und Demut auf.

A.G.

Ansicht des Merkurtempels von Pigage.

1699–1716 Wiederaufbau des Schlosses nach Zerstörung im Pfälzischen Erbfolgekrieg unter Kurfürst Johann Wilhelm durch Adolf Breuning.

1720–1724 Anlage des Schloßgartens unter Kurfürst Karl Philipp von der Pfalz.

1748–1750 Bau des nördlichen Zirkelhauses als Orangerie durch Alessandro Galli da Bibiena und Guillaume d'Hauberat.

1752 Anbau eines Theaters an das nördliche Zirkelhaus durch Nicolas de Pigage.

1753/54 Bau des südlichen Zirkelhauses als Festsaalbau durch Franz Wilhelm Rabaliatti.

1753–1758 Neuanlage des Schloßgartens durch de Pigage und den Hofgärtner Johann Ludwig Petri.

1761–1776 Naturtheater mit Apollotempel von de Pigage.

1766–1772 Badehaus von de Pigage.

Ab 1776 Gartengestaltung durch Friedrich Ludwig von Sckell.

1780–1795 Türkische Moschee von de Pigage.

1802 Anlage des Arboretums durch Hofgärtner Johann Michael Zeyher.

1823/24 Großer See.

1924 Schloßgarten für Publikum geöffnet.

1970–1975 Rekonstruktion der Parterreanlagen.

Oberer Garten – Steinskulptur eines Löwen, der ein Pferd reißt.

Die Praeneste-Arkade.

Die Rosenparterres.

Zwanziger Jahre des 18. Jahrhunderts Bridgeman entwirft eine geometrische Gartenanlage.

Ab 1738 Kent verwandelt den Garten in eine Serie von tableaux.

Rousham

OXFORDSHIRE, ENGLAND

„Ein ganzes Landgut, das [...] zu einem Garten geformt wird."

Joseph Addison.

Rousham, zwischen Oxford und Banbury gelegen, hat William Kents Landschaftsstil der späten dreißiger Jahre des 18. Jahrhunderts fast unverändert bewahrt. Kent wurde von General Dormer engagiert, der Rousham 1737 von seinem Bruder geerbt hatte, um einen von Charles Bridgeman angelegten geometrischen Garten umzugestalten. Unter Beibehaltung der Grundstruktur und einiger Motive Bridgemans, etwa der geraden Ulmenpromenade, vollzog Kent eine völlige Umwandlung des Entwurfs, seiner Effekte und Grundgedanken. Kent schuf zahlreiche Gartenbilder oder tableaux, die in strenger Reihenfolge konzipiert sind und gleichzeitig abwechslungsreiche Ausblicke in die Umgebung bieten. Der Garten selbst atmet den Geist der Antike – martialischer Charakter kennzeichnet den oberen Abschnitt mit den Skulpturen eines Löwen, der ein Pferd anfällt, und eines Sterbenden Gladiators, bukolische Stimmung dagegen herrscht in der untere Zone, wo Pan und Faun das Venustal bevölkern. Die Gartenplastiken der oberen Ebene sind aus Stein, während in der unteren Bleiguß dominiert. Horace Walpole bezeichnete Rousham als Kents überzeugendstes Werk und meinte, es sei ein würdiger Landsitz für einen römischen Kaiser.

Die nach außen, in die Landschaft gerichteten Ausblicke unterscheiden sich von den antikisierenden Binnenansichten des Gartens. Die Mühle jenseits des Flusses Cherwell, der die Grundstücksgrenze bildet, erhielt einen gotischen Vorbau und wurde so zu einem Mühlentempel. Als weiteren gotischen Blickfang setzte Kent eine bogenbekrönte Blendwand in ein Feld auf dem gegenüberliegenden Hügel. Der Blick in die Landschaft wurde auf die Zeugnisse des mittelalterlichen englischen Erbes gelenkt.

Wie viele Landschaftsgärten war auch Rousham relativ klein; es zählte zu Kents großen Errungenschaften, daß er etliche Überraschungsansichten schaffen konnte, indem er Szenen zunächst verdeckte, ehe sie sich frontal darboten. So führt der obere Weg den Besucher geradewegs über die Praeneste-Arkade, ohne daß dieser es sofort bemerkt. Das Schlüsselmotiv, das Venustal, ist den Blicken entzogen, bis der Besucher aus der Ulmen-, heute Lindenpromenade heraustritt. Kent arbeitete wie ein Maler: Er entwarf seine vorkonzipierten Szenen als Hauptmotive, die er dann geschickt miteinander verband. Ein langer Italienaufenthalt prägte seine Vorliebe für italienische Gärten und Pflanzen, und die Kaskaden in Rousham erinnern an die italienischen Villengärten, etwa der Villa Aldobrandini. Kents Skizzen sahen auch italienisierende Zypressen vor, neu hingegen war die Unterpflanzung von Bäumen durch blühende Sträucher.

Kent leistete einen bedeutenden Beitrag zur Entwicklung des Landschaftsgartens. Obgleich er die gerade Linie nicht völlig eliminierte, war er nach den Worten Walpoles über den Zaun gesprungen und hatte gesehen, daß die ganze Natur ein Garten war. Er setzte Wälder, Wiesen und Gewässer in zunehmend naturalistischer Weise ein und entwickelte die Idee des Rundweges, der in Stourhead, Painshill und anderen Gärten eine so wichtige Rolle spielen sollte. Kents stark malerische Auffassung wurde im Lauf des Jahrhunderts von vielen europäischen Architekten aufgegriffen.

M.S.

Unterer Garten – Statue des Pan im Venustal.

Painshill

COBHAM, ENGLAND

„Die Anlage ist mit gärtnerischer Eleganz gestaltet [...] der Bereich vor dem Haus ist reich ornamentiert; der Boden ist hübsch und abwechslungsreich gestaltet; und seitlich sind verschiedene Sorten schöner Bäume in kleinen offenen Anpflanzungen verteilt."

Thomas Whately, *Observations on Modern Gardening*, London 1771.

Oben: Der gotische Tempel.

Rechts: Charakteristisch für Painshill ist eine genau geplante Reihenfolge ständig wechselnder Ausblicke.

1738 Charles Hamilton läßt sich in Painshill nieder.
1773 Hamilton zieht sich nach Bath zurück; Benjamin Bond Hopkins wird sein Nachfolger.
1948 Das Anwesen wird parzelliert.
1981 Gründung des Painshill Park Trust zur Restaurierung der Gärten.

Painshill bei Cobham, Surrey, war das Werke eines einzigen Mannes, des Besitzers Hon. Charles Hamilton, der zwischen 1738 und 1773 auf dem kargen Heideland Surreys einen meisterlichen Landschaftsgarten schuf. Möglicherweise übernahm er ein oder zwei geometrische Elemente von den Vorbesitzern, doch die Gesamtanlage zeigt, wie Hamilton mehr und mehr in Richtung einer Naturlandschaft strebte und aus dem Rundgang ein Kunsterlebnis machte, indem er wechselnde Bilder und Staffagebauten anlegte, die dem Auge aus verschiedenen Entfernungen und Blickwinkeln stets neue und überraschende Ansichten boten. Painshill ist als Rundgang angelegt, bei dem die Reihenfolge der wechselnden Ausblicke eine wichtige Rolle spielt. Einige Bauten erblickt man zunächst aus der Entfernung, nähert sich ihnen aber nicht auf direktem Weg und ist überrascht, wenn man plötzlich vor ihnen steht; umgekehrt erscheinen Gebäude, die man zuerst aus der Nähe wahrnahm, später noch einmal in der Ferne.

Man hat errechnet, daß sich in der Anlage von Painshill über 100 Ausblicke bieten. Der Rundgang erschließt alle topographischen Besonderheiten des Geländes. Er führt vom Niveau des Sees auf einen Hügel und ein Plateau, von dem man auf den See herabblickt. Die Tableaus werden nicht nur visuell, sondern auch stimmungsmäßig durch den Wechsel von Staffagebauten und Bepflanzung gekonnt variiert. Das verfallene Mausoleum – ein römischer Triumphbogen – ist mit verwildertem Rasen und Eiben kombiniert, um eine damals beliebte „düstere Wirkung" zu erzielen. Der klassische Bacchustempel hingegen ist von einer Wiese mit bunten Sträuchern umgeben, um eine erbauliche Stimmung zu suggerieren. Die rustikale Ermitage, ein der Meditation gewidmeter Rückzugsort, ist am Rand eines dunklen Waldes immergrüner Bäume plaziert.

Auch das Moment der Illusion spielt in Painshill eine wesentliche Rolle. Es gehörte zu Hamiltons ausgeklügeltem Konzept, daß er häufig mit optischen Täuschungen arbeitete. Der See ist nie zur Gänze überschaubar und wirkt dadurch größer, als er tatsächlich ist. Aus

verschiedenen Blickwinkeln erscheint er einmal als See, dann als Kanal oder als Fluß. Ähnlich täuschend ist auch die Ausdehnung des Föhrenwaldes im Westen, der auf Bodenniveau sehr weitläufig wirkt; erst vom Turm aus erkennt man, wie klein dieses Gebiet ist.

Hamilton war ein begeisterter Botaniker, der viele Bäume und Sträucher importieren ließ, bevorzugt aus Nordamerika. Sie waren nicht nur von botanischem Reiz, sondern ermöglichten es ihm, die Landschaft mit einer reicheren Auswahl von Pflanzen zu bestücken, als sie früheren Architekten, wie etwa William Kent, zur Verfügung gestanden hatte.

Eines der ungewöhnlichsten Werke in Painshill war die Grotteninsel. Die aus Ziegelgemäuer konstruierte Grotte samt Nischen und einem Bogen wurde mit Tuff, einer porösen Kalksteinart, verkleidet. Der Hauptraum der Grotte maß 12 Meter im Durchmesser und war mit Bergkristall, Flußspat und Stalaktiten verziert. Die Unterseite der Brücke und ein langer Tunnel, der unter dem Hauptraum verlief, waren ähnlich geschmückt. Vor einigen Jahren wurden die Gärten durch den Painshill Park Trust Ltd. restauriert. *M.S.*

Einer der sorgfältig inszenierten Fernblicke.

Eine Tuffstein-Nische auf der Grotteninsel.

Middleton Place

CHARLESTON, SOUTH CAROLINA, USA

Waldnymphe von Rudolf Schadow.

„Das Anwesen [...] gilt als das schönste in diesem Teil des Landes."

François Duc de la Rochefoucauld-Liancourt [1769], *Travels Through the United States*, London 1799.

In den frühen Tagen der englischen Kolonisation in der Neuen Welt entstand aus dem Sumpfland an der Küste des heutigen South Carolina ein großartiger geometrischer Garten. Der vom Plantagenbesitzer Henry Middleton erdachte und von einem unbekannten englischen Architekten angelegte Garten von Middleton Place ist der älteste noch existierende Garten Amerikas.

Middleton Place vereinigt in wunderbarer Weise den architektonischen Stil des europäischen Barock mit der Natur und ungezähmten Schönheit des Flachlandes von Carolina. 1741 ließ Henry Middleton auf dem mit der Mitgift seiner Frau erworbenen Grundstück ein Herrenhaus im Stil der Zeit Jacobs I. bauen. Gleichzeitig legte man einen Garten an. Das 1865, auf dem Höhepunkt des Bürgerkrieges zerstörte Gebäude wurde auf einer Anhöhe über dem Ashley River errichtet. In der für einen Plantagensitz typischen Weise erstreckte sich zwischen dem Haupttor und dem Haus ein weitläufiger Rasen. Die Areale im Süden und Osten des Hauses waren den Reisplantagen vorbehalten, doch im Norden und Westen entfalteten sich die Ziergärten bis zu den Flußufern. Es brauchte zehn Jahre und den Einsatz von hundert Sklaven, um die Gärten zu vollenden.

Die auf einem dreieckigen Raster angelegten geometrischen Gärten folgen den von André Le Nôtre in Vaux-le-Vicomte und Versailles begründeten Prinzipien. Präzise geometrische Grundformen, eine großzügige Gestaltung und lange Blickachsen sind die dominierenden Elemente. Die Hauptachse verläuft vom Eingangstor über die Ruine des Hauses bis zu einem Parterregarten, führt dann über den terrassenförmig abgetreppten Rasen zwischen zwei Teichen hindurch und mündet schließlich am Scheitelpunkt einer sanften Krümmung in das Flußbett des Ashley. Wege und Alleen teilen das übrige Anwesen in eine Reihe von kleinen abgeschlossenen Gärten, die einen intimen Rahmen schaffen und gleichzeitig Aussichten auf die umgebenden Sümpfe und Wälder bieten. Nur eine der Statuen, die wesentliche Blickpunkte markierten, überlebte die Zerstörungen des Krieges und den anschließenden Verfall. Diese von Rudolf Schadow um 1810 geschaffene Waldnymphe ist nun am Ende des Azaleenbassins aufgestellt.

Die Bäume und Pflanzen von Middleton Place erzählen ihre eigene faszinierende Geschichte. Zu den beliebtesten Bäumen der Südstaaten zählt die immergrüne Virginische Eiche. Eines der ältesten erhaltenen Exemplare ist die Middleton-Eiche, die an die 1 000 Jahre alt sein soll; lange bevor die Europäer an der Küste von Carolina landeten, galt sie den Indianern als Wegmarkierung. Mit einem Kronendurchmesser von etwa 44 Metern beherrscht die Eiche noch heute die Gärten. Auch die Kamelien sind von botanischem Interesse. Der französische Botaniker André Michaux brachte anläßlich seines Besuches im Jahr 1786 vier Exemplare der Camellia japonica nach Middleton Place. Diese ursprünglich in Japan beheimateten Pflanzen wurden im vorderen Parterre ausgesetzt und gehörten zu den ersten auf amerikanischem Boden gepflanzten Kamelien. Eine davon ist bis heute erhalten und blüht jedes Jahr aufs neue.

S.G.M.

Blick auf das Wohnhaus.

Die Rasenfläche fällt in Terrassen zum See ab.

Der Azaleenhügel und die Halbmondbrücke.

1741 Henry Middleton läßt den Garten anlegen.

1786 Der französische Botaniker André Michaux besucht Middleton und pflanzt vier Kamelienpflanzen, die zu den ersten in Amerika gehören.

1865 Während des Bürgerkrieges zerstören die Unionstruppen das Hauptgebäude und verwüsten den Garten.

Um 1870 Williams Middleton pflanzt einige der ersten Azalea indica auf amerikanischem Boden.

1925 J. J. Pringle Smith und seine Frau, Heningham Ellett Smith, erben Middleton Place und beginnen mit der Restaurierung der Gärten.

1941 Der Garden Club of America verleiht Middleton Place die Bulkley Medaille und erklärt die Anlage zum „interessantesten und wichtigsten Garten in Amerika".

1974 Die Middleton Place Foundation wird ins Leben gerufen.

1991 Das International Committee on Monuments and Sites führt Middleton Place als einen der sechs amerikanischen Gärten von internationaler Bedeutung.

Stourhead

WILTSHIRE, ENGLAND

Das Pantheon.

„Eine der malerischsten Szenerien auf der ganzen Welt."

Horace Walpole über die Aussicht vom Apollotempel.

Stourhead in Wiltshire zeigt sich zwar heute in weitgehend veränderter Bepflanzung, die Strukturen, die ihm sein Besitzer Henry Hoare II. in den Jahren 1744–1780 gab, sind jedoch im wesentlichen erhalten. In seinem ursprünglichen Entwurf verfolgte Hoare die Komposition einer Antikenlandschaft, wie sie die Bilder von Claude Lorrain und Gaspard Dughet zeigen; die Anregungen dazu hatte er während seiner dreijährigen kontinentalen Bildungsreise aufgenommen, bei der er sich vor allem in Italien aufhielt. Bäche und kleine Weiher mußten angestaut werden, um den See zu bilden, der dem Besucher bei seiner Umrundung stets wechselnde Ansichten bot. Um den See wurden den antiken römischen Originalen nachempfundene Staffagebauten plaziert, etwa das Pantheon und der Apollotempel. Hoare wollte eine antike Szenerie evozieren, er meinte, eine bestimmte Ansicht sollte ein „charmantes Gaspard-Gemälde" bilden. Die dominante Kirche und das 1764 errichtete Bristol Cross stellten jedoch den Bezug zum Christentum wieder her.

Der Rundgang läßt sich auch nach Vergil interpretieren. Das erste Gebäude, der Floratempel, trägt eine Inschrift aus dem VI. Buch der *Aeneis*: „Bleibt fern, bleibt ja fern, Uneingeweihte." Diese Warnung ist der eigentliche Schlüssel, da der Rundgang Aeneas' Reise und die Gründung Roms in Vergils Epos spiegelt. Die Grotte repräsentiert die Unterwelt; Hoare zitierte Vergil auch seiner Tochter gegenüber: „[...] leicht ist der Abstieg [...], aber den Schritt zurückzulenken [...], das ist wahrhaftig ein hartes Stück Arbeit." Ein sanfter Abhang führt zur Grotte hinab, während sich am hinteren Ende steile Stufen finden. Die Figur des Flußgottes, der den Weg über die Stufen nach oben weist, ist einem Kupferstich entnommen, in dem der Gott des Tiber Aeneas den Weg weist. Nach Verlassen der Grotte gelangt man zum Pantheon, ein Hinweis, daß Aeneas Rom erreicht hat. Im Zentrum des Tempels steht eine Herkulesstatue, ein Symbol für physische Kraft und moralische Stärke, das in Gärten häufig anzutreffen war. Als zweites Thema mag jenes von Herkules am Scheideweg mitklingen, ein populäres Sujet der Renaissance, das auch auf einem der Gemälde aus Hoares Sammlung dargestellt ist. Herkules muß sich zwischen dem steilen Pfad der Tugend und dem bequemen Weg zu Vergnügen und Laster entscheiden, und im weiteren Verlauf des Rundganges hat auch der Besucher die Wahl zwischen dem steilen Zickzack des Aufstiegs zum Apollotempel oder dem sanften Abstieg, der zum See zurückführt.

In späteren Jahren reagierte Hoare auf die aktuelle Gartenmode und integrierte etwas abseits des Rundganges eklektische Motive wie einen Chinesischen Schirm, ein Türkisches Zelt, eine ländliche Ermitage und einen großen „mittelalterlichen" Turm.

Stourhead mit seiner überwältigenden Schönheit und seinem Assoziationsreichtum war sowohl in England wie auf dem europäischen Kontinent von großem Einfluß. Viele Motive wurden in anderen Gärten, etwa in Wörlitz, aufgegriffen. Stourhead zieht bis heute zahlreiche Besucher an und bietet Gartenarchitekten Anregung für ihre Entwürfe. *M.S.*

1744	Beginn der eigentlichen Arbeiten am Garten.
1785	Henry Hoare II. stirbt, Sir Richard Colt Hoare wird sein Nachfolger.
1838–1894	Viele neue Baumsorten werden gesetzt.
1894–1938	Weitere Anpflanzungen, besonders von Azaleen und Rhododendren.
1946	Stourhead wird in den National Trust übergeführt.

Der Flußgott in der Grotte.

Der Floratempel.

Park Sanssouci

POTSDAM, DEUTSCHLAND

„Quand je serai là, je serai sans souci!"
(Wenn ich erst dort bin, werde ich ohne Sorge sein.)

Friedrich II., König von Preußen.

Das wichtigste gartenkünstlerische Vermächtnis des preußischen Königs Friedrich II. ist der heute 287 Hektar große Park Sanssouci, ein einzigartiges Ensemble aus Gärten, Schloßanlagen und Gartengebäuden.

Als Friedrich II. 1744 mit den Arbeiten am Garten begann, stand er damit in der Tradition seiner Vorfahren, denn schon der brandenburgische Kurfürst Friedrich Wilhelm (1620–1688) hatte Potsdam Mitte des 17. Jahrhunderts zu seinem zweiten Regierungssitz erkoren. Den Mittelpunkt der Anlage bildet das Schloß mit dem programmatischen Namen Sanssouci über den sechs markanten Weinbergterrassen, der Sommerresidenz Friedrichs und Ausgangspunkt aller weiteren Parkgestaltungen in Potsdam. Friedrich trieb seit dem Frühjahr 1744 den Erwerb des „wüsten Berges" und der südlich davon gelegenen Partien zur Anlage eines Gartens mit terrassiertem Weinberg voran. Diese Konzeption war in der Gartengeschichte bis dahin beispiellos. Der in den folgenden drei Jahrzehnten entstandene, die Terrassen rahmende friderizianische Barockgarten dagegen orientierte sich an Elementen französischer und holländischer Gartentradition. Den nördlichen Abschluß der Anlage bildete der von römischen Ruinen und einem großen Wasserbassin bekrönte Ruinenberg. Neben Friedrich II. zeichnete vor allem Georg Wenceslaus von Knobelsdorff (1699–1753) für die Gestaltung verantwortlich.

Der eingeschossige Schloßbau mit zwei gestreckten Flügeln zu seiten eines mittleren oval vorschwingenden, überkuppelten Risalits bekrönt die sechs geschwungenen Terrassen, auf denen in verglasten Nischen Wein und Feigen wachsen. Eine großzügige Freitreppe in der Mittelachse führt in das zu Füßen des Bergabhangs liegende Hauptparterre des mittleren Lustgartenbezirks, in das ein von Marmorstatuen eingefaßtes Fontänenrondell eingefügt ist. Zwei sich kreuzende Hauptalleen erschließen den Garten. Die in ost-westlicher Richtung verlaufende Hauptachse nimmt ihren Anfang am ägyptisierenden Obelisken und

Einer der Gitterpavillons am Schloß.

1660 Friedrich Wilhelm, der „Große Kurfürst", wählt Potsdam neben Berlin zur zweiten Residenz. Beginn der Ausgestaltung der Potsdamer Parklandschaft.

1701 Ernennung Kurfürst Friedrich III. zum ersten preußischen König Friedrich I.

1740 Friedrich II. wird preußischer König.

1745–1747 Schloß und Park Sanssouci werden nach Vorgaben von Friedrich II. erbaut.

1786 Friedrich Wilhelm II., der Neffe Friedrich II., wird preußischer König (bis 1797), Anlage des Neuen Gartens und der Pfaueninsel.

1797 Friedrich Wilhelm III. wird preußischer König.

1816 Peter Joseph Lenné kommt nach Potsdam und wird zum wichtigsten Landschaftsgärtner der Potsdamer Parklandschaft.

1826 Beginn der Arbeiten am Landschaftsgarten Charlottenhof für den Kronprinzen Friedrich Wilhelm.

1833 Peter Joseph Lennés „Verschoenerungsplan der Umgebung von Potsdam".

1840 Friedrich Wilhelm IV. wird preußischer König (bis 1861), Ausbau und Vollendung der Potsdamer Parklandschaft.

1990 Aufnahme der Potsdamer und Berliner Gärten in die Liste des Weltkulturerbes.

Eibenbäumchen gliedern die Weinbergsterrassen.

endet in dem etwa zwei Kilometer entfernten Gebäudekomplex des 1763–1769 entstandenen Neuen Palais mit den Communs. Entlang dieser Mittelallee reihen sich aufeinanderfolgende Gartenareale wie Perlen an einer Kette, im östlichen Teil sind es regelmäßige Heckengärten mit Rondellen und Wasserbassins, während westlich des zentralen Parterres der Rehgarten liegt. Gegen Mitte der 1770er Jahre waren die Arbeiten am friderizianischen Garten abgeschlossen.

Zwischen 1818 und 1825 gestaltete der seit 1816 in Potsdam tätige Peter Joseph Lenné den Garten unter Wahrung der Ost-West-Achse und der prägenden Terrassen in einen englisch beeinflußten klassischen Landschaftsgarten um. Nach 1825 erhielt der Park eine bedeutende Erweiterung durch die Einbeziehung des Gutes Charlottenhof, das als Refugium für den Kronprinzen Friedrich Wilhelm (IV.) in genialer Zusammenarbeit von Lenné und dem Architekten Karl Friedrich Schinkel geschaffen wurde. Nach dem Regierungsantritt Friedrich Wilhelms IV. im Jahre 1840 begannen weitere Umgestaltungen des Parks, zunächst in der Umgebung des Weinbergschlosses, dann im Südosten durch den Komplex von Friedenskirche und Marlygarten sowie im Norden mit dem antikisierenden, nur teilweise ausgeführten Triumphstraßenprojekt auf dem Hügelzug des Schlosses Sanssouci. Ebenso entstanden nach Entwürfen Lennés zwischen 1857 und1860 der Sizilianische und der Nordische Garten. In den 1860er Jahren war das Ensemble zu einem vorläufigen Abschluß gelangt, auch wenn in der Kaiserzeit einige Veränderungen und Erweiterungen vorgenommen wurden, die das gewachsene Bild im Geiste der Zeit erweiterten. Seit 1990 gehört der Park von Sanssouci mit den benachbarten Potsdamer Gartenanlagen zur UNESCO-Liste des Weltkulturerbes.

A.K.

Johann David Schleuen d. Ä. (1711–1771), Ansicht von Sanssouci bei Potsdam, *1748, kolorierter Stich.*

Eine der Statuen, die den mittleren Parterrebrunnen rahmen.

Queluz

LISSABON, PORTUGAL

„Am Abend wurden die Wege von chinesischen Laternen beleuchtet, und die Palastfassade zum Garten hin erglühte durch Stücke von farbigem Glas und transparenten Bildern […].“

Portugiesischer Zeitungsbericht, 1793.

Oben links: Brunnen im Palastgarten.

Oben rechts: Buchsbaumhecken gliedern das Broderieparterre.

Oben Mitte: Azulejos.

Die Gärten des Palácio de Queluz, an der Straße von Lissabon nach Sintra, in der südportugiesischen Estremadura gelegen, zählen zu den prächtigsten des Landes. Die Palastanlage entstand zwischen 1746 und 1776 durch die Umwandlung eines an den fruchtbaren Ufern des Flusses Jamor gelegenen alten Jagdschlosses. Der neue Palast wurde bald zum ständigen Landsitz, in den man sich vom Lissabonner Hofleben zurückziehen konnte. Die heitere Fassade und der asymmetrische Grundriß bilden einen entspannten Kontrast zur Strenge etwa des 1735 vollendeten Klosters Mafra.

Die Gärten und die (früher polychrom gefaßten) Skulpturen entlang der Alleen sowie der Dekor der rosa schimmernden Fassade sind Entwürfe von Jean-Baptiste Robillon. Die kraftvollen Bleigußfiguren stammen von John Cheere (1709–1787), der auch die Figuren von Stourhead und Easton Neston schuf. Die Ikonographie wird von mythologischen Meereswesen beherrscht, obgleich der Drachenbrunnen und einige Steinaffen sowie eine Sphinx mit zeitgenössischer Halskrause eine fantastische Note anklingen lassen. Die üppigen Girlanden, Früchtekörbe und andere vegetabile Ornamente, die als Dekorprogramm Haus und Garten verbinden, dürften Don Pedros persönliche Vorlieben widerspiegeln, von denen auch die exotischen Pflanzen im botanischen Garten zeugen.

Palast und Garten sind durch eine Terrasse verbunden, die von Figurenbäumchen und Hecken aus Buchs und Eibe eingefaßt und mit Vasen akzentuiert ist. Der innere Garten – Jardim de Neptuno – verdankt seinen Namen dem Neptunbrunnen. Der Garten ist auch als Jardim Pênsil bekannt. Ein an diesen großen angrenzender kleinerer geometrischer Garten ist nach den Malteser Rittern Jardim de Malta genannt. Die elegant geschwungene Balustrade der majestätischen Doppeltreppe (Escaderia Robillon), welche die Terrasse mit dem unteren Garten verbindet, ist mit Voluten und Löwen geschmückt. Darunter liegt der nun trockene Canal Grande; seine Ufer sind mit gelben und blauen Rokoko-azulejos gesäumt.

Unter den berühmten Gästen von Queluz ist besonders der Gartenliebhaber und als Verfasser orientalisierender Romane bekannte William Beckford zu erwähnen. Bei seiner

1644 Der Infant Don Pedro (Don Pedro II.) erhält den Jagdsitz Queluz zum Geschenk.

1746–1752 Unter der Leitung von Mateus Vicente de Oliveira (1706–1786) erfolgt der erste und entscheidende Umbau.

1755 Der Holländer Geraldo José Van den Kolk entwirft die oberen Gärten.

1755 Die ersten von John Cheeres Bleifiguren werden in London gegossen. Beginn der Arbeiten am Canal Grande.

1756 Der ausgebildete Silberschmied Jean-Baptiste Robillon (?–1782) erhält den Auftrag, die unteren Gärten und den Park anzulegen.

1758–1763 Der Jardim de Malta wird gepflanzt.

1758–1764 Errichtung der Escaderia Robillon (bzw. Löwentreppe).

1760 Vermählung von Don Pedro und Dona Maria Francisca (der zukünftigen Dona Maria I.), aus Italien werden Marmorstatuen geliefert.

1762 Robillon vollendet die wesentlichen Teile des Gartens.

1765 Dem Jardim Pênsil werden die parterres de broderie hinzugefügt.

1769 Gründung des botanischen Gartens.

1775/76 Manuel da Costa Rosados Canal Grande wird mit azulejos ausgekleidet.

Fonte do Dragão (Drachenbrunnen).

Ankunft am 14. Juni 1794 wurde er nicht gebührend empfangen und zog sich bekümmert zurück, in Gemächer, die „ziemlich schäbig [und so] kahl waren wie eine englische Dorfkirche und nicht viel weniger düster". Doch bald erhellte sich sein Gemüt, als ihm gestattet wurde, im Garten zu wandeln und „die seltsamen Vögel und Blumen zu sehen, die jüngst aus Brasilien gesandt wurden. […] Wasserfälle und Kaskaden waren im vollen Spiel: Tausend launige Wasserstrahlen benetzten die üppigen Lorbeer- und Zitronenbäume und trugen deren Duft mit sich fort, wie dies dem Wasser bei solcher Gelegenheit wohl ansteht."

Der Palast diente während der diktatorischen Herrschaft des Premierministers Marquês de Pombal als Refugium und war von 1794–1807 königliche Residenz. Dann zwangen die napoleonischen Truppen die regierende Dynastie ins brasilianische Exil. Der Palast wurde aufgegeben und auch nach der Rückkehr der Monarchen im Jahr 1821 kaum mehr bewohnt.

D.R.

Yi He Yuan, „Neuer" Sommerpalast

PEKING, CHINA

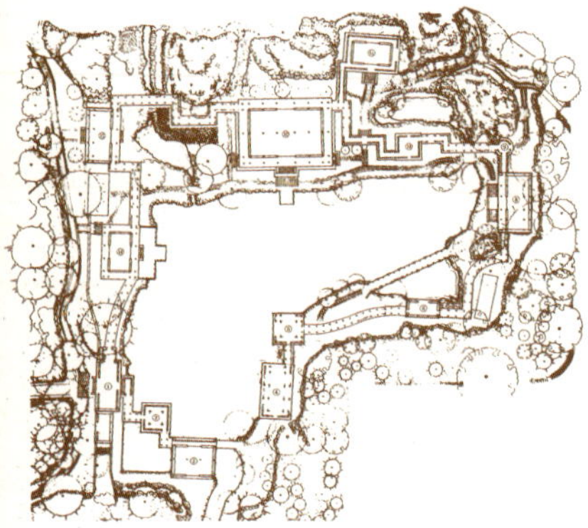

Der Garten des harmonischen Reizes, Darstellung von Osten. Er bildet einen kleinen Garten innerhalb der Gesamtanlage.

„Wo sonst in ganz Yan-shan ist der Geist so frei? Unvergleichlicher Anblick, der Wind und der Mond über dem See Kunming [...]".

Kaiser Qian Long, um 1750.

Der Yi He Yuan (Garten der Bewahrung der Harmonie) erstreckt sich über eine Fläche von 290 Hektar. Den überwiegenden Teil nimmt der ausgedehnte Kunming Hu (Große helle See) ein, an dessen Nordufer sich der Wan Shou Shan (Hügel des langen Lebens) erhebt.

Im wesentlichen wurde der Garten in den Jahren 1749–1764 geplant und angelegt. Bauherr war der Kaiser Quian Long. Die von ihm Quing Yi Yuan (Garten der klaren Wasserkräuselung) genannte Anlage bestand bis zum Jahr 1860, als sie von britischen und französischen Truppen geplündert und zerstört wurde. Es war ein Glücksfall, daß die Kaiserinwitwe Ci Xi ihre Sommer mit Vorliebe nahe der Verbotenen Stadt verbrachte und einen Teil des kaiserlichen Gartens wiederherstellen ließ, den sie in Yi He Yuan umbenannte.

Ci Xi residierte von der Zeit der Magnolienblüte im Frühjahr bis zum Welken der Chrysanthemen im Herbst in Yi He Yuan. Der Garten bot nicht nur angenehmen Schutz vor der Sommerhitze, sondern auch zahlreiche Möglichkeiten zur Unterhaltung des kaiserlichen Hofes. Damals wie heute brachten Drachenboote die Gartenbesucher hinaus auf den See, wo man den beeindruckenden Anblick der siebzehnbogigen Brücke, die das Wasser vom Ostufer bis zur Insel des Drachenkönigs überspannt, genießen kann. Der Hügel des langen Lebens war mit einem Meer blühender Bäume bedeckt und in kleine, intime Gärten gegliedert. Der Garten des harmonischen Reizes wurde 1811 an der Stelle eines für Kaiser Quian Long entworfenen älteren Gartens errichtet. In der Mitte liegt ein Teich, der von einem überdachten Korridor umgeben ist. Die „Fische-erkennen-Brücke" verweist wie so viele andere Motive der Gärten auf einen literarischen Bezug. Zu den Einrichtungen, die der Belustigung der Hofgesellschaft dienten, zählte eine Suzhou-Bucht genannte Replik des an einem Kanal von Suzhou gelegenen Marktes, auf dem der Kaiser Quian Long und seine Höflinge das Markttreiben nachstellen konnten.

Ein bekanntes Bauwerk ist der Bemalte Korridor, der sich über 728 Meter entlang der Nordküste von Kunming erstreckt; das Original wurde 1750 errichtet. Die Querbalken des Korridors sind mit Szenen aus der klassischen chinesischen Literatur und aus Volksmärchen bemalt. Am Westende des Ganges liegt das berühmte „Marmorboot". Nach der Zerstörung des originalen chinesischen Boots ließ Ci Xi es 1893 in Form eines westlichen Raddampfers ersetzen. Die Ikonographie des Bootes tauchte auch in anderen Gärten auf und war eine Anspielung auf die gefestigte Position und Macht des Besitzers.

Trotz Kriegswirren in früherer Zeit und Gefährdung der Denkmäler durch den großen Besucherandrang heute, zeigt sich der Garten noch immer als ein Meisterwerk. Die UNESCO beurteilt ihn als „außergewöhnlichen Ausdruck der schöpferischen Kunst des chinesischen Landschaftsgartenstils, der die Werke des Menschen und die Natur in einem harmonischen Ganzen verbindet" (1998).

J.R.

1153 Einer der Jin-Kaiser legt an diesem Ort eine vorübergehend genutzte Residenz an.

1368–1644 Unter den Ming-Herrschern wird eine Residenz errichtet.

1749 Der Kaiser Qian Long läßt den nun Kunming Hu genannten See vergrößern.

1750 Errichtung des Bemalten Korridors am Nordufer.

1764 Die großen kaiserlichen Bauprojekte sind abgeschlossen.

1888 Restaurierung des Gartens.

1900 Zweite Zerstörung des Gartens.

1902 Erneuter Wiederaufbau.

1911 Die Qing-Dynastie wird gestürzt, Yi He Yuan bleibt im Besitz des letzten Kaisers Pu Yi.

1924 Yi He Yuan wird zum öffentlichen Park.

1949 Nach jahrelanger Verwahrlosung wird der Park restauriert.

1998 Yi He Yuan wird von der UNESCO zum Weltkulturerbe erklärt.

Vom Inneren der Gebäude bieten sich „gerahmte" Ausblicke in den Garten.

Blick vom Hügel des langen Lebens über den Kunming-See.

Garten des Meisters der Netze

SUZHOU, CHINA

„Wer einen Garten planzt, pflanzt Glück. Willst du ein Leben lang glücklich sein, pflanze einen Garten."

Chinesisches Sprichwort.

Filigrane Trennwände bilden den Rahmen für einen Blick in den Garten.

Oben Mitte: Die Mondtür eröffnet einen Ausblick in den nächsten Hof.

Oben rechts: Ein überdachter Gang verbindet die verschiedenen Gebäude und Gartenhöfe.

Suzhou ist seit langem wegen der Schönheit seiner Gelehrten-Gärten bekannt. Sie wurden häufig von Hofbeamten angelegt, die in Ungnade gefallen waren und ihr Leben nun zur Existenz eines gebildeten Einsiedlers stilisierten. Der Garten des Meisters der Netze (Wang Shi Yuan) mißt weniger als einen Hektar, und doch ist darin mehr zu finden als in zehn anderen Gärten. Die Anlage durchlief mehrere Zyklen von Verfall, Restaurierung und Umgestaltung, in denen sich die Geschicke der verschiedenen Eigentümer spiegelten.

Der Garten liegt westlich des Haupthauses; man betritt ihn von der Rückseite des Anwesens über einen Durchgang, dessen auffallendste Zierde die dekorative Kieselpflasterung ist. Ein charakteristisches Merkmal chinesischer Gärten ist die Oberflächengestaltung mit Stein und ornamentalen Einlegearbeiten aus Kieselsteinen und Keramikscherben, die sich zu stilisierten Mustern oder Bildern formieren. Nach dem Eingangskorridor passiert der Besucher eine Reihe von Gebäuden, Gängen und Gartenhöfen.

Die Wohngebäude sind eng mit den Gärten verbunden, deren Anblick von den geschnitzten Gittern an Tür- und Fensteröffnungen gerahmt wird. Der Blick in einen der ersten Gartenhöfe zeigt ihre charakteristischen Motive: Felsen, die wegen ihrer einzigartigen Formen sehr beliebt waren, kunstvolle Kiesel- und Flieseneinlegearbeiten und sparsam eingesetzte Vegetation, die sich von den anderen Elementen abheben soll, ohne von ihnen abzulenken. Die Verwendung von Pflanzen in diesem Garten ist typisch für die chinesische Tradition: Trotz einer Fülle einheimischer Sorten bedient man sich einer eingeschränkten Auswahl, die Pflanzen werden wegen ihrer Symbolbezüge ausgesucht. So steht zum Beispiel der Bambus für unerschütterliche Lauterkeit, da er sich im Wind neigt, aber nicht bricht.

1140 Shi Zhengzhi entwirft den ursprünglichen Garten Yu Yin (Fisch-Schatten).

1760 Der Garten wird von Song Zenghuan umgestaltet und in Wang Shi (Meister der Netze) umbenannt.

Um 1940 Restaurierung durch die Familie Wang.

Um 1950 Einige Anbauten kommen hinzu.

1958 Die Stadt Suzhou übernimmt den Besitz.

1980 Das „Später Frühling"-Atelier dient als Modell für den Astor Court Garden des Metropolitan Museum of Art, New York.

1982 Die Anlage wird von der chinesischen Regierung zum Kulturerbe von nationaler Bedeutung erklärt.

1990 Beginn der nächtlichen Besichtigungstouren.

Der Pavillon „Der Mond geht unter und der Wind erhebt sich" im Zentrum des Gartens.

Das Spiel der Schatten verleiht den chinesischen Gärten einen zusätzlichen Reiz.

Der Teich im Zentrum des Gartens wird von Gebäuden eingefaßt, darunter ein Pavillon mit steil nach oben gerichteten Dachtraufen. Der Name des Pavillons – „Der Mond geht unter und der Wind erhebt sich" – sowie das „Gänsehals"-Geländer, an das man sich anlehnen kann, geben dem Besucher einen Hinweis, daß er des Nachts hier sitzen kann, um die Spiegelung des Mondes und die Kräuselung der Wasserfläche durch den Wind zu beobachten. Ein überdachter Korridor verbindet den Pavillon mit anderen Gebäuden. Eine gekalkte Wand dieses Korridors ist von Fenstern durchbrochen, die Blicke in den angrenzenden Hof ermöglichen. Die Verwendung von Ausblicken aus Fenstern und Türen in oft sehr kleinen Landschaftsgärten zwischen den Gebäuden erlaubt es dem Architekten, den Garten komplex und interessant zu gestalten und dadurch den Betrachter die Anlage so erleben zu lassen, als befände er sich in einem viel größeren Garten.

Im Haus und Garten von Wang Shi führt der schrittweise Übergang von der geschäftigen Straße ins Garteninnere den Besucher weg von der Stadt jenseits der Gartenmauern und hinein in die Ruhe der Natur – ein Rückzug, den auch die Eigentümer dieser Gärten zu schätzen wußten, um der Politik des kaiserlichen Hofes zu entkommen. *J.R.*

Royal Botanic Gardens, Kew

LONDON, ENGLAND

Ganz oben: Das Palmenhaus.

Oben links: Der Jasmingarten im Queen's Garden.

Oben rechts: Die Pagode.

„Die Gärten in Kew sind nicht sehr groß. Auch ihre Lage ist keineswegs günstig […], doch fürstliche Großherzigkeit unter der Anleitung eines Direktors, der in Bearbeitung des Bodens ebenso beschlagen war wie in den schönen Künsten, überwand alle Schwierigkeiten. Was einst eine Wüstenei war, ist heute ein Eden."

William Chambers, *The Garden and Buildings at Kew in Surry*, London 1763.

Der erste Garten an der Stelle des königlichen botanischen Gartens von Kew wurde von William Turner, dem „Vater der englischen Botanik", für die Schwester Heinrichs VIII. angelegt. Ein Echo der Tudorzeit findet sich noch im als sunken garden gestalteten Jasmingarten. Die Entwicklung Kews vom Palastgarten zum botanischen Zentrum von Weltgeltung ist einer langen Reihe von Monarchen, Pflanzensammlern und Pflanzenillustratoren zu verdanken.

Im Jahr 1759 ließ Prinzessin Augusta (die Mutter Georges III.) einen dreieinhalb Hektar großen botanischen Garten anlegen und beauftragte Sir William Chambers (1723–1796), eine neunstöckige oktogonale Pagode sowie Tempel und Staffagebauten zu entwerfen. Als George III. das angrenzende Grundstück erbte, etablierte er Kew Gardens und ernannte Joseph Banks (1743–1820) zum ersten Direktor. Lancelot Capability Brown (1716–1783) zog die Miliz von Staffordshire heran, um das Rhododendrental und den Bambusgarten ausheben zu lassen. Damals wie heute werden die Pflanzenbeete in der offenen Parklandschaft um die botanischen Einrichtungen systematisch angelegt.

1841 wurden die über 80 Hektar großen (und bis 1846 auf 121 Hektar erweiterten) Kew Gardens, von denen ein Teil öffentlich zugänglich war, dem Staat überlassen. Decimus Burton und Richard Turner (ca. 1798–1881) entwarfen das kurvilinear geschwungene Palmenhaus (es wurde 1984–1989 vollständig restauriert) inmitten der von William Andrews Nesfield (1793–1881) angelegten Rosengärten und Parterres. Burton entwarf auch den Lustgarten, die Tore und das Economic Botany Museum, das als erstes auf der Welt der praktischen Verwendung von Pflanzen gewidmet war. Sein Temperate House, ein Gewächshaus für Pflanzen des gemäßigten Klimas, wurde 1860 begonnen, stufenweise bis 1899 ausgebaut und 1978–1982 restauriert. 1852 schuf Turner das Waterlily House (1992 restauriert und wiedereröffnet). Im Jahr 1876 gründete Sir Joseph Hooker (1817–1911) das Jodrell Labor (1965 wiedererrichtet, 1993 bedeutend erweitert); 1882 konzipierte er den Rock Garden, der als Steingarten stilbildend war; im selben Jahr reorganisierte Hooker das Arboretum. Queen Charlotte's Cottage war ein hervorragendes Beispiel für einen „wilden Garten"

Ansicht des Gartens mit See, Orangerie und Äolustempel. Nicht signierter Stich aus Plans et Jardins, *um 1774.*

1728 Königin Caroline kauft das Dutch House (Kew Palace).

1759 Prinzessin Augusta reserviert dreieinhalb Hektar für einen botanischen Garten.

1761/62 Chambers entwirft zahlreiche Architekturelemente.

1772 George III. gründet Kew Gardens; er beruft Joseph Banks auf den Ehrenposten des Direktors.

1841 Teilweise Öffnung für das Publikum. Sir William Jackson Hooker (1785–1865) wird zum Direktor ernannt.

1844–1848 Bau des Palmenhauses.

1865 Sir Joseph Banks wird Direktor; er verhindert, daß Kew in einen Lustgarten umgewandelt wird und bewahrt damit den wissenschaftlichen Status.

1903 Gerald Loder erwirbt Wakehurst Palace in Sussex.

1963 Wakehurst wird dem National Trust vermacht, der es an die Royal Botanic Gardens von Kew verpachtet.

1987, Kew Das Duchess of Wales Conservatory wird errichtet.

August 1995 – Oktober 1996, Kew Um das Chokushi Mon-Tor wird ein japanischer Garten angelegt.

1996, Kew Das Evolution House wird errichtet.

Der Tempel des Äolus von William Chambers.

im Stil von Arts and Crafts. Das japanische Eingangstor, Chokushi Mon, gelangte im Anschluß an die anglo-japanische Ausstellung von 1910 nach Kew, 1995/96 wurde eine japanische „See und Insel"-Landschaft angelegt.

In den achtziger und neunziger Jahren des 20. Jahrhunderts eröffnete man das Alpine House, das spektakuläre Princess of Wales Conservatory mit zehn Klimazonen sowie das Evolution House. Chambers Orangerie dient heute als Restaurant.

Im Jahr 1903 erwarb Gerald Loder Wakehurst Palace in Sussex von der Familie Culpeper und erweiterte die Gärten, um darin Sammlungen von Pflanzen aus Ostasien, Südamerika und Neuseeland zu präsentieren. Die Exemplare sind heute nach ihrer geographischen Herkunft geordnet. Entlang des dreieinhalb Kilometer langen Weges durch das Areal sieht man Wassergärten, ein Himalaya-Sumpfland und die einheimischen Wealden Woods sowie das asiatische Heideland des Tony Schilling Asian Heath Garden.

Die Schönheit der Gärten von Kew und Wakehurst Place ist nicht nur mit dem Auge erfahrbar. Sie sind die Auslagen der mit 40 000 verschiedenen Sorten weltweit größten und vielfältigsten Sammlung lebender Pflanzen.

C.H.

Schloß Wörlitz

WÖRLITZ, DEUTSCHLAND

„Wanderer, achte Natur und Kunst und schaue ihre Werke."

Inschrift im Schochschen Garten.

Die Rousseau-Insel.

Der Park, den der Fürst Franz von Anhalt-Dessau in Wörlitz schuf, ist der früheste Landschaftsgarten Deutschlands. Der Gartentheoretiker Hirschfeld zählte ihn schon in seiner Entstehungszeit zu den „edelsten Anlagen in Deutschland". Den Ruf, einer der vollkommensten Landschaftsgärten außerhalb Englands zu sein, hat er sich bis heute bewahrt.

Von Reisen nach Italien und England zurückgekehrt, beschließt Fürst Franz 1764, einen von den neuesten Entwicklungen in England inspirierten Landschaftsgarten anzulegen. Die erste Gartenanlage wird von Elbehochwassern verwüstet. Nach der Schaffung eines Deichsystems kann mit der systematischen Anlage der Gärten begonnen werden. Grundlage der Gestaltung sind die von Alexander Pope geforderten Prinzipien: Kontrast, Überraschung und das Verschleiern der Grenzen des Gartens. Italienische Gärten sind die zweite wichtige Inspirationsquelle der Wörlitzer Anlagen.

Die Gartenanlage läßt sich in fünf Bereiche einteilen. Die Gartenteile sind um einen See angeordnet, der sich an seinen beiden Enden in jeweils zwei Hauptarme aufteilt und durch Kanäle mit kleineren Teichen verbunden ist. Somit konnte fast der gesamte Gartenbereich auch von einem Boot aus besichtigt werden. Der Park war von Anbeginn auch für die Öffentlichkeit zugänglich, auf Parktore und Abgrenzungen wurde verzichtet.

Der „Garten diesseits des Sees" bezeichnet die Gärten, die sich um das Schloß gruppieren. Hier findet man die einzigen symmetrischen Gartenelemente: Im Barock angelegte Baumreihen rahmen das Schloß auf beiden Seiten. Das Schloß befindet sich nicht mehr, wie im Barock üblich, im Zentrum des Gartens, sondern am Rande in direkter Nachbarschaft zum Dorfe Wörlitz.

Der nordwestlich vom Schloß gelegene Neumarkische Garten besteht aus mehreren Bereichen. An einem Kanal liegt der sogenannte „Eisenhart", eine Terrasse, auf der sich zwei von Erdmannsdorff errichtete Pavillons befinden. In einem ist eine Bibliothek mit Gartenliteratur untergebracht, im anderen die Sammlung der Naturforscher Vater und Sohn

Das Gotische Haus (1773).

Blick von der Goldenen Urne am Elbkanal auf die Synagoge, das Schloß und den „Wahrnungsaltar", der an den Schutz von Natur und Kunst gemahnt.

Zeitgenössische Darstellung des „Vesuvausbruchs" auf dem „Stein".

Forster mit Exponaten aus der Südsee. Ein „Belt-Walk" umschließt die Insel und führt zu den verschiedenen Attraktionen: zum Labyrinth und zum Elysium. Die „Rousseau-Insel", sie erinnert an Rousseaus Grab in Ermenonville, befindet sich im nördlichen Teil des Gartens.

Der „Schochsche Garten", ein von zahlreichen Kanälen durchzogenes Gelände, erstreckt sich längs des großen Sees. Das Zentrum des Gartens bildet das „Gotische Haus". Es ist das früheste Beispiel der Neugotik in Deutschland. Ein Nymphäum, der Tempel der Venus und andere Architekturen bestimmen das Bild dieser Gartenregion.

Der „Garten auf dem Weidenheger" und die „Neue Anlage" sind später entstanden und beziehen Felder und Weiden in ihr Konzept der gestalteten Landschaft ein. Ein Pantheon mit ägyptischer Grotte und der „Stein" gegenüber der „Grotte der Egyra" sind die Höhepunkte dieser Gartenbereiche. Der „Stein", eine verkleinerte Nachbildung des Vesuvs und die „Villa Hamilton", ebenfalls eine Nachbildung des neapolitanischen Originals, wurden zur Erinnerung an den Italienaufenthalt des Fürsten errichtet. Von einem Amphitheater aus konnte man den Ausbruch des Vesuvs beobachten. Glassplitter imitierten Lava, eine Kammer im Inneren des Berges produzierte Feuer und Rauch. Italienische Pyramidenpappeln rundeten das neapolitanische Landschaftsbild ab. *A.G.*

1763/64 Reise des Fürsten Leopold Friedrich Franz von Anhalt-Dessau nach England.

1764 Erste Gartenanlage durch Hofgärtner Johann Friedrich Eyserbeck.

1765–1767 Grand Tour des Fürsten nach Italien, Frankreich und England.

1769–1773 Neubau des frühklassizistischen Schlosses nach Plänen von Erdmannsdorff.

1770/71 Zerstörung des Gartens durch Elbehochwasser.

1772–1817 Neuanlage der Gärten durch J. F. Eyserbeck und J. G. Schoch.

1772 Anlage von Neumarks Garten.

1773 Anlage des Schochschen Gartens.

1773/74 Gotisches Haus.

1781 Garten auf dem Weidenheger.

1782 Rousseau-Insel.

1787 Anlage des Neuen Gartens.

1788–1794 Der Stein.

Ermenonville OISE, FRANKREICH

„Nimm, was die Natur bietet, lerne ohne das auszukommen, was sie verwehrt, und mache dir besonders das Schlichte ihrer Vollkommenheit zu eigen."

Louis-René Marquis de Girardin.

Oben: Blick in den Park mit Mayers Grabmal, Tempel der Philosophen und Rousseau-Insel. Unten: Blick durch einen Torbogen.

Louis-René Marquis de Girardin (1735–1808) war ein weitgereister Connaisseur, der mit William Kent und der englischen Landschaftskunst ebenso vertraut war wie mit den Gemälden von Boucher und Watteau. Zwischen 1766 und 1776 beschäftigte er einen schottischen Landschaftsarchitekten und 200 Gärtner, um in Ermenonville ein bukolisches Paradies zu schaffen. Seine Anregungen bezog er von Rousseaus Traumgarten in *La Nouvelle Héloïse* (1761), der Antithese zu Versailles. Entsprechend der ursprünglichen Intention sollte Ermenonville eher fröhliche als besinnliche Atmosphäre ausstrahlen; als sentimentale Landschaft sollte es den Bauern der angrenzenden Dörfer fruchtbares Ackerland bieten, das sich nahtlos in einen jardin paysager einfügt.

Der Architekt J.-M. Morel wurde beauftragt, aus dem Park ein Arkadien zu schaffen – einen jardin anglais mit fabriques (Staffagebauten), Sitzbänken und Wegen. Die angrenzende Wildnis (désert), die heute zur Abbaye de Chaalis gehört, wurde im Sinne des jardin anglo-chinois als ungestaltetes Gelände belassen, in dem der Besucher die unberührte Natur erleben konnte. Der pittoreske Fluß Launette plätschert durch den Park; etliche rustikale Brücken überspannen ihn und erlauben den Besuchern, sich frei in der Landschaft zu bewegen. Der Buchenkreis war ein beliebter Treffpunkt der Dorfjugend von Ermenonville, hier wurde im arkadischen Hain musiziert und getanzt. Girardin schuf auch eine bocage mit dem Brunnen der Liebenden, einer Grotte und einem den Freuden und den Musen gewidmeten Tempel. In der Nähe lagen der Bogenschießstand und ein bowling green. Die Staffagebauten wurden während der französischen Revolution zerstört, die Buchen durch einen Sturm im Jahr 1818.

Der Besucher konnte im Wald zum bewußt unvollendeten klassischen Tempel der Philosophen emporsteigen, der Montaigne geweiht war. Descartes, Newton, Penn, Montesquieu, Voltaire und Rousseau war je eine Säule gewidmet. Das nicht verbaute Material, das nach Girardin „hier liegt, wird einige Jahrhunderte lang bleiben; denn es ist viel leichter, einen Sitz in der Académie zu erringen, als sich eine Säule in Ermenonville zu verdienen." Unterhalb des Bächleins steht der kleine den Träumen gewidmete Altar, dem ursprünglich eine moosbedeckte Bank zugeordnet war (wie die Wildnis war auch das Moos von der chinesischen Wertschätzung der unberührten Natur inspiriert).

Rousseau kam am 20. Mai 1778 nach Ermenonville, um botanische Studien zu betreiben. Er war entzückt von den Gärten und verlängerte seinen Aufenthalt, bis er am 2. Juli überraschend starb. Ermenonville, der gestaltgewordene Traumgarten aus *La Nouvelle Héloïse*, wurde zu seinem Grabmal. Das ihm gewidmete Mausoleum auf der Pappelinsel erinnert an den antiken Mythos des ewigen Vergessens.

Nach Rousseaus Tod ließ Girardin neue fabriques als Orte der Ruhe und inneren Einkehr errichten. Der von Rousseau gepriesenen Mutterliebe waren Tisch und Bank der Mütter (La Table et Le Banc des Mères) gewidmet. Zwischen 1777 und seinem Tod im Jahr 1779 lebte und malte Georges-Frédéric Mayer in Ermenonville. Sein Grabmal wurde am Rande der Prairie Arcadienne in Sichtweite von Rousseaus Grab errichtet. Le Banc de la Reine erinnert an den Besuch Marie Antoinettes im Jahre 1780, als im nahen Chantilly gerade der Hameau fertiggestellt war, der auch in Versailles Nachahmung finden sollte. *C.H.*

1762 Louis-René Girardin erbt den 850 Hektar großen Besitz Ermenonville.

1766 Girardin läßt die geometrischen Gärten umgestalten und bezieht die umgebende Landschaft ein.

1777 Girardin publiziert *De la composition des paysages sur le terrain ou du moyen d'embellir la nature autour des habitations en joignant l'agréable à l'utile*.

1778 Besuch und Tod Rousseaus.

14. Juni 1780 Louis XVI. und Marie Antoinette besuchen Ermenonville, um Rousseau ihre Ehre zu erweisen.

1793 Während der Französischen Revolution werden Girardin und seine Familie eingekerkert, die fabriques werden vandalisiert.

1874 Prinz Constantine Radziwill kauft und restauriert Ermenonville.

1938 Ermenonville wird vom Touring Club de France unter Schutz gestellt.

1984 Das Anwesen wird vom Conseil Général de l'Oise erworben.

Die Pappelinsel mit Rousseaus Grabmal.

Monticello

VIRGINIA, USA

„Das Auspflanzen gehört zu meinen großen Vergnügungen, sogar von jenen Dingen, die nur der Nachwelt zugute kommen, hat doch ein Siebzigjähriger kein Recht, auf etwas anderes zu zählen als auf einjährige Pflanzen."

Thomas Jefferson, *Letters & Garden Book.*

Blick auf die Anlage von Monticello.

Die Rabatten des Blumengartens zeigen eine Mischung aus Perennen und Frühlingsblumen.

1764 Thomas Jefferson erbt den Landsitz im Virginia Piedmont von seinem Vater.

1769 Jefferson erwähnt in seinen Tagebüchern erstmals den Namen „Monticello".

1771 Erste Entwürfe zur Gartengestaltung.

Außenansicht von Monticello. Aquarell, Blérancourt, Musée National de la Coopération Franco-Americaine.

Die von Thomas Jefferson (1743–1826) entworfenen Gärten und Landschaften von Monticello wirkten revolutionär. Neben seiner umfangreichen Korrespondenz zu allen möglichen Gartenthemen ist es vor allem sein *Garden Book*, ein Tagebuch, in dem er fast sechzig Jahre lang seine gärtnerischen Aktivitäten aufzeichnete, das die Komplexität seines Denkens und die Bandbreite seines botanischen Wissens und Interesses deutlich macht. Bereits 1771 begann er die Landschaft um Monticello zu prägen, indem er Wälder lichten, ausgeklügelte Straßensysteme anlegen und Sträucher anpflanzen ließ.

In einem Brief an William Hamilton schrieb Jefferson 1806, für die Engländer bestünde „die Leinwand aus offenem Terrain, das mit geschmackvoll verteilten Baumgruppen belebt würde [...] Doch unter der strahlenden, beständigen und fast vertikalen Sonne Virginias ist der Schatten unser Elysium." So bevorzugte Jefferson Bäume „von hochragendstem Wuchs", die dann unten ausgeholzt wurden, um den Eindruck von offenem Terrain zu erwecken, während die hohen Äste Schatten spendeten. Außerdem wurden immergrüne Buschgruppen und Blütenstauden angepflanzt, die Steine sowie Baumstrünke wurden belassen.

Im Jahr 1807 bereitete Jefferson seinen Rückzug aus dem Präsidentenamt vor und machte sich daran, den endgültigen Entwurf für die Blumengärten von Monticello auszuarbeiten. Er begann mit zwanzig runden und ovalen Beeten, die in den Ecken und „Winkeln" an der Ost- und Westfront des Hauses plaziert sein sollten. Bald befand er jedoch, daß diese mit einer merkwürdigen Mischung aus Knollengewächsen, Perennen und einheimischen Wildblumen bepflanzten Beete zu klein wären, um die vielen Pflanzensorten aufzunehmen, die er züchten wollte. Die Ziergärten wurden um den gesamten planierten Westrasen vergrößert, um den sich ein beiderseits von schmalen Blumenrabatten gesäumter Weg schlängelte. Im Jahr 1812 unterteilte Jefferson die flankierenden Rabatten in Kompartimente von etwa 3 Meter Länge, die mit einer einzigen Sorte bepflanzt wurden, um so größere Präzision zu erreichen.

Für Jeffersons weitläufigen Gemüsegarten wurde das Gelände auf dem südöstlichen Hang des Hügels abgegraben, nivelliert und in drei abfallenden Terrassen angelegt. Auf der gesamten Länge von über 300 Metern wird der Garten von einer stellenweise über dreieinhalb Meter hohen Mauer gestützt, auf der in der Mitte des Gartens ein Pavillon aufragt. Diesem Garten – er enthielt Dutzende Gemüsesorten – widmete Jefferson in seinen späteren Lebensjahren nahezu seine ganze Aufmerksamkeit. Doch selbst in der Anlage des Küchengartens läßt sich sein Sinn für die ästhetische Anordnung ablesen: Reihen von weißen und violetten Auberginen sowie von grünem und violettem Sprossenbroccoli kombiniert er mit einem ganzen Quadrat von Tomatenpflanzen, die von Okra eingefaßt sind. Ein Laubengang von verschiedenfarbig blühenden Bohnen am äußeren Rand des Gartens spendet Schatten. *P.C.*

Rechts: Blick vom Küchengarten auf die große Fläche des Westrasens.

Arkadia

BEI WARSCHAU, POLEN

„J'ai fait l'Arcadie et j'y repose."
(Ich erschuf Arkadien und da ruhe ich.)

Inschrift auf dem Grab der Helena Radziwill auf der Insel Topolowa.

Die 80 Kilometer westlich von Warschau gelegene Gartenanlage Arkadia wurde von Szymon Zug für Helena Radziwill entworfen. Die 1778 begonnenen Arbeiten zogen sich über 20 Jahre hin und wurden im frühen 19. Jahrhundert von Henryk Ittar fortgesetzt. Ein Englandaufenthalt Zugs ist nicht dokumentiert, doch zählte er zu den leidenschaftlichen Verfechtern des Englischen Landschaftsgartens mit Staffagebauten, Seen und anderen charakteristischen Gestaltungselementen. Seine Schöpfung ging jedoch über eine Kopie der für die englischen Landhäuser typischen Tempellandschaften hinaus; sie entsprach ganz der persönlichen Vision Helena Radziwills. Der Rundgang war kunstvoll darauf hinkalkuliert, wechselnde Emotionen auszulösen, wobei den Schlüssel die Inschrift „Et in Arcadia ego" bildete – beide möglichen Interpretationen sind gleichermaßen von Wehmut und Trauer durchzogen: „Auch ich war einst in Arkadien" oder „Selbst in Arkadien gibt es mich (den Tod)". Der von Helena Radziwill selbst verfaßte Führer von 1800 beschreibt den Rundgang und seine intendierte Wirkung. Der zwischen den Hütten von Philemon und Baucis gelegene Eingang verhieß herzlichen Empfang und Gastfreundschaft mit der Brunneninschrift: „Man freut sich nur an dem, was man teilt." Als nächstes folgte die Insel der Darbringungen und Gefühle, wo den Tugenden der Liebe, Freundschaft, Hoffnung, Dankbarkeit und Erinnerung Altäre gewidmet waren. Anschließend führte der Weg zunächst in die Grotte der Sybille, von dort ins gotische Haus („das Sanktuarium des Unglücks und der Melancholie"), von einer klassischen Arkade – einem griechischen Triumphbogen, den Sieg über die Zeit darstellend – weiter zum Haus des Markgrafen und zum zentralen Bau, dem Tempel der Diana. Die Inschrift über dem zum See gelegenen Portikus lautete: „Wo ich Frieden finde von allen meinen Sorgen." Einrichtung und Wandmalerei des Tempelinneren waren im klassischen Stil gestaltet und enthielten Elemente der Freimaurerei (die Prinzessin gehörte einer Loge an, die weibliche Mitglieder aufnahm).

Der Weg setzte sich über eine Brücke fort, die als Ruine eines antiken Aquädukts gebildet war. Es folgte das heute verlorene Ritterzelt, ein Pan-Schrein, das Haus des Hohen Priesters (mit einer weiteren Inschrift „Die Hoffnung nährt den Trug, und das Leben entschwindet") und die Pappelinsel. Letztere ging auf Rousseaus Grabmal auf der Pappelinsel von Ermenonville zurück, von dem es eine auch Zug bekannte Kopie in Wörlitz gab. Auf der Insel befand sich das für die Prinzessin bestimmte Grab, das auf einer Seite die „Et in Arcadia ego"-Inschrift trug, auf der anderen das eingangs erwähnte Zitat „Ich erschuf Arkadien und da ruhe ich". Der Weg zum Ausgang führte durch ein antikes Amphitheater.

Helena Radziwill zeigte in der Anlage ihres Gartens ein vom Zeitgeist geprägtes Empfinden, die romantische Vorliebe für Emotionen und die Trauer über die Vergänglichkeit. Auch wenn die meisten Besucher den Park vornehmlich seiner Erscheinung und Schönheit halber bewunderten, stellte er doch den elegischen Traum seiner Schöpferin dar, in dem jedes Element von Bedeutung war. In den letzten Jahren wurde mit der Restaurierung von Park und Gebäuden begonnen.

M.S.

Sphinx auf der Terrasse des Dianatempels.

1778 Beginn der Arbeiten durch Szymon Zug, später Fortsetzung durch Henryk Ittar.
1821 Tod von Helena Radziwill, danach Verfall des Landsitzes.
1945 Öffnung für das Publikum.
1991 Beginn der Restaurierungsarbeiten.

Tempel der Diana.

Das „römische" Aquädukt.

Das Haus des Markgrafen und der „griechische" Bogen.

Haga

STOCKHOLM, SCHWEDEN

Das türkische Zelt.

„Im Inneren der Grotte tropft Wasser wie ein sanfter Regen aus den Sieben, die in den Nischengewölben verborgen sind; dieses Wasser strömt schließlich über unregelmäßig gestaltete kleine Wasserfälle und Kaskaden in den nahen künstlichen See, der die Sonnenstrahlen reflektiert."

Der Gartenarchitekt Fredrik Piper an Gustav III., zit. in: May Woods, *Visions of Arcadia*, London 1996.

Der südlich von Stockholm gelegene königliche Park von Haga gilt als früheste schwedische Ausprägung des Englischen Landschaftsgartens. Ein kleiner Holzbau mit Seitenflügeln bildete ursprünglich das Hauptgebäude des Landsitzes. Daran schlossen sich ein kleiner Lust- sowie ein Küchengarten an. König Gustav III. reizten aber weniger diese Elemente als vielmehr die malerische Lage des Gartens am See Brunnsviken. Der Park, den er entwerfen und im Sommer 1772 ausführen ließ, enthielt nur einen Pavillon und einige Promenaden auf den drei kleinen Inseln nahe dem Hauptgebäude. Das war der Zustand, den 1781 der Architekt Fredrik Magnus Piper (1746–1824) vorfand, als er kurz nach der Rückkehr in seine schwedische Heimat das Konzept für einen neuen englischen Park auszuarbeiten begann. Nach dreijährigem Englandaufenthalt, während dessen er unter anderem bei Sir William Chambers (1723–1796) gearbeitet hatte, war Piper mit der zeitgenössischen Entwicklung in der Landschaftsarchitektur wohl vertraut und zu keinerlei Kompromissen bereit. Seine Entwürfe ließen den französischen Garten völlig verschwinden, die Parterre wurden durch ovale Rasenflächen ersetzt. Die radikalste Änderung betraf die Seeseite, wo eine dieser Rasenflächen direkt an das Hauptgebäude angrenzte und durch kein Gestaltungselement, nicht einmal einen Kiesweg, davon abgesetzt war. So etwas war in Schweden bis dahin gänzlich unbekannt.

1771 König Gustav III. erwirbt den Landsitz bei Haga.
Um 1785 F. M. Piper vollendet die Arbeiten an den Gärten.
1786/87 Anlage des Großen Rasens.
1786–1788 Errichtung des Türkischen Pavillons.
1787–1789 Tempelmans königlicher Pavillon.
1787–1790 Desprez' Kupferzelte.

Piper wollte alles eliminieren, was den Eindruck des Künstlichen erweckte, und erstaunlicherweise ließ ihm der König freie Hand. In den Anfangsjahren konzentrierten sich die Arbeiten auf die drei kleinen Inseln, wo die Seepromenade und der künstliche Kanal ein natürlicheres Aussehen erhielten. Es folgten die intensive Aufbereitung des Bodens und zahlreiche Anpflanzungen. Eine neue Straße wurde parallel zu den Promenaden angelegt. Die ursprünglich pfeilgerade Allee nahm nun einen mäandrierenden Verlauf. Alles mündete in die große Rasenfläche (heute Vasaslätten genannt) vor dem Hauptgebäude. Nach Pipers

Das Schloß von Haga, Ansicht vom See.

J. F. Martin, Das königliche Schloß von Haga.

Vorstellungen sollte dieses Rasenoval von Baumgruppen gesäumt und von einer Promenade eingefaßt werden, die auf einer Seite in das sich öffnende Gelände mündete. Für Piper waren die Straßen und Wege das Nervensystem des Parks und dienten dazu, die Topographie des Geländes und die Gruppierung der Bepflanzungen zu unterstreichen. Gleiches läßt sich über die fabriques genannten Staffagebauten sagen, welche die höchsten Geländeerhebungen markierten. Von den geplanten Pavillons wurde nur der türkische ausgeführt. Dann kam es zu einer Abwandlung der Planungsintentionen, die nicht nur mit der Erweiterung des Areals zusammenhing, sondern auch mit der veränderten Rolle Pipers, der nicht mehr Architekt und Bauaufseher war, sondern nur noch die künstlerische Leitung innehatte. Es war König Gustav III. persönlich, der sich nun mit seinem Gestaltungswillen durchsetzte. Dabei assistierte ihm anfänglich Olof Tempelman, der Architekt des königlichen Pavillons, und später Jean-Louis Desprez (1743–1804), der unter anderem für das unvollendet gebliebene Schloß wie auch für die sogenannten Koppartälten (Kupferzelte) verantwortlich zeichnete.

Durch die Eingriffe in Pipers Entwürfe wurde die ausgewogene Proportion zwischen Gebäuden und Landschaft empfindlich gestört. Weitere drastische Veränderungen, wie die Absenkung des Wasserspiegels des Sees im Jahr 1863 sowie in den vergangenen Jahren der Autobahnbau an der Westseite, beeinträchtigen den Park sehr. Dennoch bietet Haga eines der schönsten Beispiele des Englischen Landschaftsgartens in Schweden. *M.O.*

Pipers Gesamtplan der Anlage.

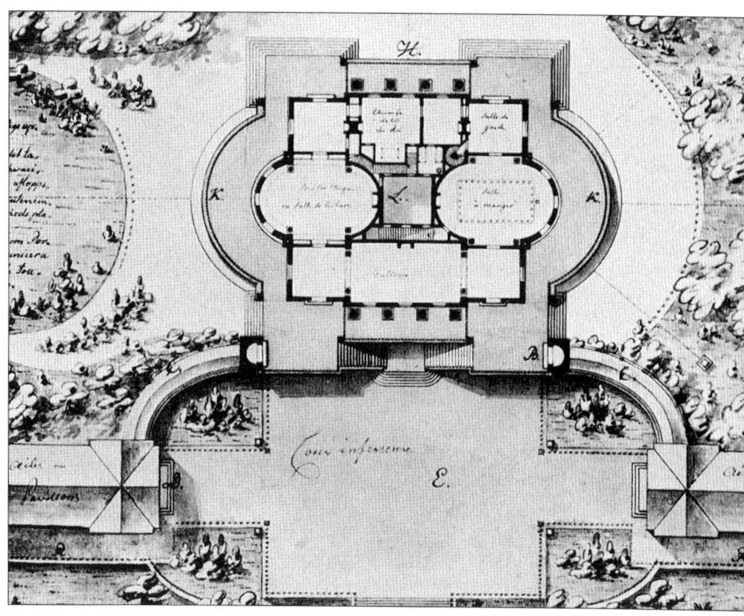

Heligan

CORNWALL, ENGLAND

„Das gesamte Terrain gewinnt Reiz durch seine natürliche Unregelmäßigkeit: Tiefe Täler, wohin die Sonne kaum je dringt, werden von Bächen und Wasserfällen belebt; einen glücklichen Kontrast bilden die kegelförmigen Berge, deren Hänge lebhaft bepflanzt und mit Tempeln geschmückt sind. Die Spazierwege winden sich über schattige Klippen und bieten in bequemen Abständen angenehme Rastplätze."

Gilbert, 1824.

Mauer und Steingarten stammen aus dem 19. Jahrhundert.

Die zufällige Begegnung zwischen dem Eigentümer John Willis und dem aus Holland gebürtigen Komponisten Tim Smit im Jahr 1990 führte zur Wiedergeburt eines großen englischen Gartens des 19. Jahrhunderts, der völlig verwildert und fast verschwunden war.

In seiner goldenen Zeit war der von der Familie Tremayne angelegte Garten von Heligan ein Juwel viktorianischer Gartenkunst. Es war die Ära beherzter professioneller Pflanzensammler wie Sir Joseph Hooker (1817–1911), George Forrest (1873–1922) und Ernest „Chinese" Wilson (1876–1930), die im Himalaya ihr Leben riskierten, um Rhododendren und andere Exoten nach England zu bringen. Hooker schickte Pflanzensamen nach Heligan, die im milden Klima Cornwalls hervorragend gediehen.

Einige der Gärtner von Heligan fielen im Ersten Weltkrieg. Die Tremaynes fühlten sich der Instandhaltung des Gartens nicht gewachsen und gaben Heligan auf. Nach und nach verwilderten die Gärten, wurden von Efeu und umgestürzten Bäumen überwachsen, wuchernde Rhododendren wuchsen zu undurchdringlichen Mauern, und die Glashäuser und Gartengebäude verfielen. Großen Schaden richteten auch die Stürme von 1990 an. Heligan war zum „verlorenen Garten" geworden, den Tim Smit und seine Mitstreiter wieder zum Leben erwecken wollten.

Wie durch ein Wunder war unter dem Dickicht viel von der ursprünglichen Bepflanzung erhalten, einschließlich der Hooker-Rhododendren. Ein Jahrzehnt nach seiner Wiederentdeckung ist Heligan zu einem der romantischsten Gärten Großbritanniens geworden; zu verdanken ist das der kundigen Beratung durch Kenner wie Philip McMillan Browse, den früheren Direktor des Horticultural Society Garden von Wisley, und viel harter Arbeit, zum Teil von freiwilligen Helfern, unter der Leitung von Tim Smits Kompagnon John Nelson.

Im Nordgarten wächst der Cornish Red, der angeblich größte Rhododendron der Welt. Im Gemüsegarten, der wieder in seiner ursprünglichen Größe von einem Hektar hergestellt wurde, wird nach viktorianischer Art Obst- und Gemüse produziert. Die Glashäuser mit ihren Weinstöcken, Pfirsich- und Zitrusbäumen und dem Bee Bole Wall (einer Wand mit gewölbten Nischen, in denen Bienenvölker hausen) sind alle wieder in Betrieb. Es gibt eine 30 Meter lange Blumenrabatte, ein als „New Zealand" bekanntes Areal ist von riesigen Baumfarnen bewachsen. Weiter unten im Tal liegt der „Dschungel" mit Bassins, Bambussträuchern und einer neu angepflanzten Bananenplantage; das Lost Valley, das einen großen See und Sumpfwiesen umfaßt, wurde im Frühjahr 1997 für das Publikum geöffnet.

Ein Spalier aus Apfelbäumen bildet den dekorativen Zaun des Gemüsegartens.

Bei „The Lost Gardens of Heligan" handelt es sich um das größte Projekt einer Gartenrestaurierung, das je in Europa unternommen wurde. Das Terrain von etwa 40 Hektar ist ein einzigartiges lebendes Museum der Gartenkunst des 19. Jahrhunderts. Tim Smits Vision und seine Finanzierungsstrategien waren ausschlaggebend für den Erfolg. Doch er ruht sich nicht auf seinen Lorbeeren aus, sondern arbeitet bereits am Eden Project und beauftragte den prominenten Architekten Nicholas Grimshaw mit dem Entwurf des weltgrößten Glashauses über einer ehemaligen Kaolingrube nahe St. Austell. *P.B.*

Um 1800 Henry Hawkins Tremayne läßt von Thomas Gray einen Plan für den Garten von Heligan zeichnen.
Um 1850 Sir Joseph Hooker sendet Pflanzensamen vom Himalaya.
Um 1875 John Hearle Tremayne legt seinen „Dschungel“ an.
1916 Das Haus wird zur Nutzung durch das Kriegsministerium abgestellt.
1943 In Heligan werden amerikanische Soldaten stationiert.
1970 Haus und Grundstück werden für Bauzwecke verkauft.
1990 Tim Smit besucht erstmals Heligan.
1991 Beginn der Restaurierungsarbeiten.
1992 Öffnung der Gärten für das Publikum.
1994 Die ursprüngliche Anlage des „Dschungels“ wird entdeckt und wiederhergestellt.
1997 Das Lost Valley wird für die Besucher geöffnet.

Am Rand des „Dschungels“.

Riesenfarn.

Sezincote

GLOUCESTERSHIRE, ENGLAND

„[Doch] würden aus den besten Modellen indischer Bauten nur jene Teile ausgewählt, die sich nicht mit irgendeinem bekannten Stil englischer Gebäude vergleichen lassen, hätten selbst jene, die an Neuheiten keinen Geschmack finden, wenig Grund, die Einführung neuer Schönheiten zu bedauern."

The Landscape Gardening and Landscape Architecture of Humphry Repton, (Hg.) J. C. Loudon, London 1840 [neue Aufl.].

Rechts: Steinerne Buckelrinder und eine Schlange zieren Cockerells Brücke.

Rechts außen: Der indische Pavillon.

Das Gewächshaus von Sezincote gab die Anregung zum Bau des Royal Pavillon in Brighton.

Sir Charles Cockerell engagierte Humphry Repton (1752–1818) für die Planung der Gärten von Sezincote. Sie sollten das Haus im indischen Stil ergänzen, das Thomas Daniell entworfen hatte. Diesem ist auch die Stichsammlung *Oriental Scenery* (ab 1795), eine Dokumentation hinduistischer und islamischer Architektur, zu verdanken. Das Haus von Sezincote diente dem Prinzregenten als Anregung für die indische Phantasiearchitektur des Royal Pavillon in Brighton, dessen Originalentwürfe für Haus und Gärten von Repton stammen, obwohl schließlich John Nash den Auftrag erhielt. Repton begann um 1803 mit der Planung von Sezincote, wo Rasen- und Waldflächen mit indischen Elementen und Motiven kombiniert wurden, die in der Mehrzahl auf Daniells Zeichnungen zurückgehen.

Cockerell nahm regen Anteil an der Planung. Im Garten findet sich eine Brücke, deren Balustrade mit kleinen steinernen Buckelrindern geschmückt ist, ein Pfahl, um den sich eine Schlange windet, ein pilzförmiger Brunnen und ein Tempel mit einer Statue des Gottes Souriya. Hinzu kam ein Gewächshaus im indischen Stil, das als Flügel an das Haupthaus angesetzt war. Der Park und der See stammen wahrscheinlich von Repton.

Einige von Reptons Schöpfungen, abgesehen von den indischen Motiven, blieben wohl erhalten, doch im 20. Jahrhundert wurde die Bepflanzung wiederholt verändert. Die Zonen seitlich des Flusses wurden als Fels- und Blumengärten gestaltet, und auf Vorschlag von Graham Stuart Thomas wurde vor dem Gewächshaus ein kleiner Kanal angelegt. Darüber erhebt sich ein kleiner Pavillon im indischen Stil von Sir Cyril Kleinwort (1961) in der Nähe einer Grotte, die aus der Bauzeit des Hauses stammt.

Der vom Symbolismus beeinflußte Garten vermittelt auch eine philosophische Botschaft. Souriya, der Sonnengott, soll den Intellekt des Gläubigen anregen, während die Buckelrinder Nandi, die „Glückliche", repräsentieren. Der Südgarten stammt aus den sechziger Jahren des 20. Jahrhunderts und ist dem Paradiesgarten nachgebildet. Die Kanäle und Wege teilen den Garten in Viertel, welche die Flüsse des Lebens darstellen. Der oktogonale Grundriß des Brunnens und des Pavillons verbindet Quadrat und Kreis und symbolisiert so das ewige Leben.

M.S.

1803 Humphry Repton entwirft den Garten für die Familie Cockerell.

1884 James Dugdale erwirbt das Anwesen.

1944 Sir Cyril Kleinwort kauft Sezincote und läßt das Haus und die Gärten restaurieren und erweitern.

Der Südgarten.

Munstead Wood

SURREY, ENGLAND

„Wo [im Wald] die Sonne auf die Ränder der näher gelegenen Stämme fällt, wirft sie ihr Licht in einer scharf markierten Linie und läßt den Rest im warmen Dunkel. Doch wo die Bäume im Schatten stehen, sind die Stämme von einem kühlen Grau, das fast ins Blau übergeht; da borgen sie, durch die Öffnung des Weges hinter mir, ihre Farbe vom harten Blau des wolkenlosen Himmels."

Gertrude Jekyll, *Home and Garden*, London 1900.

Oben links: Pergola am Ende der großen Rabatte.

Mitte: Durchgang vom Sommergarten.

Oben rechts: Der Primelgarten.

Gertrude Jekyll konzipierte ihr Haus und den Garten in Munstead Wood gemäß dem Ideal der Arts and Crafts-Bewegung und unter dem starken Einfluß von John Ruskin und William Morris, die alle Bereiche des täglichen Lebens einer vereinfachenden, disziplinierten Ästhetik unterstellten.

Jekyll fühlte eine tiefe Verbundenheit mit diesem Teil Englands; sie war in der Nähe in Bramley, später in Wargrave aufgewachsen. In ihrer Jugend hatte sie diffizil gestaltete Aquarelle und kunstgewerbliche Arbeiten geschaffen, doch in den siebziger Jahren des 19. Jahrhunderts ließ ihre Sehkraft nach, und sie wandte sich der Gartenkunst zu. Nachdem sie 1883 das Grundstück gegenüber dem Munstead House erworben hatte, war ihr die Anlage des Gartens wichtiger als der Bau eines Hauses. Munstead wurde nicht nur zu ihrem Heim, sondern auch zum Zentrum eines immer erfolgreicheren kommerziellen Unternehmens und Gertrude Jekyll zur bekanntesten Gartenarchitektin ihrer Zeit.

Jekyll nutzte den kargen Sandboden des Grundstücks für eine typische Heidelandschaft. Alles war so angelegt, daß der Eindruck eines bescheidenen Hauses in einer ländlichen Umgebung entstand: Es gab keine Kutschenauffahrt zum Vordereingang des Hauses, und der geometrische Garten und der Blumengarten waren auf die nördliche Spitze des unregelmäßigen Dreiecks beschränkt, welches das Grundstück beschrieb. Der Bepflanzungsplan wurde ebenso durch die wechselnden Bedingungen von Lage und Bodenqualität bestimmt wie von dem Wunsch, die ganze Saison hindurch blühende Gewächse zu präsentieren. Das Paradestück war die 60 Meter lange, nach Südosten gewandte Blumenrabatte, die von Juli bis Oktober in Blüte stand. Gegen Süden gaben radial angelegte, von Rhododendren gesäumte Wege durch das Gehölz Schrägansichten des Hauses frei.

1877 Die verwitwete Mutter Gertrude Jekylls erwirbt Munstead House. Jekyll (1843–1932) beginnt mit dem Entwurf des Gartens.

1883 Beginn der Gestaltung des gesamten Areals.

1889 Edwin Lutyens (1869–1944) lernt Gertrude Jekyll kennen.

1892–1894 Lutyens entwirft das Gärtnerhaus und The Hut.

1896 Bau des Haupthauses in Munstead Wood.

1900 Jekyll beschreibt die Entstehung von Munstead Wood in ihrem Buch *Home and Garden*.

1932 Jekyll stirbt in Munstead Wood.

1940 Die amerikanische Gartenarchitektin Beatrix Farrand erwirbt Jekylls Aufzeichnungen.

1947/48 Verkauf von Munstead Wood, die Einrichtung des Hauses wird veräußert und zerstreut.

Seit 1986 Der verbleibende Hauptteil des Gartens wird einer gründlichen Restaurierung unterzogen, die bis heute andauert.

Die Arbeiten an Munstead Wood bildeten die Grundlage der künstlerischen Zusammenarbeit zwischen Gertrude Jekyll und dem jungen Architekten Edwin Lutyens. Da Lutyens das Haus erst plante, nachdem bereits am Garten gearbeitet wurde, hatte das Gesamtkonzept eine spontane Qualität, die keiner der späteren Entwürfe besaß. Der einzige Gartenbereich, in dessen Planung Lutyens einbezogen wurde, war der geometrische Abschnitt neben dem Fachwerkhof auf der Rückseite des Hauses. Kurze Treppen führen zu einer Zisterne hinab, die ursprünglich von Farnen und Lilien eingefaßt war. Ein Weg leitet weiter zu einer Silberbirke, die einer hölzernen, einem Grabmal ähnlichen Bank – einer von Jekylls Freunden nannte sie „Cenotaph of Sigismunda" – Schatten spendet. Diesen, der Ruhe und Erholung gewidmeten, Ort hatte Lutyens zwar nicht entworfen, doch lag darin das Konzept für den Kenotaph zu Ehren der Toten des Ersten Weltkrieges, den Lutyens 1919 für Whitehall schuf, begründet.

Gertrude Jekylls Grundstück wurde später in verschiedene Parzellen aufgeteilt, doch der Hauptgarten ist heute dank eines großartigen Restaurierungsprogrammes attraktiver denn je.

D.C.

Rabatten mit üppiger Asterbepflanzung.

Naumkeag

STOCKBRIDGE, MASSACHUSETTS, USA

„Ich möchte, daß alle von mir geschaffenen Orte wirken wie das Heim von Kindern oder Liebenden. Sie sollen bei Tag angenehm und leicht geheimnisvoll sein, die Ansichten und Arrangements sollen den Maler ansprechen. Bei Mondschein sollen sie berauschend sein."

Fletcher Steele, *Alcázar de Sevilla,* Madrid, 1943

Der Pfingstrosen- und Terrassengarten.

1884 Joseph Choate erwirbt das Grundstück in Stockbridge, um einen Sommersitz errichten zu lassen.

1885/86 Nach Entwürfen von Stanford White wird ein 26 Räume umfassendes Haus im „normannischen Stil" errichtet.

1886 Nathan Barrett entwirft die Gärten.

1917 Joseph Choate stirbt. Seine Tochter Mabel bleibt mit ihrer Mutter in Naumkeag.

1926 In enger Zusammenarbeit mit Mabel Choate nimmt Fletcher Steele die Umgestaltung in Angriff.

1937 Errichtung des Chinesischen Hauses, das Mabel Choates Asiatika-Sammlung aufnehmen soll.

1938 Beginn der Arbeiten an der Blauen Treppe.

1958 Mabel Choate stirbt. Sie vermacht Naumkeag der Stiftung The Trustees of Reservations, die Haus und Gärten für das Publikum öffnet.

Die in die Hügelkette der Berkshires eingebetteten Gärten von Naumkeag erschienen dem begabten jungen Landschaftsarchitekten Fletcher Steele (1885–1971) bei seinem ersten Besuch im Jahr 1926 als Herausforderung. Die Gärten und das weitläufige Haus waren seit den achtziger Jahren des vorangehenden Jahrhunderts der Sommersitz der Familie des New Yorker Anwalts Joseph Choate gewesen. Der Bostoner Gartenarchitekt Nathan Barrett hatte 1886 die Gärten mit steil ansteigenden Rasenflächen und breiten viktorianischen Rabatten anlegen und jährlich mit Saisonblumen bepflanzen lassen. Steele wurde durch die Gärten und die Berglandschaft zu einer Neuinterpretation des alten Gartenvokabulars inspiriert.

Als Absolvent der Harvard School of Landscape Architecture kam Steele aus der Beaux-Arts-Tradition, wurde jedoch durch seine Europareisen stark von der modernen Architektur und Gartengestaltung beeinflußt, besonders durch André Vera (tätig 1919–1950).

Steeles Zusammentreffen mit Mable Choate im Jahr 1926 markierte den Beginn einer 30 Jahre währenden Freundschaft. Die kalifornischen „Gartenräume" hatten tiefen Eindruck bei der Erbin von Naumkeag hinterlassen, so daß sie sich nun selbst einen Gartenraum für Sommernachmittage wünschte. Steele entwarf daher einen Nachmittagsgarten als witzige Abwandlung eines Renaissancegartens mit Bassins, Brunnen, Buchsparterres und Eichenpfosten, die wie venezianische Gondelpfähle gestaltet sind. Auch die Aufstellung einer Skulptur Frederick MacMonnies neben römischen „Thronen" aus rosafarbenem Beton spricht für den eklektischen Geschmack von Auftraggeberin und Architekt ebenso wie für deren Bereitschaft, mit der Tradition zu brechen.

Das Mondtor.

Nach dem Erfolg mit dem Nachmittagsgarten machte sich Steele daran, das gesamte Areal umzuformen, wobei er allerdings angemessenen Respekt für dessen Erbe an den Tag legte. Steele hegte Bewunderung für den grundlegenden Entwurf Barretts, sah jedoch ungenutzte Möglichkeiten, die Barrett zu seiner Zeit nicht hatte wahrnehmen können. Steele bezeichnete sich häufig als Landschaftsbildhauer, eine Eigenschaft, die am Südrasen von Naumkeag besonders deutlich hervortritt. Unter Steeles Anleitung wurde der ehemals steile Hang zu einer geschwungenen, sanft abfallenden Hügelflanke modelliert, die sich dem dahinterliegenden Bergrücken anpaßt.

Die Blaue Treppe, Steeles berühmtestes Werk in Naumkeag, illustriert am deutlichsten, mit welchem Einfallsreichtum und Geschick er verschiedene Ebenen und Perspektiven einsetzt. Von der Funktion her dient sie lediglich dazu, einen steilen Hügel zu überwinden; dennoch ist die Treppe ein künstlerisches Element, dem in der Gartenkunst wenig gleichkommt. Die Blaue Treppe ist eine Anspielung auf italienische Wassertreppen, doch sie bedient sich eines modernen Vokabulars und abstrakter Formen. Inmitten eines mit Birken bepflanzten Hanges senkt sie sich, blau bemalt, in breiten Schwüngen herab, das Wasser wird von höhlenartig versenkten Bassins aufgefangen, und das Weiß der Birkenstämme findet seinen Nachhall in den senkrechten Streben des Treppengeländers. *S.G.M.*

Der Birkenweg und die Blaue Treppe.

Der „Perugino-Blick", Skizze von Fletcher Steele, 1933.

Giverny

EURE, FRANKREICH

„Für mich existiert eine Landschaft nicht aus sich selbst heraus, da sich ihre Erscheinung in jedem Augenblick wandelt; es ist die sie umgebende Atmosphäre, die sie zum Leben erweckt – das Licht und die Luft, die sich ständig verändern. Für mich ist es allein die umgebende Atmosphäre, die den Dingen ihren wahren Wert verleiht."

Claude Monet.

Blick auf das Haus über Beete mit Rosen, Salbei und Bartnelken.

Doppelte Eisenbogen überspannen die Große Allee.

In Giverny verwendete Claude Monet (1840–1926) ein Vermögen für die Schaffung eines Paradieses meisterlicher Gärtnerkunst. Die Gärten sind in zwei Abschnitte gegliedert: Der erste, der Blumengarten, folgt einem rechtwinklig angelegten Rastergrundriß, dessen Strenge durch die Üppigkeit der Bepflanzung aufgelockert wird; der zweite, der Wassergarten, wurde von Monet 1893 erworben, um etwas „zur Freude des Auges und auch der Malmotive wegen" zu schaffen. Haus, Atelier und andere Gebäude bilden den nördlichen Abschluß des symmetrischen Blumengartens; durch die Große Allee und ein Netz von Seitenwegen wird der Blick südwärts gelenkt. Monet ließ nicht die Wände des Hauses spalierartig bewachsen, sondern verlagerte „die Bildkomposition in den Himmel", indem er Kletterpflanzen über ein ausgedehntes System von Eisenrahmen zog: Die Große Allee sollte sich zu einem blühenden Tunnel entwickeln. Der breite Kiesweg ist von „Karpfenrücken-Beeten" gesäumt, das heißt, die Erde ist in der Mitte erhöht, und die mit Festons von Kletter- und Schlingrosen umrankten eisernen Doppelbogen spannen sich über den Weg. Saisonblumen säumen kaskadenartig die Beete, im Herbst schließt sich der Kreis mit Kapuzinerkresse, die die Kieswege überzieht. Lange „Farbkasten"-Blumenbeete verlaufen parallel zur Großen Allee, ihre Mischung aus Kletterpflanzen, mehrjährigen und einjährigen Pflanzen erzielt impressionistische Effekte, die durch Farbtupfer und Rosenstöcke unterstrichen werden. Giverny war nicht nur Atelier, sondern auch Wohnsitz der Familie, deshalb gibt es Rasenflächen, auf denen man unter Bäumen sitzen, spielen oder picknicken konnte; sie sind von Blumenbeeten umschlossen, mit schmalen Eingängen versehen und werden so zu „Geheimgärten". Die Narzissenbüschel im Gras entsprachen einer Mode, die der englische Zeitgenosse William Robinson (1838–1935) populär gemacht hatte.

Monet wurde in der Gestaltung seines Gartens stark von den Landschaften Hokusais und anderer japanischer Graphiker beeinflußt. Im Jahr 1893 erwarb er eine dem Blumengarten gegenüberliegende Wiese. Durch Umleitung des Flüßchens Ru entstand ein Wassergarten, der nicht als naturalistische Landschaft gedacht war, sondern als Pflanzenensemble von ständig wechselndem Licht und Kolorit. Wie die Gärtner der „schönen" Landschaften des 18. Jahrhunderts entwarf Monet natürlich wirkende Teiche, deren Ufer mit dem Wasser zu verschmelzen schienen, in dem sich die Seerosen spiegelten. Die Hauptaufgabe des Gärtners war es, die Komposition mit den Trauerweiden, dem Himmel, der Sonne und der berühmten auf die Große Allee hin ausgerichteten japanischen Brücke zu erhalten. Neben der japanischen gibt es fünf weitere Brücken, drei überspannen die Ru, eine führt zur Schleuse und eine zu einer Rosenlaube, die häufig Ausgangspunkt für Kahnfahrten war. Die Brücken sind oft mit Pflanzen überwuchert, so daß sich das Spiel des Lichtes auf dem Wasser durch einen Schleier von Grün beobachten läßt.

Giverny ist ein malerischer Garten, in dem Monet seinen künstlerischen Stil entwickeln konnte, wobei er sich ganz auf die Erscheinungen der Natur konzentrierte. *C.H.*

Die Rosenlauben-Brücke.

1883 Monet mietet Haus und Garten in Giverny.

1890 Er kauft das Anwesen und widmet sich der Gestaltung des Gartens.

1893 Er erwirbt die angrenzende Wiese.

1901 Die japanische Brücke und der erweiterte Wassergarten werden mit einem Bogen überspannt.

1911 Der Wassergarten wird abermals erweitert.

1923 Durch eine Operation wird Monets Augenlicht wiederhergestellt.

1926 Monet stirbt.

Gartenfassade mit rosa Tulpen und Vergißmeinnicht.

Biltmore

ASHEVILLE,
NORTH CAROLINA, USA

„Als erstes gilt es also zu bedenken, daß die natürliche Landschaft so getreu als möglich zu bewahren und zu erhalten ist; das heißt, innerhalb der engsten Grenzen, die mit dem für die Besucher erforderlichen Komfort vereinbar sind, sind alle künstlichen Konstruktionen einzuschränken und alle Einrichtungen zu vermeiden, die in deutlicher Disharmonie zur Landschaft stünden oder das Erhabene der Landschaft unnötig überlagern und entstellen oder davon ablenken könnten."

Frederick Law Olmsted, *Yosemite and the Mariposa Grove: A Preliminary Report*, 1865, Neudruck der Yosemite Association 1995.

Pergola im Mauergarten von Biltmore.

Biltmore ist ein riesiges Landgut mit ausgedehnten Wäldern und einem umfangreichen Wildbestand.

1888 Olmsted wird als Berater herangezogen.
1891–1895 Arbeiten an den Gärten.

Die Gärten des Landsitzes Biltmore nahe Asheville in North Carolina zählen zu den ehrgeizigsten Projekten von Frederick Law Olmsted (1822–1903), dem überragenden amerikanischen Landschaftsarchitekten und Schöpfer des New Yorker Central Park. Im Mittelpunkt des über 2 300 Hektar großen Anwesens der Familie Vanderbilt steht das 1895 eingeweihte Schloß im Stil der französischen Renaissance, das George Washington Vanderbilt in Auftrag gegeben hatte.

Die Zufahrt zum Schloß erfolgt über eine fast fünf Kilometer lange Straße, die Olmsted, ein vehementer Befürworter der nachhaltigen Forstbewirtschaftung, angelegt hatte. Ein kurzer Fußmarsch zwischen aromatisch duftenden Föhren führt den Besucher zur Vorderfront des Gebäudes und die davor liegende Rasenfläche. An der Südseite schließt eine Terrasse an das Haus an, der ein dichtes Dach von Blauregen und Klettertrompeten in der Sommerhitze Schatten spendet; von dort aus genießt man die spektakuläre Aussicht auf den Mount Pisgah und die Blue Ridge Mountains. An der Südostseite erstreckt sich ein langer, nach italienischem Vorbild gestalteter Wassergarten mit drei Bassins. Nach Süden zu wandelt sich der Charakter zum Landschaftsgarten: Ein Strauchgarten überzieht einen Hügel mit Magnolien, Azaleen, Hartriegelstauden, Judasbäumen und Japanischem Ahorn.

Einer der großen, geometrischen Gärten ist ausschließlich mit subtropischen Pflanzen wie Cannas, Saisonblumen und Perennen bepflanzt. Eine Pergola führt zum unteren Teil des Gartens, in dem zahlreiche Rosensorten zu finden sind. Über Treppen gelangt man zu einem kleinen halbkreisförmigen Kräutergarten, der dem Gewächshaus vorgelagert ist. Das Gewächshaus beherbergt Orchideen und andere exotische Pflanzen, die früher zu Dekorationszwecken dienten. Der gesamte Gewächshauskomplex wurde in den neunziger Jahren restauriert.

Vom Mauergarten steigt man hinab in ein Meer von Azaleen, die außerhalb Europas oder Japans ihresgleichen suchen. Die Anlage ist eingebettet in ein Netz von Spazierwegen um die natürlich wirkende Teichanlage des Bass Pond. Östlich des Mauergartens befindet sich eine ähnlich naturnah angelegte Zone mit Spazierwegen – der nach den Quellen benannte Spring Garden.

Die Gärten von Biltmore waren aufgrund ihrer Ausdehnung und gestalterischen Üppigkeit zur Zeit ihrer Entstehung in den USA einzigartig. Am ehesten wird man ihnen gerecht, wenn man in ihnen die Nachempfindung des Lebensstils der französischen Aristokratie durch einen amerikanischen Industriellen der Pionierzeit sieht. Ein ähnliches Phänomen in Großbritannien stellt Buckinghamshire dar, der als französisches Château errichtete Landsitz der Rothschilds in Waddesdon.

Der übrige Grundbesitz von Biltmore wird land- und forstwirtschaftlich genutzt und umfaßt ein Weingut, Wälder und Wildbestände, dazwischen schlängeln sich der Swannanoa und der French Broad River. Der Besucher erlebt das meiste davon vom Auto aus – was Biltmore zu einem typisch amerikanischen Erlebnis macht –, doch ist das die einzige Möglichkeit, die enorme Ausdehnung dieses Landsitzes zu erfassen. *S.M.*

Frühlingsblumenbeete im Mauergarten südöstlich des Schlosses.

Hestercombe SOMERSET, ENGLAND

„[Ein] ganz bezauberndes Gebäude, Witch's Cave [Hexenhaus], besteht aus Baumstämmen und -wurzeln, die zu phantasievollsten Formen verschlungen sind. An der Wand des Oktogons findet sich die Figur einer alten Hexe mit Bart, hohem Hut und Besen, in einer anderen Nische eine gemalte Eule und in einer weiteren eine Katze."

Henry Hawkins Tremayne, *erster Besitzer von Heligan.*

Die Rotunde.

Die Orangerie.

Great Plat mit der Pergola im Hintergrund.

1750–1786 Copplestone Warre Bampfylde entwirft einen Landschaftsgarten.
1761 Witch House, Mausoleum, Gothick Seat.
1762 Great Cascade.
Um 1775 Temple Arbour.
1904–1909 Lutyens und Jekyll gestalten das Haus und den Garten um.
1942 Viscount Portman stirbt, das Anwesen wird vom Somerset County Council als Hauptquartier für den County Fire Service angemietet.
1973 Die Auffindung von Jekylls originalen Gartenplänen bildet den Auftakt zur Restaurierung.
1997 Restaurierung von Bampfyldes Landschaftsgarten.

Hestercombe liegt auf einem Südhang der Quantstock Hills in Somerset und bietet weite Ausblicke über das Taunton-Tal bis zu den Blackdown Hills. Sein Bild ist von zwei verschiedenen Perioden der englischen Gartenarchitektur geprägt. Die Gärten hinter dem Haus wurden als Landschaftsgarten angelegt, jene im Süden bieten ein großartiges Beispiel für die schöpferische Partnerschaft zwischen Edwin Lutyens (1869–1944) und Gertrude Jekyll (1843–1932).

Der etwa 14 Hektar große Landschaftsgarten entstand zwischen 1750 und 1786 nach Plänen von Copplestone Warre Bampfylde. Die bewaldete Hügellandschaft mit natürlichen Quellen bot den perfekten Hintergrund für eine Reihe von antikisierenden und rustikalen Gebäuden, die auch als Aussichtspunkte dienten. Verschlungene Wege durch die Wälder und entlang der Bächlein erschließen nach und nach die Naturlandschaft.

Vom Box Pond auf der Hügelkuppe plätschert der Bach hinab zum schönen Pear Pond, der bereits seit 1698 das Wasser sammelt und über einen mit Ziegeln ausgekleideten und noch heute funktionierenden Durchlaß die Große Kaskade speist, deren herabstürzende Wassermassen Bampfylde in Bleistift und Wasserfarben festgehalten hat. 1766 wurde Bampfylde von Henry Hoare mit dem Entwurf der Kaskade von Stourhead beauftragt.

Eine als klassizistischer Tempel gestaltete Laube, Temple Arbour, bietet dem Besucher einen Orientierungspunkt und einen schönen Ausblick auf den Pear Pond und die 1786 aufgestellte Freundschaftsurne, Pope's Urn, von der aus man die Kaskade und das Witch House sieht. Aus dieser georgianischen Landschaft tritt der Besucher durch das Chinesische Tor und über Lutyens', Daisy Steps genannte, Treppe ins 20. Jahrhundert.

Blick über den Pear Pond zum Tempel.

Im Jahr 1904 hatte der Honorable E. W. B. Portman Lutyens und Gertrude Jekyll mit dem Entwurf eines neuen Gartens beauftragt. Die Terrassierung des Hanges unterhalb des Hauses betont das Gefälle und unterstreicht die dramatische Wirkung; die oberste Terrasse bietet eine Gesamtschau über das Gelände, und in der Mitte verläuft der Graue Weg hinunter zum Great Plat. Er wurde so bepflanzt, daß er den von Jekyll gewünschten „Effekt [von] Graugrün und Silbergrau mit Blumen in Weiß, Pastelrosa und Blautönen" erzielt.

Der Great Plat ist ein Parterregarten in Form eines Schrägkreuzes, das aus Rasenflächen mit Steineinfassungen gebildet wird; es erinnert gleichermaßen an schottische wie an islamische Gärten. Gemildert wird die strenge Geometrie, die üblicherweise ein Parterre auszeichnet, durch Treppen mit halbrund ausschwingenden Stufen in den Südecken und durch die großartige, von Schlingpflanzen umrankte Pergola mit ihrem Wechsel von runden Säulen und quadratischen Pfeilern, die einen Rahmen für die äußere Landschaft bildet. Die vier großen Beete in den Zwickeln des Rasenkreuzes sind von Bergenia, einer Steinbrechsorte, eingefaßt und mit Blumen und Gräsern bepflanzt; auch aus den Rissen, Fugen und Spalten der Mauern wuchern Pflanzen. In der Mittelachse der seitlichen Terrassenwege, die im Westen mit einer Laube aus Bergulmen und im Osten von einem verzierten Brunnenbecken abgeschlossen werden, verlaufen schmale Wasserrinnen (rills), die von der islamischen Gartenarchitektur inspiriert sind; seitlich ergänzt durch steinerne Rundbecken, die mit Aronstab bepflanzt sind, was Gertrude Jekyll mit den „verschlungenen Bandverzierungen alter Stickerei" verglich. *C.H.*

Old Westbury Gardens

LONG ISLAND, N.Y., USA

„Hier arbeitet die menschliche Hand mit der Natur zusammen – genauso wie es im Garten sein sollte."

Ellen Henke, in: *Flower and Garden Magazine*, April–Mai 1992.

Als einer der herausragenden englischen Gärten in Amerika zeugt Old Westbury von der Nostalgie gegenüber der „Alten Welt". John S. Phipps ließ für seine englische Gemahlin, Margarita Grace Phipps, an der Nordküste von Long Island ein Haus mit Garten im georgianischen Stil errichten. Der vom berühmten englischen Architekten George Crawley entworfene Landsitz spiegelt die Vorliebe für alles Britische.

Monumentale schmiedeeiserne Tore, ausladende Linden- und Buchenalleen sowie weitläufige Rasenflächen verleihen Old Westbury eine Aura von Großzügigkeit und Würde. Doch ähnlich wie andere Landsitze jener Zeit verfügt auch Old Westbury über eine Reihe von intimen geometrischen Gärten, die in die ausgedehnte ländliche Szenerie eingefügt sind. Diese kleineren Gärten quellen über von Farben und üppigem Grün.

Der bemerkenswerteste dieser geometrischen Gärten ist der umfriedete Walled Garden, der von Crawley in einem dem Haus entsprechenden Stil entworfen wurde. Als englische Interpretation eines italienischen Renaissancegartens basiert der Walled Garden auf der geordneten symmetrischen Gliederung des Raumes. Geometrische Formen und Strukturelemente wie die Pergola und die zweieinhalb Meter hohe Gartenmauer dominieren. Perspektiven und Querachsen – die grundlegenden Merkmale italienischer Gärten – ergeben sich durch Wegkreuzungen und geometrische Parterres, die an einem reichverzierten Brunnen zusammenlaufen. Während der Garten ursprünglich nur sparsam bepflanzt war, ließ Mrs. Phipps nach englischer Manier die Rabatten im Lauf der Jahre in immer dichterer Blütenpracht wuchern.

Besonders schön ist der 1928 angelegte Buchsgarten, der den geometrischen Gestaltungsprinzipien des 18. Jahrhunderts folgt. Ein Bassin mit Wasserlilien ist von Buchsbäumchen eingefaßt, die bereits über 100 Jahre alt waren, als sie von Virginia nach Long Island verpflanzt wurden. Am entlegenen Ende des Buchsgartens bilden Trauerbuchen die Umrahmung einer griechischen Kolonnade mit einer Statue der Jagdgöttin Diana.

In faszinierender Weise kommt in den Gärten von Old Westbury trotz ihrer Größe und Weitläufigkeit die Persönlichkeit ihrer ursprünglichen Besitzer zum Ausdruck. Eines der bezauberndsten Elemente ist die Gespensterallee, ein Tunnel von Hemlocktannen, der dem Eibenweg in Battle Abbey in Sussex nachgebildet wurde, wo Mrs. Phipps aufgewachsen war. Ebenso charmant ist der Garten für Kinder, den man über den Schlüsselblumenweg erreicht. Darin findet sich die Miniatur eines strohgedeckten Bauernhauses, ein Geschenk für Peggie, die Tochter der Familie Phipps, zu ihrem 10. Geburtstag. Der Garten ist in der Art eines üppigen englischen Cottagegartens gestaltet, in dem Rosen, Fingerhut, Klematis und andere bunte Blumen wachsen. Während des Zweiten Weltkrieges waren in Old Westbury 30 Kinder untergebracht, die mit Vorliebe im Cottagegarten spielten. Von deren Eltern erhielt die Familie Phipps zwei Adlerstatuen, die nun den Fliederweg flankieren. *S.G.M.*

Die schmiedeeisernen Tore am Eingang des Gartens.

1905/06 John S. Phipps und seine Frau Margarita Grace Phipps lassen Westbury House erbauen.

1928 Anlage des Buchsgartens; hundertjährige Buchsbäumchen werden aus Virginia verpflanzt.

Vierziger Jahre Die Familie Phipps erhält von den Familien der 30 während des Krieges in Westbury untergebrachten Kinder zwei Adlerstatuen zum Dank.

1958 John Phipps stirbt; Westbury House und die Gärten werden der J. S. Phipps Foundation übertragen.

1959 Old Westbury wird der Öffentlichkeit zugänglich gemacht.

Sechziger Jahre Die Blumenrabatten werden erneuert. Schaugärten und Woodland Walk kommen hinzu.

Pergola und Pavillons im Walled Garden.

Ein symmetrisches Wegenetz gliedert den Walled Garden.

Das Miniatur-Cottage im „Kinder-Garten".

Villandry

INDRE-ET-LOIRE, FRANKREICH

„Frieden […] Wenn man Villandry mit einem Wort zusammenfassen kann, ist es dieses. Die alles beherrschende Ordnung, die Heiterkeit, die einem vollkommenen Werk entströmt, die Stille, in der selbst das Gemurmel des Wassers im Bassin nicht stört, die Landschaft, die von unendlicher Sanftheit durchdrungen ist – alles hier vermittelt Frieden und Lebensfreude."

Maurice Fleurent, *Villandry – Le Jardin du bonheur,* Paris 1989.

Der jardin potager.

1533–1545 Errichtung des Schlosses durch Jean Lebreton.
1906 Joachim und Ann (Colman) Carvallo erwerben Villandry und stellen den Urzustand des Schlosses wieder her.
1910 Joachim Carvallo tritt zum Katholizismus über.
1914 Der jardin d'ornement ist fertiggestellt.
1914–18 Anlage des jardin potager.

Eines der Kompartimente des jardin potager.

Rechts: Der jardin d'ornement, das Kompartiment der „zärtlichen" Liebe.

Im Jahr 1906 erwarben Joachim Carvallo und seine amerikanische Frau Ann das verfallene Château Villandry. Nach gründlichen Forschungen befreite Carvallo das Renaissanceschloß von späteren Anbauten und entschied, daß der englische Landschaftsgarten dem architektonischen Ensemble abträglich wäre. Die Entwürfe für die Neuanlage des Gartens orientierten sich an den traditionell einfachen Renaissancegärten der Loire und denen, die in den Stichen Jacques Androuet Du Cercaus (um 1515/20–um 1584) festgehalten sind. Eine weitere Quelle für Carvallo bildete das *Monasticum gallicanum*, eine Beschreibung benediktinischer Klostergärten.

Das Schloß und die drei von ihm vorgegebenen Achsen verlangten einen ausgewogenen Grundriß, also wurde der englische Garten in vier Abschnitte gegliedert, die verschiedene hierarchische Ebenen repräsentierten, die Carvallos Auffassung von kultureller und ästhetischer Ordnung entsprachen. An der westlichen Begrenzungsmauer entstand an der Stelle einer früheren Bastion das Belvedere, von dem eine Seitenachse den Übergang zwischen den unteren Terrassen und dem oberen Wasserparterre bildet. Der vom pièce d'eau ausgehende zentrale Kanal liefert die dritte Achse. Was als eleganter Grundriß von Quadraten erscheint, setzt sich in Wirklichkeit aus geschickt verschliffenen Trapezen zusammen.

Der arabisch-andalusisch beeinflußte Ornamentgarten (jardin d'amour, jardin d'ornement) neben dem Schloß symbolisiert in Buchsbaumkompartimenten die vier Stadien der Liebe: die zärtliche, die stürmische, die wankelmütige und die tragische Liebe.

Buchsbaumkompartimente flankieren auch eine Seitenachse, hinter der drei aus beschnittenem Buchs- und Eibenbäumchen sowie aus Beetpflanzen gestaltete französische Kreuze erscheinen. Neben dem Ostflügel des Schlosses erstreckt sich der untere Gemüsegarten (jardin potager), eine Zusammenstellung von Gemüsebeeten nach traditioneller Art, die allerdings auch den Geist der Moderne nicht verleugnet. Neun scheinbar quadratische, viergeteilte Einheiten zeigen eine kunstvolle Anordnung von Gemüsen und asymmetrisch verteilten klassischen Rosenstöcken. Umrahmt wird jedes Quadrat von Treillezäunen, Birnbäumchen und leuchtenden Blumenrabatten. Der Entwurf ist konzentrisch ausgerichtet, an den Ecken des zentralen Quadrats sind 16 Lauben in Vierergruppen um vierpaßförmige Bassins angeordnet.

Vier Treppen, die auf die breiten Sandwege ausgerichtet sind, führen zu einem Weinlaubengang, vor dem drei Parterrekompartimente ein farbenfrohes und rhythmisch erscheinendes Ornament ausbreiten. Das Wasserwerk speist die Gräben und Wasserspiele, das Grün der umgebenden Parterre und Zitrusalleen bildet einen Kontrast zu den angrenzenden Wiesen und Apfelgärten jenseits der Einfriedung.

Die Konzeption von Villandry folgte humanistischen Prinzipien, doch die Gestaltung entsprach Carvallos persönlichen Vorstellungen. *C.H.*

Hidcote Manor

GLOUCESTERSHIRE, ENGLAND

„Was ich dem Leser gerne eindrucksvoll vermitteln würde, ist die Üppigkeit, die überall herrscht; eine Art von zufälliger Üppigkeit, die natürlich keineswegs einem Glücks- noch einem Zufall zu verdanken ist [...].“

Vita Sackville-West, *Hidcote Manor Garden* [1949], London 1952.

Ganz oben: Der Bathing Pool Garden.

Oben: Der Pillar Garden.

Unten: Blick in den Old Garden, im Vordergrund Zweige der Libanonzeder.

Einige der schönsten englischen Gärten des 20. Jahrhunderts wurden von weitgereisten Kosmopoliten, die gleichermaßen Gartenbesitzer wie -gestalter waren, geschaffen. Ein Beispiel ist der aus Amerika gebürtige Herr von Hidcote Manor, Lawrence Johnston (1871–1958). Er arbeitete 40 Jahre lang an diesem Garten, hinterließ aber weder Aufzeichnungen noch Tagebücher. Seine Anregungen bezog er aus Italien und Frankreich, von seinen Freunden und den benachbarten Cottagegärten, hinzu kamen seine vollendeten gärtnerischen Fertigkeiten. Zwischen Haus und Garten in Hidcote Manor besteht kein sichtbarer Zusammenhang; Eiben, Buchen und Rasenflächen schaffen die Grundakkorde im Garten, während Schnittbäumchen und Pflanzen anstelle von Statuen oder Urnen den Schmuck bilden.

Die Gärten entwickelten sich in drei Stufen: In der ersten, von der Arts and Crafts-Bewegung beeinflußten, wurden Ziegelwege zwischen geometrisch geformten, dicht bepflanzten Beeten mit Buchseinfassungen angelegt. Der Stil der zweiten Stufe war von architektonischer Klarheit, kühl und klassisch; typisch dafür ist der weitläufige Rasen des Theatre Lawn, der von einer erhöhten, rund eingefaßten Buche abgeschlossen wird. Parallel dazu läuft die Stilt Hedge, die den Blick von der, Venerable Cedar genannten, mächtigen Libanonzeder in die offene Landschaft im Westen rahmt. Die dritte Phase, die noch immer andauert, entwickelte sich parallel zur Gestaltung von Johnstons Besitz an der Riviera, La Serre de la Madone: Profunde Gärtnerkunst und das Wirken der Natur schufen eine kühne und komplexe Struktur von Gartenräumen und Ansichten.

In Hidcote gibt es praktisch keine Mittelachse, doch die Ausdehnung des Theatre Lawn nach Westen und des Long Walk nach Süden schafft Raum zwischen den kleineren abgeschlossenen Gartenräumen. Durch die berühmten roten Bordüren von Blattwerk, Rinde und Blumen wird der Blick aus diesem Gartenareal nach Westen gelenkt, aufwärts über eine Treppe, deren vertikaler Akzent von der niedrigen Bepflanzung und seitlichen gazebos aus Ziegelmauerwerk abgemildert wird. Dann wandert der Blick weiter durch das Langschiff des Stilt Garden in die Landschaft hinaus. Im Osten liegt der einem Cottagegarten nachgebildete Old Garden, die Zeder markiert den Eingang zum ausschließlich weiß bepflanzten White Garden und zum Ahorngarten.

Gegen Süden wiederholen sich Kreisformen durch den Fuchsiengarten zum Bathing Pool Garden, der von Eibenhecken eingefaßt wird. Der von einem Bach durchflossene malerische Stream Garden führt hinauf zur felsigen Rock Bank, die naturnah angelegt, doch mit exotischen Pflanzen ausgestattet ist. Der anschließende Pillar Garden und Mrs. Winthrop's Garden sind mediterran inspiriert. Der Pillar Garden ist in Terrassen angelegt und mit zu Säulen beschnittenen Eiben bepflanzt, diese bilden die Rückwand des Stilt Garden; Mrs. Winthrop's Garden ist einfach gestaltet, gepflastert und dicht abgeschirmt. *C.H.*

Üppige Rabattenbepflanzung mit ein- und mehrjährigen Stauden.

1907 Lawrence Johnstons Mutter, Gertrude Winthrop, erwirbt Hidcote Manor und 120 Hektar des angrenzenden Umlandes; die ersten Gärten beim Haus werden angelegt.

1914–1920 Stilt Garden, die gazebos und Mrs. Winthrops Garden entstehen.

1920–1930 Long Walk, Stream Garden.

1924 Lawrence Johnston erwirbt La Serre de la Madone in Menton an der französischen Riviera.

1927 Johnston unternimmt mit Captain Collingwood (Cherry) Ingram und George Taylor eine botanische Expedition nach Südafrika.

1931 Botanische Expedition mit George Forrest.

1948 Hidcote Manor wird dem National Trust übertragen.

Villa Ephrussi de Rothschild

CAP FERRAT, FRANKREICH

Agaven im französischen Garten.

„[Hier] habe ich mein Ziel erreicht, den Gesetzen der Natur und der Vernunft zu trotzen."

Béatrice de Rothschild, Baroness Ephrussi, zit. n. Miriam Rothschild, *The Rothschild Gardens*, London 1996.

Hauptsächlich die milden Winter waren es wohl, die in der Belle Époque die internationale Elite an die Riviera zogen. Die spektakuläre Landschaft der Meerenge von Cap Ferrat und die Nähe zu Nizza und Monte Carlo verlockten Angehörige des Hochadels, sich dort niederzulassen. Reiseerfahrungen der Auftraggeberin und historische Traditionen verdichteten sich zu Gartenentwürfen, die vom internationalen Geschmack beeinflußt waren und um die Themen Kultur und Kunstsammlungen kreisten.

Das sieben Hektar große Grundstück auf einem Felsvorsprung wurde planiert, mit fruchtbarer Erde bedeckt und mit Bewässerungsanlagen versehen. So entstand ein jardin-vaisseau, ein Garten von schiffsartiger Topographie, dessen Terrassen den Decks eines eleganten Kreuzfahrtschiffs glichen, über denen die Villa wie eine Kommandobrücke thronte. Name und Stil des Hauses wurden sowohl von Madame Ephrussis Reise auf dem Dampfer Île-de-France als auch ihrer Lieblingsfarbe Rosa inspiriert.

Die Besucher der Villa erblicken im Süden einen formalen französischen Garten im kreolischen Stil mit Palmen und Agaven, der von einer Kopie des Temple d'Amour des Trianon begrenzt wird. Vor der Villa liegt ein großer Hof mit Grotte, ein Rundgang um die „Decks" präsentiert Schätze von eher weltlichem Charakter. Der Weg Richtung Westen beginnt mit einem duftenden tiefliegenden „spanischen" Garten: Das Gerinne und die Bögen spiegeln maurischen Einfluß, die rosa Marmorsäulen mit dem Kryptoportikus sind römisch inspiriert. Eine geschwungene zweiläufige Treppe beherbergt eine Grotte und gibt dem Besucher die Wahlmöglichkeit, den Weg fortzusetzen oder weiter nach oben zu steigen. Die Florentiner Terrasse besteht aus einer Reihe von sanft ansteigenden Stufen, die von Zypressen und Steinbalustraden gesäumt sind und eine spektakuläre Aussicht über das Meer bieten.

Die folgenden drei Gärten sind typisch für den Zeitgeschmack: das Lapidarium enthält, in gezieltem Chaos angeordnet, all die architektonischen Fragmente und Statuen, die sonst keine Verwendung fanden; den japanischen Garten ziert eine Keramik-Pagode; im Jardin Exotique schlängeln sich steile Wege um eindrucksvolle Kakteen.

Den „alten" Rosengarten bilden formale Zierbeete, die in fächerförmigen Terrassen um einen sechseckigen Pavillon angelegt sind; Kletterrosen ranken sich um Säulen, und Fayence-Töpfe mit Santolin verbreiten persische Atmosphäre. Das Ende des Gartens löst sich in einer Wildnis von knorrigen Olivenbäumen und Aloen auf, die an eine unberührte Naturlandschaft denken lassen. Der Jardin Provençal fällt zur östlichen Küste hin ab, während sich verschlungene Wege durch das Piniengehölz des Jardin Anglais ziehen. Diese naturnahe Zone mit einem kleinen Tempel verkörpert den Geist des Landschaftsgartens.

Eine Wassertreppe führt zu Kanal und Bassin, in dem sich der imposante rosafarbene, im italienisierenden Zuckerbäckerstil errichtete Bau spiegelt. Breite Wege von weißem Kies konturieren das symmetrische Parterre und heben sich vom frischen Grün ab – es war ein Ballsaal aus Blüten für die Passagiere der ersten Klasse, den der Le Nôtre-Epigone Achille Duchêne (1866–1947) entworfen hatte. *C.H.*

1905 Mme. Ephrussi de Rothschild erwirbt das 7 Hektar große Grundstück am Cap Ferrat.

1912 Die Villa und die Gärten sind vollendet, während der Bauphase wurden mindestens 11 Architekten entlassen.

1916 Maurice Ephrussi stirbt. Mme. Ephrussi bewohnt die Villa nie mehr.

1917, 1926, 1956 und 1985 Exotische Pflanzen fallen starken Frösten zum Opfer.

1934 Die Villa wird dem Institut de France vermacht.

Blick von der Villa nach Westen über das parterre .

Die Villa Île-de-France spiegelt sich im Kanal des französischen Gartens.

Ganz oben: Geformter Stein ist eines der wichtigsten Gestaltungselemente der Anlage.
Oben links: Immergrüne Hecken markieren die einzelnen Abschnitte des geometrischen Gartens.
Oben rechts: Der Travertin-Brunnen aus Bassano di Sutri.

1912 James Deering erwirbt das Grundstück an der Bucht von Biscayne als Wintersitz.
1914 Diego Suarez übernimmt die Gartenplanung. Baubeginn der Villa.
1916 Deering bezieht seinen Wintersitz.
1921 Fertigstellung der Gärten.
1925 Deering stirbt; Vizcaya wird 30 Jahre lang vernachlässigt.
1952 Vizcaya wird als Museum der Öffentlichkeit zugänglich gemacht.
1994 Vizcaya wird zum National Historic Landmark erklärt.

Villa Vizcaya

MIAMI, FLORIDA, USA

„Suarez blickte mit den Augen eines Künstlers, hinweg über Vizcaya im blendenden Licht der Mittagssonne, die lange Allee der Geschichte entlang, zurück in die Zeit des Xenophon und der Anfänge der Gartenkunst des Abendlandes."

James T. Maher, *The Twilight of Splendor: Chronicles in the Age of American Palaces*, Boston 1975.

Im Jahr 1911 suchte James Deering, ein ruhiger und sehr zurückgezogen lebender Junggeselle eine Zufluchtsstätte vor den eisigen Wintern Michigans. Als einer der Erben der International Harvester Company verfügte er über ausreichende Mittel, um seine Träume vom Tropenparadies zu verwirklichen. Es erwies sich als Glücksgriff, daß er Paul Chalfin, den extravaganten ehemaligen Kurator des Boston Museum of Fine Arts engagierte, um ein Haus am Rande der Biscayne Bay entwerfen und einrichten zu lassen. Chalfin begleitete Deering nach Europa, um dort die Atmosphäre der italienischen Villen zu studieren und Antiquitäten zu erwerben. Deerings Geld und Chalfins untadeliger Geschmack machten es möglich, daß fünf Jahre später in der Wildnis Floridas ein unglaublich italienisch wirkender Palazzo erstand, der eine beachtliche Sammlung von Möbeln und Kunstgegenständen des 15.–19. Jahrhunderts beherbergen sollte.

Als Deering 1916 seinen Wintersitz bezog, glich der Garten noch einem Schlachtfeld. Fünf Jahre später erhoben sich aus dem Bauschutt barocke Gärten. Doch der kränkelnde Deering, der während zahlreicher Bauverzögerungen Geduld beweisen mußte, konnte den Garten schließlich nur vier Jahre lang genießen, ehe er 1925 starb.

In den folgenden drei Jahrzehnten verwilderte der Garten, ehe er 1952 für das Publikum geöffnet wurde. Die Nachbildung eines italienischen Gartens des 16. Jahrhunderts ist ein Entwurf von Diego Suarez, einem in Italien ausgebildeten Landschaftsarchitekten. Die Anlage beeindruckt nicht nur durch die Farbgestaltung und die Pflanzen, sondern auch durch konstruierte Blickachsen, geschickt eingesetzte Geometrie und präzis gestutzte Sträucher, exquisite Skulpturen und plätschernde Brunnen.

Andrea Palladios (1508–1580) Prinzip folgend, wonach eine Landschaft eng mit dem Gebäude verbunden sein sollte, entwarf Suarez einen Garten, dessen Hauptachse die Hauptachse der Fassade fortsetzt. Vor der Südterrasse der Villa wurde das Terrain so angelegt, daß der Blick auf ein erhöhtes Bassin fällt, das von einer Allee immergrüner Eichen eingefaßt ist. Jenseits einer von Grotten flankierten Wassertreppe schiebt sich ein sizilianisches Casino in den Blickpunkt.

Beiderseits der Hauptachse erstrecken sich aufwendig gestaltete Parterres. Die Broderien ahmen die Muster der Gärten von La Reggia bei Neapel nach, ihre Einfassungen aus wildem Jasmin anstelle des traditionellen Buchses sind ein Zugeständnis an das subtropische Klima Südfloridas. Zwei lange Promenaden, die wie Fächer links und rechts abzweigen, werden von Statuen mythologischer Götter und Göttinnen gesäumt. Auf der anderen Seite schließt sich eine Reihe kleinerer Renaissancegärten an – ein Labyrinth, ein Geheimgarten, ein Gartentheater wie jenes der Villa la Pietra bei Florenz und ein Rosengarten, in dessen Zentrum der ehemalige Dorfbrunnen aus Bassano di Sutri bei Rom (17. Jahrhundert) steht.

S.G.M.

Rechts: Die Broderieparterres entlang der Hauptachse.

Viceroy's Garden (Garten des Vizekönigs) NEU-DELHI, INDIEN

„Ein Paradies, das zu genießen man nicht müde wurde."

Vizekönig Edward Frederick Lindley Wood, Erster Earl of Halifax, *Fullness of Days*, London 1957.

Der Garten des Vizekönigs in Neu-Delhi war Sir Edwin Lutyens bedeutendster Gartenentwurf. Konzipiert als Ausdruck der Macht des britischen Raj, vereinte er in sich die Gartentraditionen des Ostens und des Westens.

Lutyens Gärten waren seit jeher stark von formalen Elementen geprägt – eine Tendenz, die sich ab etwa 1905 verstärkte, als er sich vom eklektizistischen Stil seiner früheren Entwürfe entfernte und einem monumentalen Klassizismus zuwandte. Obwohl der weitläufige Garten für den Sitz des Vizekönigs völlig anders geartet ist als der Cottage-Stil von Munstead Wood, enthält er einige persönliche Merkmale, die auf die frühen gärtnerischen Lehrjahre bei Gertrude Jekyll zurückgehen.

1912 wurde Lutyens in die Planungskommission für die neue Hauptstadt Delhi berufen, bald wurde ihm der Entwurf des wichtigsten Gebäudes, des Sitzes des Vizekönigs samt Garten übertragen. Der Generalplan von Delhi ging einerseits auf die Prinzipien der Beaux-Arts-Tradition, andererseits auf die Ideen der englischen Gartenstadt-Bewegung zurück. Lutyens bestand darauf, daß das Viceroy's House überwiegend westlich und klassisch geprägt sein sollte, obgleich es auch Traditionen der östlichen Kulturen integrierte.

Im Unterschied zum Haus zeigte der von Lutyens 1917 entworfene Garten eine größere Ausgewogenheit zwischen europäischen und orientalischen Zügen. Lutyens war aufgefordert, bei seiner Planung Anregungen von den Gärten der Mogulherrscher des 16. und 17. Jahrhunderts, des Taj Mahal, der Gärten Srinagars, Lahores und der Roten Forts von Delhi und Agra einzubeziehen. Entsprechend den indo-persischen Vorbildern ist Lutyens' riesiges Hauptparterre durch Kanäle in vier Segmente geteilt und mit Brunnen durchsetzt. Anstelle des in den Mogulgärten üblichen Wasserbeckens befindet sich in Lutyens' Entwurf ein quadratischer Rasenplatz für offizielle Tea Parties im Mittelpunkt.

Der raffinierteste Aspekt des Entwurfes ist die Verknüpfung des Gartens mit dem zugehörigen Palast und dem Grundriß der Stadt. Der Garten ist auf Sandsteinmauern errichtet, die den Unterbau des Hauses bis in den Garten fortsetzen. Der Grundriß entspricht dem Achsenraster des Hauses, und die Hauptachse des Gartens ist die Fortsetzung der Hauptachse der Stadt, die vom Denkmal König Georges V. ausgeht. Im Garten zieht sich diese Achse durch das Parterre und einen langen ummauerten Garten, dessen Mittelteil durch eine Pergola überdacht wird, und endet schließlich in einem kreisförmigen sunken garden mit zentralem Bassin. Lutyens ließ diesen Gartenabschnitt so bepflanzen, daß zahlreiche Schmetterlinge angezogen wurden – eine kleine Laune, die gut zu dem Paradiesthema paßte, das Lutyens mit der indischen Gartentradition übernommen hatte.

Nach der Unabhängigkeitserklärung Indiens im Jahr 1947 wurde der Palast des Vizekönigs die Residenz des indischen Präsidenten und trägt heute den Namen Rashtrapati Bhavan.

D.C.

Blick entlang der Hauptachse auf den Palast des Vizekönigs.

1911 Die Verlegung des indischen Regierungssitzes nach Delhi wird angekündigt: König George V. legt den Grundstein der neuen Stadt.

1912 Edwin Landseer Lutyens (1869–1944) wird in die Delhi Planning Commission berufen.

1913 Lutyens und Herbert Baker werden mit der Planung der wichtigsten Regierungsgebäude von Neu-Delhi beauftragt. Lutyens übernimmt das Viceroy's House und den Garten. Der Vizekönig, Lord Hardinge, stimmt dem Plan zu, die neue Stadt in der Ebene südlich von Delhi zu errichten.

1917 Lutyens entwirft den Viceroy's Garden.

1918 Lutyens Plan wird der Regierung vorgelegt.

1928/29 Der Garten wird mit Hilfe von William Robertson Mustoe vom Punjab Horicultural Department bepflanzt.

1931 Neu-Delhi wird vollendet. Viceroy's House und Garden werden dem Vizekönig, Lord Irwin, übergeben.

Steinwand und -treppe zwischen Parterre und Tennisplätzen.

Blick auf das Parterre mit Kanälen und Brunnen.

Dumbarton Oaks

WASHINGTON, D.C., USA

Blick auf die Hainbuchenellipse.

„An einem Frühsommerabend bringen das Plätschern des Wassers und der Gesang der Drossel den Frieden von Innisfree, der selbst auf den ruhelosesten Geist ‚langsam herabsinkt'."

Beatrix Farrand, *Dumbarton Oaks Garden,* New York, o. J.

Im Jahr 1922 begann die Zusammenarbeit von Robert und Mildred Bliss mit Beatrix Farrand (1872–1959), die in den folgenden 26 Jahren zu einer außergewöhnlichen Gartenschöpfung führte. Dumbarton Oaks atmet den Geist von Farrand: Ihre architektonische und gartengestalterische Begabung vereinigte die Talente von Lutyens und Jekyll und integrierte zudem Anregungen von Kollegen und Schülern. Den Grundton der Anlage bestimmt das georgianische Herrenhaus, dessen Garten sich von den geometrischen oberen Terrassen asymmetrisch über gemauerte Terrassen herabzieht. Farrand führte diesen Entwurf zur Vollendung: Bewußt verlängerte sie nicht die Hauptachse der Nordansicht, so daß der Besucher in dem Augenblick, als er beginnt, ein symmetrisches Muster zu erahnen, über einen gewundenen Pfad zu halbversteckten Entdeckungen geführt wird.

Stein, Ziegel und komplizierte Kieseinlegearbeiten verbinden sich mit Wasserbecken, Brunnen, Bassins und Bächen zu Rhythmen und Refrains, welche den Garten durchziehen. Farrand sammelte antike Statuen und entwarf neue Skulpturen, die von Frederick Coles ausgeführt wurden. Sie vermied die traditionellen Stechpalmen-, Buchs- und Eibenhecken, die im extremen Klima Washingtons auch kaum gedeihen konnten. Als Ersatz dienten von Blauregen überwucherte Steinmauern, welche die Nordansicht rahmten; und auch Ruth Haveys beschnittener Efeu auf der Buchsterrasse und Alden Hopkins' Hainbuchenellipse stellen eine Verbesserung der ursprünglichen Konzepte dar. Die Nordansicht, die Grüne Terrasse und die Tierkreisterrasse nahe dem Haus sind mit Einzelbäumen bepflanzt. Von hier aus blickt man im Frühling auf eine Wolke rosafarbener Kirschblüten, auf den symmetrischen Swimmingpool oder das Steinparterre.

Das Klima machte es Farrand unmöglich, Jekylls Farbschemata zu folgen, doch sie konnte saisonale Höhepunkte schaffen. Sie entwarf herbstliche Blumenrabatten in Gelb und Rot, dazwischen beschnittene Eiben; anschließend wird der Blick in einen Baldachin von Spitzahorn emporgelenkt. Den „Ballsaal" von Farrands Garten bildet der Rosengarten: Die Rosen waren nur ein Teil des Konzepts; von gleicher Bedeutung waren der Grundriß innerhalb der Stein- und Ziegelwände und die Akzente der Buchsbäumchen und niedrigen Hecken.

Eine Doppeltreppe führt hinunter zum Brunnengarten. Danach steigt der Besucher drei halbkreisförmige Treppen hinab zur Laubenterrasse oder folgt dem verschlungenen Pfad zwischen den Bäumen zum theatralischen Bassin der Lover's Lane.

Ruth Havey führte in etlichen Abschnitten des Gartens geschwungen ornamentierte Steinarbeiten ein, einschließlich der Buchsterrasse, die im Zentrum mit Kiesintarsien geschmückt ist und von beschnittenem Efeu eingefaßt wird. Im Jahr 1961 entstand aus einem Tennisplatz der Kiesgarten, eine großartige Neuinterpretation der Broderie- und Wasserparterres in behauenem Stein und farbigen mexikanischen Kieselsteinen. Die unterschiedliche Pflasterung zu Füßen des Besuchers, die Balustraden und Sitzgelegenheiten, von denen aus der Garten betrachtet werden kann, sowie die Mauern, hohen Hecken und im Wind schaukelnden Zweige lassen in Dumbarton Oaks Kunst und Natur bildhaft verschmelzen. *C.H.*

1922 Robert und Mildred Bliss beauftragen Beatrix Farrand mit der Gartengestaltung.

1935 Ernest Clegg hält den Garten in topographischen Aquarellen fest.

1941 Das Ehepaar Bliss überträgt Dumbarton Oaks der Harvard University, Beatrix Farrand verfaßt das Pflanzenbuch für Dumbarton Oaks. Über 10 Hektar Grund werden dem National Park Service übertragen.

1959 Alden Hopkins pflanzt die Hainbuchenellipse.

1961 Umwandlung des Tennisplatzes in einen Kiesgarten.

1968 Der Museumshof wird angelegt, dabei wird ein oktogonales Mosaikbassin aus der Zeit um 500 n. Chr. integriert.

Der Kiesgarten.

Weiße Wisteria auf der Nordseite.

Blick durch die Laube am Rande des Rosengartens auf die Laubenterrasse.

Die rosa Rabatte.

1930 Am 7. Mai kaufen Harold Nicolson und Vita Sackville-West Sissinghurst und beginnen mit der Gestaltung des Gartens.

1931 Der zentrale Torbogen wird geöffnet, zahlreiche Wege werden angelegt.

1932 Die Pappelallee, Lindenallee, Eibenallee und das Eibenrondell werden angepflanzt; die Pflasterung des Hofes ist vollendet.

1933 In einer Ecke des Weißen Gartens wird das Erechtheum, eine Pergola auf Fragmenten von klassischen Säulen, errichtet.

1934–1936 Die Arbeit an Haus und Gärten wird ständig fortgesetzt.

1937 Der Gemüsegarten wird zum Rosengarten umgestaltet. Der Obstgarten wird als wilder Garten angelegt.

1938 Anpflanzung des Kräutergartens.

1962 Vita Sackville-West stirbt.

1967 Das Haus wird dem National Trust überschrieben, um die Erbschaftssteuer zu begleichen.

1968 Harold Nicolson stirbt.

1971 Die eiserne Laube ersetzt die Mandelbäume im Weißen Garten.

Sissinghurst

KENT, ENGLAND

„Schönheit mit Nutzen gepaart,
und wieder Schönheit
kittet mein zerbroch'nes Herz, gibt Gedanken Raum
gleichbedeutend mit einem vergeblichen Traum."

Vita Sackville-West, *Sissinghurst*, „V.W." gewidmet. Handdruck von Leonhard und Virginia Woolf, London 1931.

Im Jahr 1930 erfuhr Vita Sackville-West, daß ein Stammsitz ihrer Familie, das verfallene Sissinghurst Castle aus der Tudorzeit zum Verkauf stand. Sackville-West und ihr Mann Harold Nicolson hatten in Persien gelebt, Europa bereist und ihren ersten Garten in Long Barn bei Sevenoaks in Kent geschaffen. In Sissinghurst entwarf Harold Nicolson nach dem Vorbild der Gärten von Avebury und Hidcote Manor, durch Einbeziehung der Ruine sowie der Anfang der dreißiger Jahre angelegten und seitdem unveränderten Hecken und Blickachsen einen architektonischen Rahmen für das flache, knapp drei Hektar große Areal.

Eine Pappelallee führt auf das Schloß zu, das sich auf einen umfriedeten grünen Hof öffnet, der von einem hohen Turm überragt wird. In diesem lag Sackville-Wests Arbeitszimmer mit einer großartigen Aussicht über den ganzen Garten. Geradezu führt der Blick quer über Eibenweg und Obstgarten zu einer Dionysosstatue. Gegen Norden erblickt man jenseits des Tower Lawn und durch das Bishop's Gate den Weißen Garten (ehemaligen Rosengarten), während man im Süden entlang der Eibenallee und über das Rondell auf die Statue eines Bacchanten schaut, die den Abschluß der quer dazu verlaufenden Lindenallee bildet. Andere Blickachsen ergeben sich durch die Lindenallee und den Grabenweg (Moat Walk), die zwischen den Gartenräumen hin und her führen. Diese Achsen verbinden die von Mauern aus der Tudorzeit oder grünen Hecken umgebenen geometrischen Gärten. Die Lindenallee, auch Spring Garden genannt, wurde mit mathematischer Präzision geplant, die Kronen der 15 Bäume auf jeder Seite bilden ein dichtes Dach über dem Weg. Nach Aussage von Anne Scott James wirken die Frühlingsblumen, die dichte Teppiche unter den Bäumen bilden, „als sei eine Botticelli-Göttin diesen Weg entlanggeschritten und habe dabei Blumen verstreut".

Nach dem Krieg setzte Sackville-West ihre von Gertrude Jekyll beeinflußte farbige Gestaltung der Rabatten auch im berühmten Weißen Garten fort. Zwergbuchshecken umrahmen üppige Beete mit weißen oder weiß blühenden Pflanzen. Im Zentrum des Weißen Gartens befindet sich ein Gefäß aus der Ming-Zeit in einer Laube aus Eisenrohr, über die sich heute die weiße Rosa longicuspis rankt, ursprünglich standen hier vier Mandelbäume. Die mit Zwergbuchs eingefaßten Kompartimente im Rosen- und Rondellgarten zeigen verschiedenartige Rosenstöcke in Harmonie mit einer Vielzahl von Blumen und Sträuchern, die den Garten auch außerhalb der Rosenblüte schmücken. „Persische Teppiche" aus kriechendem Thymian führen zum entfernt gelegenen Kräutergarten, dessen üppig wuchernde Beete ein sinnliches Vergnügen für Auge und Nase bieten. Der aus alten Mauerstücken und Steinen zusammengesetzte Thron von Edward the Confessor dient heute Kamillenpflanzen als Sitz. Der unregelmäßige Verlauf des Moat Walk wird durch einen Wall von Azaleen überdeckt. Der Weg führt über das South Cottage und den Cottage Garden zum Schloß zurück. An den Weißen Garten schließt sich Delos an, ein kleiner Garten, der nach der griechischen Insel Delos, dem Geburtsort Apollos und Dianas, benannt ist. *C.H.*

Haupteingang zum Schloß.

Die säulenförmig gestutzten Eiben nehmen die zylindrische Form des Schloßturms auf.

Flache Blumenschalen markieren die Wege zwischen den Beeten.

Ninfa

NINFA, ITALIEN

„Man scheint das Dornröschenschloß zu betreten, in dem Tore, Bögen, Türme, Mauern, Kirchen und Häuser von Blüten übersät sind – Blauregen, Geißblatt, Klematis, Passionsblumen und vor allem Rosen –, die sich himmelwärts türmen, um dann wieder in Kaskaden herabzufallen."

Roy Strong, *Garden Party,* London 2000.

Die riesigen Blätter der Gunnera säumen das Flußufer.

Der Garten von Ninfa erblüht zwischen den verwinkelten Gassen und Ruinen einer einst florierenden mittelalterlichen Stadt. Dank seiner einzigartigen Schönheit wurde er zur Pilgerstätte für Gartenfreunde.

Die an der Hauptverbindung zwischen Rom und Neapel gelegene Stadt Ninfa hatte viele Jahre des Wohlstands erlebt, bevor sie im späten 14. Jahrhundert während eines Bürgerkriegs in Schutt und Asche gelegt wurde. Die wenigen Überlebenden fielen bald der Malaria zum Opfer, so daß die Stadt über 500 Jahre verlassen war. Im 20. Jahrhundert wurde sie von drei Frauen der Familie Caetani, in deren Besitz sich Ninfa 700 Jahre lang befand, im Laufe von 90 Jahren in einen schönen Garten verwandelt.

Ada Wilbraham Caetani, die englische Gemahlin des Herzogs Onorato Caetani, brachte ihre sechs Kinder oft zum Picknick nach Ninfa. Bei diesen Besuchen pflanzte sie Rosenstecklinge an den verfallenden Mauern. Diese Rosen kann man noch heute an den auffallend dicken Stämmen erkennen.

Ihre Nachfolgerin war Marguerite Chapin Caetani, die anglo-amerikanische Frau des Herzogs Roffredo Caetani, die zwei Literaturzeitschriften gegründet hatte. Sie nahm ihre Arbeit im Garten 1932 auf und verfolgte sie leidenschaftlich bis zu ihrem Tod im Jahr 1958. Sie hatte eine Vorliebe für alte Rosen und bestellte allein im Jahr 1949 beim berühmten englischen Züchter Hilliers 128 verschiedene Sorten. Heute beherbergt der Garten 200 Sorten, von denen etliche nicht identifiziert sind.

Die letzte Gärtnerin aus dem Hause Caetani war Marguerites Tochter Lelia, eine begabte Malerin. Gemeinsam mit ihrem Mann Hubert Howard arbeitete sie daran, die Zukunft des Gartens zu sichern. Da das Ehepaar keine Kinder hatte, rief es die Caetani-Stiftung ins Leben, die Ninfa nach ihrem Tod weiterführen sollte. Eine Naturschutzzone um den Garten herum gewährleistet, daß der Fluß nicht durch Industrieabwässer verschmutzt wird.

1297 Pietro Caetani erhält Ninfa von Papst Bonifatius VIII. Caetani zum Geschenk.

1382 Durch einen Bürgerkrieg wird die Stadt bis auf die Grundmauern zerstört.

1922 Ada Wilbraham Caetani beginnt in den Ruinen Rosen anzupflanzen.

1932 Marguerite Chapin Caetani übernimmt den Garten von Ada.

1958 Nach dem Tod ihrer Mutter übernimmt Lelia Caetani den Garten in Ninfa.

1977 Tod von Lelia, der letzten Nachfahrin aus dem Hause Caetani.

1986 Lelias Witwer, Hubert Howard, stirbt; der Garten wird einer Stiftung übertragen.

Die Blüten des Gelbholzsumach (Cotinus coggygria) spiegeln sich im Fluß.

Trotz des Ansturms von Besuchern aus aller Welt konnte Ninfa eine Atmosphäre tiefen Friedens bewahren. Im zeitigen Frühjahr gleicht es einem Meer aus leuchtenden Kirschblüten. Später sind die Mauern der ehemaligen Häuser, Kirchen und Werkstätten mit Kaskaden von Rosen, Klematis, Blauregen und stark duftendem Sommerjasmin überzogen.

Das Plätschern des Wassers durchdringt den Garten bis in die hintersten Winkel. Ein eiskalter und unglaublich klarer Bach durchströmt die Anlage, sein Verlauf wird von dichten Gunnerabüscheln und strahlend gelben Schwertlilien akzentuiert. Von einer alten Brücke hängen die riesigen Blüten einer Glyzinie ins Wasser. Zahlreiche lebhafte Bächlein durchziehen den Garten – reflektierende Wasserbänder, auf denen häufig Schwaden gemähten Grases treiben. An manchen Stellen wird das Wasser zu Miniaturwasserfällen gebündelt, an anderen kreuzt es in winzigen Aquädukten den eigenen Lauf. Im späten Frühjahr überwuchern die Wachsblüten des Aronstabes die Ufer der Wasserläufe. *H.A.*

Blauregengirlande vor einer mittelalterlichen Brücke.

Blühende Aronstäbe an einem Wasserlauf.

Fallingwater

BEAR RUN, PENNSYLVANIA, USA

„Mit meinem Geld konnte ich mir viele schöne Dinge im Leben leisten, doch keines hat mir mehr Freude gemacht, als das Haus, das sie am Bear Run für mich errichtet haben."

Edgar J. Kaufmann im Gespräch mit Frank Lloyd Wright, zit. n. Frank Lloyd Wright, *Letters to Clients*, London 1987.

Das Haus fügt sich organisch in die natürliche Umgebung ein.

1935 Frank Lloyd Wright entwirft das Haus.
1937 Vollendung des Baues.

Das von Frank Lloyd Wright (1867–1959) entworfene Haus Fallingwater wird im allgemeinen als sein schönstes Wohnhaus betrachtet. Im frühen 20. Jahrhundert hatte Wright die europäische Moderne beeinflußt, zuerst in den Niederlanden, dann in anderen Ländern. Als jedoch im Jahr 1932 die International Style Exhibition in New York stattfand, betrachtete man sein Werk eher als Vorläufer der modernen Architektur denn als ihren Bestandteil. Im Unterschied zur Moderne waren seine Architekturprinzipien nicht von universeller Gültigkeit, sondern an die regionale Identität gebunden und in den Charakteristika der jeweiligen Topographie verankert.

Auf seine Reputation aufbauend, gründete Wright 1932 das Taliesin Fellowship, wo angehende Architekten Wright für das Privileg bezahlten, in seinem Büro Erfahrungen zu sammeln. Einer von ihnen war Edgar Kaufmann Jr., ein junger Kunststudent, der später ein bekannter Kunsthistoriker werden sollte. Sein Vater, Edgar J. Kaufmann, war der Eigentümer des Kaufmann Department Store in Pittsburgh. Anläßlich eines Besuches bei ihrem Sohn gaben die Kaufmanns den Entwurf eines Landhauses am Bear Run, einem Bergfluß in den Appalachen im nordwestlichen Pennsylvania in Auftrag. Wright begutachtete den Bauplatz, doch neun Monate später gab es trotz wiederholter Nachfragen noch immer keine Skizzen. Als Kaufmann wieder einmal anrief, um sich nach den Entwürfen zu erkundigen, bestätigte ihm Wright, daß sie bereits fertig seien. Das löste bei den Mitarbeitern des Büros große Bestürzung aus. Doch einige Stunden später hatte Wright tatsächlich die erforderlichen Zeichnungen angefertigt.

Der Baugrund liegt auf einem steilen Waldstück, das von einem Fluß durchschnitten wird und im Zentrum einen großen Wasserfall aufweist. Kaufmann hatte sich ein Haus mit Blick auf den Wasserfall vorgestellt; doch Wright setzte das Haus direkt darüber. Kaufmanns Plan hätte eine Orientierung des Gebäudes nach Norden verlangt, während Wrights Vorschlag sich die Dynamik des Wasserfalls und eine südseitige Orientierung zunutze machte. Das Haus wurde als eine Reihe von Betonterrassen konzipiert, die über dem Wasserfall schweben und in rauhen Steinwänden verankert sind, welchen den örtlichen Felsen nachgebildet sind. Es wurde um die auf dem Grundstück vorhandenen Steine herum gebaut, die vor Ort belassen wurden, selbst dort, wo sie die Fußböden des Hauses durchstoßen. Das Innere gleicht also einer möblierten Höhle. Die im Haus verlegten Pflastersteine reflektieren die Farben der Steine im darunterliegenden Fluß, welche durch eine Glastür im Boden sichtbar sind. Von dort führt eine Treppe zum Fluß hinab und betont so die Verbindung zur Natur. Der Wasserfall selbst ist vom Haus aus nicht zu sehen, doch man erlebt und hört ihn.

Das Haus ist im leichten Winkel zum Fluß so ausgerichtet, daß sich aus den verschiedenen Räumen die beste Aussicht bietet. Man nähert sich dem Gebäude von oben und nimmt es zuerst halb verdeckt von der offenbar unberührten Vegetation des Waldes wahr. Durch einen versteckten Eingang betritt man das asymmetrische Gebäude, das gleichsam aus dem Boden wächst und sich organisch entwickelt. Der Charakter des Gebäudes ist also maßgeblich durch die Beschaffenheit des Grundstücks bestimmt. *J.W.*

Das Haus erhebt sich mit drei Ebenen über einem Wasserfall.

Der Wasserfall ist vom Inneren des Hauses nicht zu sehen, doch sein Geräusch durchdringt alle Räume.

Villa Mairea

NOORMARKKU,
FINNLAND

„Die Pflanzen und andere „gegensätzliche" Elemente verbinden sich zu einer neuen multivalenten Welt: In der Villa, ebenso wie in vielen modernen Gemälden, existieren Nationales und Internationales, Zeitgenössisches und Überliefertes, Regionales und Exotisches in einer provokanten Symbiose Seite an Seite."

Richard Weston, ‚Zwischen Natur und Kultur: Reflections on the Villa Mairea', in: W. Nerdinger (Hg.), *Alvar Aalto: Toward a Human Modernism*, München-London-New York 1999.

Blick durch den Kiefernwald auf die Villa.

1937/38 Alvar Aalto und seine Frau Aino entwerfen die Villa Mairea.
1938/39 Bau der Villa.
1939 Der Landschaftsarchitekt Paul Olsson wird für die Gartenplanung hinzugezogen, die er in jährlichen Besuchen überwacht; später übernimmt sein Assistent Erik Sommerschieldt diese Aufgabe.
Um 1957 Die Gartenarchitektin und frühere Olsson-Schülerin Maj-Lis Rosenbröijer setzt die Beratung und jährliche Weiterentwicklung der Gartengestaltung fort.

Die Villa Mairea ist ein Entwurf von Hugo Alvar Henrik Aalto (1898–1976) und trug entscheidend zu seinem internationalen Ruhm als Architekt bei.

Auftraggeber der Villa war ein fortschrittlich gesinntes junges Ehepaar, Harry und Maire Gullichsen. Sie hatten Alvar Aalto bereits in den Jahren 1935–1939 zur Ausarbeitung eines sozialutopischen Siedlungskonzepts für die Sunila Sulphat-Zellulose-Fabrik herangezogen und sich mit ihm angefreundet. Es war also folgerichtig, daß sie ihm die Planung ihres Privathauses im westfinnischen Noormarkku übertrugen. Die Villa sollte auf einem familieneigenen Grundstück, in der Nähe der Ahlström-Werke, errichtet werden.

Blick in den Innenhof mit Sauna (links) und Swimmingpool.

Architekturkritiker beschrieben den Bau treffend als Collage aus persönlichen Erfindungen und bodenständiger Tradition, die zudem durch die Verwendung natürlicher Materialien auch japanische Einflüsse und die Entwurfsprinzipien von Frank Lloyd Wrights Fallingwater beinhaltete. Doch bei aller Modernität, die im Umgang mit dem Material und in der Raumbehandlung zum Ausdruck kommt, ist die Villa fest in der nationalen Tradition verankert und wurde folglich zu einer Ikone der finnischen Moderne.

Die Villa wurde in gut gewählter Lage inmitten eines natürlich gewachsenen Föhrenwaldes errichtet; der alte Baumbestand blieb weitgehend erhalten. Villa und Nebengebäude sind um einen intimen Innenhof angeordnet, wie er in traditionellen finnischen Bauernhöfen zu finden ist. Zwei L-förmige Trakte formen ein U, bei dem eine Seite von der zweistöckigen Villa und die andere Seite vom überdachten offenen Sitzplatz und der Sauna gebildet wird. Das raffinierte Raumsystem des Haupttraktes wurde als zusammenhängender Wohnraum gestaltet, der vom Hof nur durch eine Glaswand getrennt ist, wodurch die Grenzen zwischen Innen- und Außenraum aufgehoben scheinen. Das nierenförmige Schwimmbecken auf der Gegenseite ist fester Bestandteil der Hofgestaltung und vermittelt doch durch seine freie Form den Übergang zur Natur. Die angrenzende Sauna mit Rasendach und einer Balustrade aus schlanken Föhrenpfosten verschmilzt mit dem umgebenden

Detail der Gartengestaltung – Steinplattenweg am Pool.

Wald. Die Steinmauer, die den offenen Sitzplatz umgibt, erinnert an alte Kirchenmauern, der Holzzaun des Hofes nimmt Bezug auf die traditionellen Zäune der Bauernhöfe. Im Gegensatz dazu kommen bei den Pfeilern und Trennwänden innerhalb und außerhalb der Villa keine roh verarbeiteten Naturmaterialien zur Anwendungen, dennoch gleichen sie den Baumstämmen des umliegenden Waldes. Dieses Raffinement scheint beim Dachgarten der Villa auf die Spitze getrieben zu sein, der von einer weißen Balustrade eingefaßt wird; sie gleicht den Geländern auf einem Ozeanriesen, eines Sinnbilds der Moderne. Doch der Schein trügt: Die Balustrade bildet eine wellenförmige Kontur und folgt nicht genau den Dachkanten, wodurch sie sich vom rein Funktionalen entfernt und ein künstlerisches Element einbringt.

Aaltos Entwurf vereint Natur und Tradition, Raffinement und moderne Kunst und schafft damit ein häusliches Umfeld, das in Beziehung zum besonderen Charakter der Umgebung steht. *J.W.*

El Novillero

SONOMA,
KALIFORNIEN, USA

„Es ist wichtig, daß im Zentrum der Gartenplanung eine beherrschende Idee steht. Mache eine Sache gut und ordne die anderen im Maßstab dieser Idee unter. […] Frieden und mühelose Leichtigkeit sind die dominanten Merkmale des neuen Gartens – Frieden und Schönheit für das Auge und die mühelose Erhaltung für den Eigentümer. Weniger und einfachere Linien werden im Garten verwendet, auch weniger und einfachere Materialien. Alles ist so angelegt, um dem Auge völlige Erholung zu gewähren."

Thomas D. Church, *Gardens are for People*, Berkeley 1995 [1955].

Oben links: Der Swimmingpool wurde zum Inbegriff des free-form-style.

Oben rechts: Das Haus liegt am Ende eines kurvenreichen Zufahrtsweges.

1941 Dewey Donnell kauft die Lakeville Ranch Property (über 1 000 Hektar)

1943 Der Grundbesitz wird durch den Ankauf von weiteren 580 Hektar erweitert.

1947/48 Der Swimmingpool wird nach Entwürfen von Thomas D. Church angelegt.

1948 Fertigstellung der Nebengebäude am Swimmingpool nach Plänen von Churchs Mitarbeiter George Rockrise.

1950 Bau des von Rockrise entworfenen *lanai*.

1949/50 August Pierpont entwirft das Haupthaus.

1953 Church entwirft den Kräutergarten.

El Novillero wurde als einer der bedeutendsten und berühmtesten Gärten des 20. Jahrhunderts bezeichnet. Seine Anordnung und besonders der Swimmingpool mit der Plastik von Adeline Kent wurden zum Inbegriff des kurvilinearen free-form-style und des Westküsten-Lebensstils. Das Leben unter freiem Himmel spielt in Kalifornien eine große Rolle, deshalb sind die Gärten integraler Bestandteil dieses Konzepts. Thomas Dolliver Church (1902–1978), dessen Atelier für die Landschaftsplanung von El Novillero zuständig war, hatte eine konventionelle Ausbildung in der Beaux-Arts-Tradition durchlaufen. Eine Europa-Reise im Jahr 1937 beeinflußte jedoch seine Architekturauffassung entscheidend. Der finnische Architekt Alvar Aalto (1898–1976) inspirierte ihn, die jeweilige Topographie und die örtlichen Gegebenheiten zu nutzen, statt diese einer vorgefaßten Idee anzupassen. Nach seiner Rückkehr übernahm Church auch den Vertrieb von Aaltos Glasentwürfen und Möbeln in den USA.

Eine passende Gelegenheit, die neue Planungstheorie umzusetzen, ergab sich mit dem Umbau einer Rinderfarm im südlichen Teil des Sonoma-Tals, in der Nähe von San Francisco. Dewey Donnell, Sohn einer reichen Industriellenfamilie aus Ohio (Marathon Oil), kaufte zwischen 1941 und 1943 das gesamte Gelände der über eineinhalbtausend Hektar großen Lakeville Ranch. Auf sanft gewellten Hügeln erstreckte sich das Weideland, dazwischen ragten Felsen und immergrüne kalifornische Eichen empor. Von den Hügeln erblickt man im Süden Sumpfland mit zahlreichen Wasserläufen sowie den nördlichen Abschnitt der San Pablo-Bucht. 1942 baute Dewey ein altes Gästehaus für sich um und nannte es El Novillero, im selben Jahr heiratete er und gründete eine Familie.

Die kriegsbedingte Materialknappheit und auch Wassermangel verzögerten den Bau des neuen Familiensitzes, doch im Jahr 1947 konnte man endlich mit der Konzeption beginnen, einen ursprünglichen Generalplan dürfte es jedoch nicht gegeben haben. Das Haus

und der Garten wurden schrittweise angelegt, als erstes entstand der Swimmingpool mit den zugehörigen Gebäuden. Sie wurden notdürftig als Wasserreservoir (das vor jeglicher Bautätigkeit erforderlich war) und Farmgebäude getarnt, um die Baugenehmigung zu erhalten. Als 1950 die Baubeschränkungen aufgehoben wurden, erweiterte man die Gebäude um einen lanai, einen in Hawai üblichen, auf einer Seite offenen Wohnraum. Zur selben Zeit entstand unterhalb des Bassins das neue Haus. Sowohl beim Swimmingpool als auch um das Haus herum wurden die immergrünen Eichen sorgfältig erhalten, somit war gleich ein alter Baumbestand vorhanden.

Eine lange kurvenreiche Zufahrtsstraße schlängelt sich über die Hügel und endet am Haus, das in einer Senke unterhalb des dicht bewaldeten Hügels liegt. Das Haus verdeckt zunächst das Panorama im Hintergrund. Vom Inneren des Hauses jedoch öffnet sich die Aussicht auf die Salzsümpfe in Richtung der Bucht von San Pablo; das ganze grandiose Panorama entfaltet sich erst, sobald man die Hügelkuppe mit dem Swimmingpool erreicht. Der Bereich des Pools wurde mit Rücksicht auf die Bodenkonturen und die vorhandene Vegetation angelegt und vermittelt durch die enorme Weitsicht den Eindruck, man befände sich auf dem Dach der Welt. Die unregelmäßige Form des Bassins spiegelt die Wasserläufe im Tal, sie könnte aber auch von Aaltos Schwimmbecken für die Villa Mairea inspiriert sein. Die Pflasterung bezieht natürliche Elemente ein und läßt eine große offene Terrasse entstehen; sie wird durch ein Deck erweitert, das über eine kleine Eichengruppe ragt. *J.W.*

Von der eichenbestandenen Hügelkuppe mit dem Swimmingpool hat man einen phantastischen Ausblick in die Landschaft.

The Irwin Miller Garden

COLUMBUS, INDIANA, USA

„Kileys wesentlicher und denkwürdiger Einfluß auf die internationale Gartenarchitektur wird von Dauer sein [...] auf seine ruhige Weise ist er eine echte Leitfigur."

Garret Eckbo.

Mit gutem Grund könnte man annehmen, daß der weithin als Ikone der amerikanischen Moderne gefeierte Garten in Kalifornien zu finden wäre, vielleicht auch in New York. Doch diese Vermutung täuscht, der Garten liegt „fernab" in Columbus, Indiana.

Er gehört zum Anwesen von J. Irwin Miller, einem Vertreter des konservativen Mittelwestens, den ein feines Gespür für die Moderne auszeichnet. Als Miller sich in den frühen fünfziger Jahren zum Bau eines Hauses entschloß, beauftragte er den prominenten Avantgardisten Eero Saarinen mit dem Entwurf. Saarinen strebte nach Transparenz – und entsprach damit dem modernen Ideal von der Auflösung der Grenzen zwischen Architektur und Landschaft. Das Ergebnis war ein Gebäude mit niedrigem Dach und Glaswänden, das den Charakter eines Pavillons hatte.

Zur Landschaftsgestaltung zog Saarinen Daniel Urban Kiley heran. Kiley hatte an der Graduate School of Design der Harvard University studiert und sich dort gemeinsam mit den Kommilitonen Garrett Eckbo und James Rose lautstark gegen die Beaux-Arts-Tradition der Schule ausgesprochen. Seinen architektonischen Idealen verlieh Kiley in einer Reihe von öffentlichen Projekten Ausdruck. Als einer der herausragenden amerikanischen Landschaftsarchitekten ist er für so prominente Bauten wie die U.S. Air Force Academy, die John F. Kennedy Library und das Lincoln Center bekannt. Das Irwin-Miller-Haus befindet sich auf einem etwa vier Hektar großen rechteckigen Grundstück, das sanft zum Flatrock River hin abfällt. Auf dem Gelände gab es keine räumlichen Einschränkungen; damit entsprach die Topographie dem Traum jedes Gartenarchitekten: einen Bodennullpunkt als Grundlage zu nutzen, auf der sich eine moderne Geometrie deutlich voneinander getrennter Räume frei entfalten läßt. In Übereinstimmung mit dem funktionalen und transparenten Charakter des Hauses schuf Kiley eine Gartenlandschaft, die die Besonderheiten der Landschaft von Indiana berücksichtigte und darüber hinaus von universeller Gültigkeit ist.

25 Jahre lang blieb der Garten der Öffentlichkeit verborgen. Die Millers schützten ihre Privatsphäre und lehnten jede Form von Publicity ab. Erst in den frühen achtziger Jahren genehmigten sie die Veröffentlichung von Fotos in Büchern und Zeitschriften. Mit einem Mal trat der in seiner Bepflanzung ausgereifte und sorgfältig erhaltene Garten in Erscheinung – nicht als antiquiertes Beispiel eines Zeitgeschmacks, sondern als Meisterwerk von zeitloser Gültigkeit.

Die Gartengestaltung entfaltet sich bereits unmittelbar am Haus und negiert damit jeglichen Dualismus von innen und außen. Efeubeete vor dem Sockel lassen den Eindruck entstehen, der Fußboden setze sich in der Landschaft fort, während die näher am Gebäude stehenden Magnolien und Trauerbuchen dem Haus ein Gefühl von Verwurzelung im Boden verleihen. Vom Haus ausgehend, verlaufen gerade Hecken, welche die nach Funktionen angeordneten Gartenräume sowie dramatische bosquets umschließen. Eine Gleditsienallee westlich des Hauses dient nicht nur als Achse, sondern bildet auch eine originelle Loggia. Die Stämme der Gleditsien erinnern an die Säulen einer Veranda, und durch ein magisches Spiel mit der Perspektive wird der Blick zwischen den Bäumen hindurch auf die große Rasenfläche gelenkt.

S.G.M.

Die Gleditsienallee.

Rechte Seite: Das umlaufende Vordach bildet den Übergang zwischen Haus und Garten.

Die Glaswände des Hauses lösen die Grenze zwischen Innen und Außen auf.

1953 Daniel Urban Kiley besichtigt erstmals das Grundstück des Hauses Miller, welches sich gerade im Bau befindet.

1954 Der Garten ist weitgehend vollendet.

1973 Die Thujenhecke wird durch eine Eibenhecke ersetzt, eine der wenigen Veränderungen, die seit der Anlage des Gartens vorgenommen wurden.

Anfang der achtziger Jahre genehmigt die Familie Miller, die bis dahin die Privatsphäre von Haus und Garten streng bewahrte, die Publikation von Fotografien des Gartens.

1994 In der Gleditsienallee findet das Dinner anläßlich der Verleihung des Pritzker-Preises statt.

Little Sparta

STONYPATH, LANARKSHIRE, SCHOTTLAND

Temple Pool und Apollo-Tempel mit der Inschrift: „Für Apollo: Seine Musik, seine Wurfgeschosse, seine Musen."

1967 Beginn der Arbeiten an Stonypath.
Um 1980 Umbenennung von Stonypath in Little Sparta.

„Überragende Gärten werden aus Schwermut und Einsamkeit geschaffen, nicht aus Pflanzen und Bäumen."

Ian Hamilton Finlay, aus ‚Unconnected Sentences on Gardening', in: Yves Abrioux, *Ian Hamilton Finlay – A Visual Primer*, London 1985.

Ian Hamilton Finlays internationaler Ruf als innovativer Gartenkünstler gründet sich vor allem auf den etwas über eineinhalb Hektar großen neoklassizistischen Garten seines Hauses in Little Sparta, in den südschottischen Pentland Hills. Auf dem kleinen Grundstück verwandelte der Künstler vegetationslose Einöde in einen von Laub überdachten Zufluchtsort, dessen zahlreiche Lichtungen und Teiche zum Bühnenbild für seine Skulpturen und Inschriften werden. Trotz des rauhen Klimas auf einer Höhe von 300 Metern über dem Meeresspiegel wächst Little Sparta weiter. Der ursprünglich unter dem Namen Stonypath bekannte Garten wurde offiziell 1967 angelegt, die Arbeit daran geht jedoch bis auf das Jahr 1964 zurück.

Um 1961 war Ian Hamilton Finlay ein anerkannter Autor der schottischen Avantgarde-Literatur. 1963 veröffentlichte er seine erste Sammlung „konkreter Gedichte", und im folgenden Jahr begann er, ein Konzept der Integration von Konkreter Poesie in Gärten zu entwickeln. Zwischen 1964 und 1966 setzte er diese Ideen in den Gedichtskulpturen der Gärten von Ardgay und Coaltown of Callange um, deren Sinngehalt sich durch die Verbindung von Bild, Skulptur und beigefügtem Text erschließt, ehe er sich in Stonypath niederließ und seine Arbeit dort fortsetzte. Das in den siebziger Jahren entwickelte neoklassizistische Programm führte zur Umbenennung von Stonypath in Little Sparta und prägte das heutige Gesicht des Ortes.

Als Finlay sich mit der Geschichte der Gartenarchitektur auseinandersetzte, wurde ihm bewußt, daß die Präzision und Knappheit der Konkreten Poesie auch im klassischen Genre der Inschrift zum Tragen kam. Die traditionelle Verbindung zwischen Kultur und Natur ergibt sich aus der Vielfalt der beschrifteten Objekte, etwa Inschriftentafeln auf Bäumen, Bänken, Obelisken, Steinen, Brücken und Sockeln; doch Finlays Inschriften beziehen sich nicht nur auf das beschriftete Objekt. Die Textassoziationen ergänzen vielmehr die Idee des einzelnen Werkes, indem sie die Aufmerksamkeit auf die Umgebung, die Gerüche und Klänge lenken, welche die sinnliche Wahrnehmung des Ortes steigern. Wenn der Wind durch die Bäume streicht, erklingen die sphärischen Töne einer Äolsharfe.

Im Woodland Garden: Pflanzgefäße mit den Initialen G. W. F. Hegels.

Little Sparta wuchert über den lange vorher existierenden Bauerngarten, der heute als Vordergarten bezeichnet wird, hinaus. Die Mistgrube des Bauernhauses wurde zum Temple Pool verwandelt, die seitlichen Gebäude zu Tempeln, die Apollo und Philemon und Baucis gewidmet sind. Der Woodland Garden ist ein Labyrinth von Lichtungen. Der Wald des kleinen Tals überdacht einen Aquädukt, einen *rill*, ein Pantheon und eine Grotte. Der Wild Garden umfaßt eine Baumpflanzung, ein Moor und einen im Schottischen lochan genannten kleinen See. In den neunziger Jahren kam als wichtigste Erweiterung die weitläufige Parklandschaft hinzu, die einen Kontrast zu den für den Garten typischen intimen Schlupfwinkeln bildet.

Finlay konnte mit seinem Garten auf mehreren Ebenen Neues schaffen. Es gelang ihm nicht nur, das Konkrete mit dem Neoklassizistischen zu verbinden und die Moderne mit der Postmoderne zu versöhnen, sondern auch die Tradition des Gartens als Ort des poetischen, philosophischen und politischen Diskurses neu zu beleben. P.E.

Der Aquädukt verbindet das kleine und mittlere Bassin im Woodland Garden.

Stein im Vordergarten mit der Inschrift „Achtung Minen".

Innenhof mit Wasserbecken.

Biographie Luis Barragán:

1909 Am 9. März wird Luis Barragán in Guadalajara, Mexiko, geboren.

1919–1924 Ausbildung an der Escuela Libre de Ingeniera de Guadalajara, Graduierung zum Ingenieur, danach Aufenthalt in Europa.

1924–1935 Arbeitet als Architekt in Guadalajara.

1935–1940 Übersiedlung nach Mexiko City, intensive Planungs- und Bautätigkeit.

1940–1945 Barragán zieht sich vom Bauwesen zurück und konzentriert sich auf die Garten- und Landschaftsgestaltung.

1945–1952 Entwirft El Pedregal de San Angel, Mexiko City.

1952–1955 Reisen nach Europa und Nordafrika; Entwurf eines Kapuzinerklosters.

1955–1966 Entwürfe für Wohnsiedlungen, öffentliche Skulpturprojekte und Landschaftsgestaltung einschließlich Satellite City Towers und Los Clubes.

1966–1968 Entwurf und Ausführung von San Cristóbal.

1969–1980 Verschiedene Projekte und Beraterfunktionen.

1980 Erhält den Pritzker-Preis für Architektur und hält seine richtungsweisende Dankesrede. Zieht sich kurz darauf aus Krankheitsgründen zurück.

1985–1987 Erhält den Premio Jalisco im Jahr 1985, in Mexiko City wird sein Werk in einer ersten Einzelausstellung gezeigt; 1987 Premio América.

1988 Stirbt in Mexiko City und wird in Guadalajara beigesetzt.

San Cristóbal

MEXIKO CITY, MEXIKO

„Ein wohldurchdachter Garten enthält nicht weniger als das ganze Universum.“

Ferdinand Bac.

Die Anlage von San Cristóbal ist eine der vielschichtigsten Arbeiten im Werk Luis Barragáns. Die schlichte Architektur und die minimale Landschaftsgestaltung verbinden sich mit einem sensorischen und symbolischen Reichtum, der das Vorurteil gegen einen seelenlosen Modernismus entkräftet. San Cristóbal war der erste Gebäude- und Gartenkomplex, der umfassend jene Architekturphilosophie verkörperte, die Barragán in seiner Dankesrede zur Verleihung des Pritzker-Preises im Jahr 1980 so eloquent ausführte. Er sei beunruhigt, daß die Architektur und somit auch die Landschaftsarchitektur die Begriffe „Schönheit, Inspiration, Magie, Gebanntsein, Verzauberung, wie auch die Vorstellungen von heiterer Gelassenheit, Stille, Intimität und Staunen“ mit Bann belegt habe. Mit der Gestaltung von San Cristóbal trat Barragán in seine architektonisch reifste Phase ein.

Mit seiner Lage in einer herben Landschaft in einem nördlichen Vorort von Mexiko City, bot San Cristóbal keine unproblematische Planungssituation. Mittels dichter Pflanzenzäune schuf Barragán ein abgeschlossenes Areal, das es ihm ermöglichte, den Garten in der Art eines maurischen Hofes nach innen zum Wasserbecken hin auszurichten. Die Pferdeställe und die Scheune bildeten zwei Seiten des Hofrechtecks, das auf einer Seite vom Haus, auf der anderen Seite von einer Wand abgeschlossen wurde. Entsprechend den Theorien des Malers und Landschaftsarchitekten Ferdinand Bac gestaltete Barragán den Garten als magisches Environment. Unter anderem wird mit den Wechselwirkungen zwischen alt und neu, Raum und Farbe, Wasser und Licht gearbeitet. Die Farben und Textur der Wände bringen ein heiteres Element ein und werden darin durch die visuellen und akustischen Effekte der Wasserwand unterstützt. Das weiße Haus ist eine Hacienda, deren Zwischenstockwerke puren Modernismus verbreiten. Die Ställe wirken bodenständig und ländlich, doch ihre klaren Linien und der Portikus verankern sie ganz selbstverständlich in der Moderne. Der Wasserstrahl schafft ein magisches Wechselspiel zwischen Sonnenlicht und Wasser, und Öffnungen in der Wand rahmen romantische Bilder von Pferden und Reitern. In San Cristóbal gelang es Barragán, die Heiterkeit und Schönheit der Umgebung seiner Kindheit in der Sprache des modernen Funktionalismus neu zu interpretieren.

Barragáns technische Ausbildung zum Ingenieur machte ihn pragmatisch und praxisorientiert. Da er als Architekt und Gartenplaner Autodidakt war, blieb er unbelastet von theoretischen Dogmen. Seine Aufenthalte in Europa konfrontierten ihn mit Einflüssen, die seine Philosophie und Architekturkonzepte prägen sollten: die maurische Architektur Südspaniens, die mediterrane Regionalarchitektur, die Gärten des Ferdinand Bac, die Theorien des Austro-Amerikaners Friedrich Kiesler und die Schriften Le Corbusiers. Mexiko, seine Kultur und sein Volk waren ebenso in Barragáns Herz verankert wie der Katholizismus. Diese komplexe Mischung brachte einen der einflußreichsten Architekten dieses Jahrhunderts hervor. In seiner Pritzker-Dankesrede sagte er: „Somit erscheint es offenkundig, daß ein Garten das Poetische und das Mysteriöse mit Heiterkeit und Freude verbinden muß.“ San Cristóbal gibt davon ein lebendiges Zeugnis.

A.B.

Der Wasserstrahl.

Shute House

SHAFTESBURY,
ENGLAND

„Es bestand nie ein Zweifel, daß es die Idee, die Gegenwart, die Einwirkung und der Klang des Wassers waren, welche die konkurrierenden Vorstellungen zusammenhielten, die man in die Waldlandschaft getragen hatte – Vorstellungen, die entfernt mit dem Islam, mit Griechenland, dem Mittelalter, den Ur- und anderen Zeiten und Kulturen assoziiert wurden."

Geoffrey Jellicoe, ‚Jung and the Art of Landscape', in: S. Wrende und W. H. Adams (Hg.), *Landscape and Culture in the Twentieth Century*, New York 1991.

Der dicht bepflanzte Wasserkanal.

Die Gärten von Shute House an der Grenze zwischen Dorset und Wiltshire waren das Ergebnis enger Zusammenarbeit zwischen den Eigentümern Michael und Anne Tree und Sir Geoffrey Jellicoe (1900–1996), dem bedeutenden Landschaftsarchitekten des 20. Jahrhunderts. Jellicoe plante die Gesamtanlage und konstruierte die Wasserkünste, die ein zentrales Element des Gartens sind, während Lady Anne die Bepflanzung konzipierte – eine Teamarbeit, die an jene des berühmten Paares Sir Edwin Lutyens und Gertrude Jekyll erinnert.

Jellicoe hatte zuvor bereits für Michaels Eltern die klassischen Gärten von Ditchley Park in Oxfordshire entworfen. Es war daher naheliegend, daß die Wahl auf ihn fiel, als Michael und seine Frau 1968 Shute House kauften. Jellicoe fühlte sich sofort von den Möglichkeiten in Shute angezogen, da sie ihm die Gelegenheit boten, über einen langen Zeitraum an einem Ort zu arbeiten, der so zu seinem Experimentierfeld werden und die in seiner Laufbahn als Gartenarchitekt erworbenen Erfahrungen krönen könnte.

Die großen Gärten der italienischen Renaissance, etwa die Villa d'Este in Tivoli, waren Jellicoe ebenso vertraut wie die Mogulgärten in Kaschmir oder die Tempelgärten von Ryoan-ji in Kyoto. Er hatte die Schriften der griechischen Philosophen gelesen und die Landschaftsgemälde Nicolas Poussins und Claude Lorrains studiert, die prägend waren für die englischen Gartenarchitekten des 18. Jahrhunderts. In Shute schuf er aus diesen vielfältigen Einflüssen sein Meisterwerk.

Von Pflanzen überwucherte Bogen rahmen die Aussicht in den Garten.

Jellicoe war fasziniert vom Wasser und den Gestaltungsmöglichkeiten, die es bietet. Der Garten von Shute liegt auf einem sanft abfallenden Südhang, der den fernen Hügeln der südenglischen Downs zugewandt ist. Auf der Kuppe des Hanges entspringt eine alte Quelle, der Ursprung des Flusses Nadder. Der Umstand, daß es Jellicoe gelang, dieses wichtige Element so erfolgreich zu integrieren, trug entscheidend zur Bedeutung dieses Gartens bei.

Wasser ist das wichtigste gestalterische Element des Gartens, das in ungewöhnlicher Vielfalt genutzt wird. In stillen Gehölzen liegen überschattete Tümpel, in deren ruhiger Oberfläche sich Rhododendren neben antikisierenden Statuen wie einem lebensgroßen Pan oder einer Leda mit Schwan spiegeln. Jellicoes Paradestück in Shute bleibt allerdings sein rill, ein schmaler Wasserlauf, der über eine Serie von Kaskaden, sprudelnden Fontänen und ruhigen Bassins zu einer in der Blickachse plazierten klassizistischen Statue herabfließt.

Die ursprünglichen von orientalischen Bewässerungskanälen abgeleiteten rills tauchen auch in anderen berühmten Gärten des 20. Jahrhunderts auf, etwa Edwin Lutyens Hestercombe oder Harold Petos Buscot. Doch Jellicoes rill mit der üppigen Bepflanzung in den oberen Abschnitten, die weiter unten in sanfte Rasenflächen übergeht, übertrifft alle anderen und macht aus Shute, das noch immer in Privatbesitz ist und hervorragend präsentiert wird, einen der großartigsten englischen Gärten der jüngeren Zeit. *P.B.*

Biographie Goeffrey Jellicoes

1900 Jellicoe wird in London geboren.

1923 Abschluß an der Londoner Architectural Association.

1935 Gartenentwurf für Ditchley Park, Oxfordshire.

1939 Jellicoe wird Vorsitzender der Architectural Association, London.

1939–1947 Entwurf eines Gartens in Sandringham, Norfolk.

1948 Gründungspräsident der International Foundation of Landscape Architects.

1964 Kennedy Memorial, Runnymede, Berkshire.

1969–1988 Gartenentwurf für Shute House.

1973 Entwurf des Bassins für die Royal Horticultural Society, Wisley.

1979 Jellicoe wird in den Adelsstand erhoben.

1980 Garten für Sutton Place, Guildford.

1992 Historische Gärten in Atlanta, USA.

1996 Geoffrey Jellicoe stirbt am 17. Juli.

Klassische Statuen setzen Akzente an den Wasserläufen.

Rhododendren und Iris spiegeln sich im Wasser.

Parc André Citroën

PARIS, FRANKREICH

„Um einen Garten zu schaffen, braucht man ein Grundstück und die Ewigkeit."

Gilles Clément.

Ganz oben: Magnolienbäume in einem von Alain Provost entworfenen Teil des Gartens.

Oben: Einer der seriellen Gärten.

Der Parc André Citroën ist Teil einer etwa 40 Hektar großen umgewidmeten Neubauzone am Seineufer im Pariser 15. Arrondissement, wo sich früher die Autofabrik Citroën befand. Der 14 Hektar umfassende Park ist das Ergebnis eines von der Stadt Paris im Jahre 1985 ausgeschriebenen Architekturwettbewerbs. Zwei Teams wurden als Sieger ausgewählt und aufgefordert, gemeinsam einen endgültigen Entwurf auszuarbeiten. In den beiden interdisziplinären Teams – Gilles Clément und Patrick Berger bildeten das eine, Alain Provost, Jean Paul Viguier und Jean François Jodry das andere – waren sowohl Landschaftsplaner als auch Architekten vertreten.

Die zwei Landschaftsarchitekten gingen mit diametral entgegengesetzten theoretischen Ansätzen an den Entwurf heran. Gilles Clément wählte ein ökologisches, gartenbauliches und philosophisches Konzept für seinen „Garten in Bewegung" und die „seriellen Gärten"; Alain Provost baute auf einem geometrisch ausgerichteten Architekturentwurf auf, in dem die harten Landschaftselemente vorherrschen. Die Spannung zwischen diesen Konzepten läßt Abwechslung und eine reizvolle Vielfalt entstehen. Der Park fand so starken Zuspruch, daß dieselben Planer mit dem Entwurf von zwei weiteren urbanen Parkanlagen im Pariser Stadtteil La Défense beauftragt wurden.

Der Zusammenhalt des Parc André Citroën wird mittels der breiten Esplanade geschaffen, die von zwei monumentalen Glashäusern und rhythmisierten Springbrunnen abgeschlossen wird. Das zentrale Rasenparterre entspricht der klassischen Tradition und läßt sich mit ähnlichen Anlagen an der Seine, den Champs de Mars oder der Esplanade des Invalides vergleichen, die ebenfalls eine monumentale Zentralachse und einen tapis vert in der Tradition der formalen Gärten des 17. Jahrhunderts aufweisen. Der freie Raum steht in Proportion zur städtischen Dimension und kann große Menschenmassen aufnehmen.

Dagegen bilden die kleineren Gärten, besonders Cléments sechs „serielle Gärten" intime Einheiten, wie sie in öffentlichen Gärten selten anzutreffen sind. Auch die Ikonographie, stets ein wichtiges Element der klassischen Gartenarchitektur, in modernen öffent-

1915–70er Jahre Die Anlage ist Sitz der Citroën-Automobilwerke.

1985 Die Stadt Paris schreibt einen Architekturwettbewerb über den Entwurf eines neuen, 14 Hektar großen Parks auf, der Teil der ZAC (Zone d'Aménagement Concerté) Citroën-Cévennes sein soll.

1992/93 Die zwei Siegerprojekte werden kombiniert und realisiert. Die Architekten sind Jean Paul Viguier, Jean François Jodry und Alain Provost sowie Patrick Berger und Gilles Clément.

Die Esplanade

lichen Parks jedoch kaum von Bedeutung, spielt hier eine Rolle: Jeder der sechs Gärten ist symbolisch mit einer Farbe, einem Metall, einem der Sinne, einem Planeten, einem Tag, einer Atomzahl und einer Erscheinungsform des Wassers verknüpft. So versinnbildlicht etwa der Silbergarten das Metall Silber, den Gesichtssinn, den Mond, Montag, die Zahl 47 und einen Fluß. Eine weitere Neuheit in diesen Gärten stellt die Verwendung von exotischen Pflanzen zur Illustration dieser Themen dar. Sie sollen nicht bloß den Raum ausfüllen, sondern bilden eine der Hauptattraktionen, wobei der Bepflanzungsplan für jeden Garten in eine Platte eingraviert und auf Dauer vor Ort ausgestellt ist. Den Parisern, die in einem dichtbebauten Umfeld leben, bieten diese Einheiten die Atmosphäre von Privatgärten, wo sie sich einigermaßen ungestört erholen können.

Die seriellen Gärten sind dicht mit exotischen Gewächsen bepflanzt.

Der jardin en mouvement („Garten in Bewegung") in der nordöstlichen Ecke des Parks weist wohl das höchste Maß an gestalterischer Komplexität auf, obgleich das Konzept minimalistisch erscheint. Hier wählte der Architekt eine Reihe von Pflanzen als Ausgangspunkt einer Evolution, und der Besucher ist aufgefordert, die Veränderungen zu beobachten, die sich im Lauf der Zeit in der Vegetation vollziehen. Gärtnerische Eingriffe sind auf ein Minimum beschränkt, die Pflanzen können sich frei entwickeln, verschwinden und wieder auftauchen. Dieser Garten läßt die Natur im städtischen Raum erleben und ist bei den Parisern besonders beliebt. *L.P.*

Glossar

„Die Landschaftsarchitektur ist wohl die zwiespältigste, schwierigste und am schwersten faßbare von allen Künsten."

Roger Caillois, *Pierres réfléchies.*

Alhambra Berühmte Palastanlage in Granada, Vorbild für zahlreiche Schöpfungen im maurischen Stil (s. Alhambra).

Amphitheater entweder eine halbrunde, stufenförmig terrassierte Einbuchtung in einem Hang oder ein Freilufttheater im römischen Stil (s. Hellbrunn, Wörlitz).

anglo-chinois, jardin anglo-chinois (frz.) französischer Begriff für den englischen Landschaftsgarten mit zusätzlichen Gestaltungselementen im „chinesischen" oder rustikalen Stil (s. Ermenonville, Versailles).

Arboretum Gartenbereich, in dem exotische Gehölze zu wissenschaftlichen Zwecken kultiviert werden (s. Kew, Schwetzingen).

automata, Automaten mechanisch bewegte Vögel, Tiere oder menschliche Figuren (s. Einführung, Hellbrunn, Villa d'Este).

azulejo (span.) Keramikfliesen arabischen Ursprungs, die in der iberischen Architektur ab dem 12. Jahrhundert zur Verkleidung von architektonischen Gartenelementen verwendet werden, in Portugal bis ins 19. Jahrhundert üblich (s. Queluz).

Barock im 17. und 18. Jahrhundert vorherrschender Stil, der von Eleganz und Prunkliebe geprägt ist; in der Kunst zeichnet er sich durch Komplexität, Detailreichtum und die Balance zwischen Symmetrie und Asymmetrie (s. Rokoko) aus. Viele Gärten, besonders in Norditalien und östlich des Rheins, sind in diesem theatralischen Stil gestaltet. Eine weniger dramatische Variante zeigt sich in den „klassischen" Gärten Frankreichs. Urnen, Blickachsen und architektonische Prachtentfaltung zählen zu den Charakteristika der Barockgärten.

Belvedere (ital., „schöne Aussicht") meist im klassischen Stil gestaltetes Gebäude auf einer Anhöhe, das einen schönen Blick auf die Umgebung bietet (s. Veitshöchheim, Villandry, Wörlitz).

belt-walk (engl.) langer, mäandrierender Rundweg in einem englischen Garten, der den Besucher zu besonderen Aussichtspunkten führt. (s. Wörlitz).

berceau (frz.) mit Schlingpflanzen überwachsener Laubengang aus Holzgittern – s. Treillage.

bocage (frz.) Niederwald bzw. von Hecken und Gebüsch umschlossenes Terrain (s. Ermenonville).

bosco (ital.) Wäldchen, Hain (s. Villa Lante, Bomarzo).

bosquet (frz.) Boskett, Gartenbereich mit beschnittenen Büschen und Bäumen (s. Irwin Miller Garden, Schönbrunn, Schwetzingen).

boulingrin (frz.) s. bowling-green.

bowling-green (engl.) eine mitunter abgesenkte Rasenfläche als Spielfeld für bowls oder ein älteres Kugelspiel, häufig im Bereich des Parterres; viele dieser Rasenfelder entsprechen dem französischen boulingrin-Typus und haben nur noch eine ästhetische Funktion (s. Governor's Palace Williamsburg).

Broderieparterre s. Parterre.

casino (ital., auch casina) Zierpavillon in den italienischen Gärten des 16. bis 18. Jahrhunderts (s. Hellbrunn, Villa Farnese, Villa Lante und Villa Vizcaya); der Begriff bezieht sich auch auf die englischen Versionen des 18. Jahrhunderts.

catena d'aqua (ital., „Wasserkette") schmale Wassertreppe bzw. in flachen Stufen abfallende Wasserkaskade (s. Palazzo Farnese, Villa Lante).

chahar bagh (pers.) der „geviertelte Garten" geht auf den Koran zurück, in dem der Garten stets als Symbol des Paradieses bezeichnet wird, das vier Flüsse von Wasser, Wein, Milch und Honig durchfließen (s. Taj Mahal, Alhambra).

Circus ovale oder runde Arena ohne Dach, für Aufführungen oder Pferdeballette (s. Arkadia, Veitshöchheim).

Dutch Style (engl., holländischer Stil) geometrischer Stil in den Niederlanden, der sich unter Willem von Oranien in England verbreitet; schlichter als der französische Barockstil, ist der Dutch Style von Schnittbäumchen, niedrigen Buchshecken und Statuen dominiert (Governor's Palace Williamsburg, Levens Hall).

Englischer Park im englischen Landschaftsstil angelegtes Areal.

Englischer Stil Gartengestaltung in Anlehnung an die Naturlandschaft, im Unterschied zum geometrisch strukturierten französischen Garten (Ermenonville, Haga, Villa Ephrussi).

Esplanade extrem breite Promenade, die für die französischen Gärten typisch ist (s. Parc André Citroën).

fabrique häufig rustikales oder pseudorustikales Ziergebäude im Landschaftsgarten, mitunter bewußt als Ruine oder exotisch (z.B. chinesisch) gestaltet – s. Staffagegebäude (s. Ermenonville, Versailles).

folly (engl., „Verrücktheit") exzentrisches Architekturelement (s. Sacro Bosco).

gazebo (engl.) kleiner Aussichtspavillon (s. Hidcote Manor).

Geometrischer Garten nach den streng formalen Prinzipien der französischen Schule angelegt.

Geheimgarten s. giardino segreto.

giardino segreto (ital., „Geheimgarten", Kammergarten) ein umschlossenes, „geheimes" Areal innerhalb des Gartens (s. Villa Vizcaya, Hellbrunn).

giochi d'acqua (ital., „Wasserspiele") aus versteckten Düsen spritzt Wasser von Fontänen oder Automaten auf den unvorbereiteten Besucher (s. Villa Aldobrandini, Villa d'Este, Villa Lante, Hellbrunn, Peterhof, Schwetzingen).

Gloriette dekoratives Gebäude an einem Aussichtspunkt, im 19. Jahrhundert häufig in Eisen und Glas ausgeführt; in Frankreich bezeichnet Gloriette auch eine Laube (s. Schwetzingen).

Gotik mittelalterlicher Stil, dessen typische Spitzbögen und Zinnen im England des 18. Jahrhunderts und schließlich auch auf dem Kontinent als Neogotik („Gothic") wieder in Mode kommen (s. Stowe, Arkadia).

Grotte eine natürliche oder künstliche Höhle, oft mit Statuen dekoriert oder mit Muscheln und Spiegeln ausgekleidet. In ihrer antikisierenden Form wird sie als Nymphäum (s. dieses) bezeichnet (s. Arkadia, Boboli, Hellbrunn, Little Sparta, Vaux-le-Vicomte, Villa Aldobrandini, Villa d'Este, Villa Ephrussi, Villa Lante, Villa Vizcaya, Wörlitz).

haha, aha (engl.) eine versenkte Mauer, die den inneren Garten abgrenzt und schützt und dennoch einen durchgehenden Blick in die jenseitige Landschaft erlaubt; sie ist nur aus unmittelbarer Nähe zu erkennen. Derartige Anlagen wurden in Frankreich entwickelt und im England des 18. Jahrhunderts populär. Der Begriff leitet sich vom erstaunten „Aha" des Besuchers ab.

hameau (frz.) im späten 18. Jahrhundert eine Gruppe von ländlichen Gebäuden, die eine Art Dorf bildet. Es bot den Reiz des Landlebens ohne seine schmutzigen Schattenseiten (s. Ermenonville, Versailles).

Herbarium wissenschaftlich angelegte Sammlung von getrockneten oder gepreßten Pflanzen (s. Kew).

hortus conclusus (lat., „umschlossener Garten") der mittelalterliche Garten enthielt oft nur (Heil-)Pflanzen und Blumen, keine Bäume. In der höfischen Dichtung und in mittelalterlichen Handschriften gilt er als Symbol der Jungfräulichkeit und im weiteren Sinn als Verkörperung der Dame (s. Einführung).

Humanismus die Wiederentdeckung der antiken Welt, besonders in der italienischen Renaissance, die den Menschen in den Mittelpunkt stellt. Der Humanismus war von entscheidendem Einfluß für den Rückgriff auf die klassische Ästhetik in der Gartenkunst des 16. Jahrhunderts (s. Einführung).

jardin anglais (frz.) s. englischer Park, englischer Stil.

jardin d'ornement (frz., Ziergarten) kleiner, geometrischer und oft höchst stilisierter Garten (s. Villandry).

jardin paysager (frz.) malerischer Landschaftsgarten des 18. Jahrhunderts (s. Ermenonville).

Kammergarten s. giardino segreto (s. Schönbrunn).

kare-san-sui (jap.) trockener Landschaftsgarten, in dem das Wasser durch Felsen und Kies symbolisiert werden kann (s. Byodo-in).

„Karpfenrücken-Beete" Die Erde ist in der Mitte angehäufelt, so daß eine erhöhte Rippe entsteht (s. Einleitung, Giverny).

Kaskade ein natürlicher oder künstlicher Wasserfall, der mit Architektur- oder Grottenelementen zu einer häufig mehrgeschossigen Anlage erweitert ist (s. Blenheim, Chatsworth, Hestercombe, Het Loo, Peterhof, Schönbrunn, Shute, Veitshöchheim, Villa Aldobrandini).

knot garden (engl.) Garten mit Kompartimenten, deren verschlungene Beetmuster häufig aus Zwergbuchsbaumhecken gebildet werden, seit der Renaissance gebräuchlich.

Knotenornament s. knot garden.

Labyrinth großer komplexer Irrgarten, der häufig Gebäude oder einzelne Gartenräume umfaßt (s. Alhambra, Schwetzingen, Wörlitz).

Manierismus Die vorbarocke Kunstströmung der zweiten Hälfte des 16. Jahrhunderts tritt besonders in Italien auf. Sie ist durch die „dekadente" Übersteigerung der „reinen" Renaissanceformen ins Theatralische und häufig Groteske charakterisiert; typisch sind komplexe Kompositionen und die Torsion der Figuren. In der Gartenarchitektur entsprechen dem Manierismus Grotten und Bassins sowie theatralische und häufig sehr sinnliche Skulpturen (s. Einführung, Sacro Bosco).

Menagerie Tiergarten im Barockpark und im Landschaftsgarten des 18. Jahrhunderts, Vorläufer des Zoologischen Gartens (s. Blenheim, Schönbrunn).

mirador (span.) Belvedere oder Aussichtsturm (s. Alhambra).

Nymphäum eine künstliche, architektonisch häufig aufwendig gestaltete und mit Statuen ausgestattete Grotte mit Wasserkünsten, die den Nymphen gewidmet ist (s. Villa Farnese, Villa Gamberaia, Wörlitz).

Obelisk hohe, schmale, viereckige Steinsäule, nach oben verjüngt, in einer Pyramidenspitze endend, die als Denkmal für ein historisches Ereignis dient (s. Zarskoje Selo), eine Blickachse markiert (s. Castle Howard, Isola Bella, Little Sparta) oder einen Brunnen ziert (s. Schönbrunn).

Orangerie ein häufig sehr prächtig gestaltetes, freistehendes Gebäude oder Gewächshaus für die kälteempfindlichen Zitruspflanzen (s. Blenheim, Kew, Schönbrunn, Villa Medici).

Pagode mehrstöckiger Turm in der asiatischen Architektur; ab dem 18. Jahrhundert typisch für die europäischen Gärten im „chinesischen" Stil, wo sie häufig als Blickfang eingesetzt wurde (s. Kew, Villa Ephrussi).

Palladianische Brücke aufwendig gestaltete Brücke, die auf Entwürfe des italienischen Architekten Andrea Palladio aus dem 16. Jahrhundert zurückgeht, häufig mit Säulenaufbauten (s. Stowe).

Parterre flache längliche Terrasse beim Haus, mit ornamentartigen Beeten gestaltet (s. Biltmore, Castle Howard, Chatsworth, Governor's Palace Williamsburg, Haga, Hestercombe, Levens Hall, Old Westbury, Peterhof, Taj Mahal, Schönbrunn, Schwetzingen, Vaux-le-Vicomte, Versailles, Viceroy's Garden Neu-Delhi und die Villen Ephrussi, Farnese, Gamberaia, Medici, Piccolomini, Vizcaya). Die verschnörkelten, mit Buchs gestalteten Entwürfe des späten 17. Jahrhunderts heißen Broderieparterres (s. Blenheim, Castle Howard, Dumbarton Oaks, Isola Bella, Schwetzingen, Vaux-le-Vicomte, Villa Garzoni). Kompartimentparterres sind völlig symmetrische parterres de broderie (s. Villandry). Parterres à l'anglaise, deren einzelne Kompartimente als plats bezeichnet werden, sind aus Rasen geformt (s. Schwetzingen, Vaux-le-Vicomte). Parterres d'eau (Wasserparterres) werden durch Wasserkanäle strukturiert (Blenheim, Dumbarton Oaks, Hellbrunn, Versailles, Villa Lante, Villandry).

Patio Innenhof in alten maurischen und spanischen Gebäuden, ganz oder teilweise gepflastert oder bepflanzt (s. Alhambra).

Pavillon freistehendes Gebäude, in leichter Konstruktionsweise und oft exotischem Stil („chinesisch", „türkisch") errichtet (s. Haga, Hellbrunn, Topkapi, Veitshöchheim).

Pergola gewölbte, offene Konstruktion aus Metall oder Holz, die, von Kletterpflanzen überwachsen, einen überdachten Gang bildet. Einige Typen sind mit Bänken oder Architekturelementen ausgestattet oder gekachelt (s. Biltmore, Hestercombe, Old Westbury, Viceroy's Garden Neu-Delhi).

Pittoresk Das Pittoreske, Malerische, betont den Aspekt der halb gestalteten, halb ungezähmten Natur, zunächst in der Malerei, später auch in der englischen Gartenarchitektur der zweiten Hälfte des 18. Jahrhunderts. Es stand im Gegensatz zur französischen Geometrie wie auch

zum vermittelnden Stil Capability Browns und erregte heftige Kontroversen hinsichtlich seiner Theorie und Praxis: Die Anhänger des Malerischen sahen darin eine gelungene Verbindung aus „zivilisierter Schönheit" (Symmetrie und Eleganz) und „wilder Natur" (s. Blenheim).
Gleichzeitig bezeichnet „pittoresk, malerisch" im Englischen auch das Hübsche, Gemütliche.

pièce d'eau (frz.) ein mittelgroßer Teich, meist mit Steineinfassung, in einem geometrischen Garten (s. Villandry).

Pinetum Sammlung (Arboretum) von lebenden Koniferen (s. Chatsworth).

plat (frz.) flache, relativ schmucklose Rasenfläche in einem geometrischen Garten (s. Hampton Court Palace, Hestercombe).

plate-bande (frz.) Rabatte, Parterreeinfassung, häufig aus Sand, Gras, Zwergbuchs (s. Het Loo, Villandry) oder als Blumenrabatte gestaltet.

potager (frz.) Gemüsegarten, manchmal auch mit Obstbäumen (s. Versailles, Villandry).

pourtraiture (altfrz.) bezeichnet in der Gartenkunst die kalkulierte Anordnung von Parterres und Architekturelementen innerhalb der Landschaft, um einen bestimmten optischen Effekt zu erzielen.

quincunx (lat., Fünfzahl) Anpflanzung von Bäumen nach dem Muster der Fünf auf einem Würfel. Diese Form der Bepflanzung war in Frankreich in der vorklassischen Zeit verbreitet. Sir Thomas Browne schrieb eine berühmte Abhandlung, in der er diesem System tiefe Bedeutung zuordnete (s. Levens Hall, Tuilerien).

Rabatte niedriges Beet entlang eines Rasens, einer Mauer oder einer Hecke, mit Blumen oder Sträuchern bepflanzt (s. Heligan, Munstead Wood).

rill kleiner Kanal oder Rinne, die als gärtnerisches Gestaltungselement fungiert (s. Hestercombe, Little Sparta, Rousham, Shute, Villa Ephrussi).

Rokoko Stil des 18. Jahrhunderts, der in französischen Interieurs seinen Ausgang nahm und sich dann in der Architektur (besonders in Süddeutschland und Österreich) verbreitete. Die prägenden Elemente sind Asymmetrie, Leichtigkeit und Anmut, die Verwendung von Weiß und Pastelltönen sowie das Verwischen der Grenzen zwischen dekorativen und architektonischen Elementen. Im typischen Rokokogarten findet man Putti, polychrome Statuen, schlängelnde Wege und unregelmäßig geformte Teiche, ausgeleuchtete Grotten, nicht allzu strenge Blickachsen und aufwendige Sitzbänke.

Rousseau-Insel Insel mit romantischer Vegetation (Pappeln), bisweilen mit einem „Scheingrab", das an das Grabmal des Philosophen in Ermenonville erinnert (s. Arkadia, Ermenonville, Wörlitz).

Ruine In den Barock- und Rokokogärten waren künstliche „römische Ruinen" verbreitet; die Mode geht auf die Stiche von Giovanni Battista Piranesi (1720–1778) zurück, die Ruinenlandschaften in dramatischen Perspektiven darstellen (s. Schönbrunn, Schwetzingen).

serpentine style (engl.) Stil des englischen Landschaftsgartens, der nach dem schlängelnden Verlauf der Rund- oder Zufahrtswege benannt ist (s. Einleitung, Castle Howard).

shoin (jap.) seit dem 13. Jahrhundert entwickelter, schlichter Architektur- oder Gartenstil; shoin bezeichnet einen Schreibtisch oder eine breite Fensterbank; die mit Papier bespannten Schiebetüren sind eine Neuerung des Shoin-Stils (s. Katsura).

Staffagegebäude architektonische Zierbauten, die im Landschaftsgarten als Blickfänge dienen, meist als gotische Gebäude, Ruinen, exotische Pavillons, klassische Tempel oder rustikale Gebäude gestaltet.

sukiya (jap.) Architektur- oder Gartenstil, der von rustikaler Schlichtheit geprägt ist (s. Katsura).

sunken garden, sunken lawn (engl.) abgesenkte Rasenfläche, mitunter mit Stein eingefaßt (s. Kew, Viceroy's Garden Neu-Delhi).

tapis vert (frz., „grüner Teppich") meist rechteckiges Rasenfeld, typisch für die französischen Gärten des 17. Jahrhunderts (Parc André Citroën, Versailles).

topiary (engl.), ars topiaria (lat.) Kunst des Beschneidens von Bäumen und Sträuchern, besonders Hecken, die zu geometrischen oder figurativen Gebilden geformt werden (s. Hidcote Manor, Levens Hall, Villandry).

Treillage (frz., Lattengitter) Laubengang aus Holzgittern, meist von Pflanzen überwachsen (s. Schönbrunn).

Tuff poröser Kalkstein vulkanischen Ursprungs, der häufig zur Auskleidung von Grotten und Felsen verwendet wird, um ihnen eine gleichmäßige, natürlich „rauhe" Oberfläche zu verleihen (s. Villa Medici).

wabi-sabi (jap.) nostalgisch geprägte Ästhetik der Wertschätzung von Patina (s. Katsura).

Wassertheater komplexe, treppenförmig ansteigende Anordnung von Wasserkünsten mit monumentalen architektonischen Elementen und Statuen (s. Isola Bella).

Ausgewählte Bibliographie

Allgemeine Werke

Adams, William Howard, *Gardens Through History: Nature Perfected*, New York–London–Paris 1991.
ders., *Grounds for Change: Major Gardens of the 20th Century*, Boston 1993.
Baumüller, Barbara (Hg.), *Inszenierte Natur*, Stuttgart 1997.
Brookes, John, *Gardens of Paradise*, New York 1987.
Butlar, Adrian von, *Der Landschaftsgarten*, München 1980.
Church, Thomas, *Gardens are for People*, New York 1955.
Farrar, Linda, *Ancient Roman Gardens*, Stroud 1998.
Gothein, Marie Luise, *Geschichte der Gartenkunst (II)*, Jena 1926.
Hansmann, Wilfried, *Gartenkunst der Renaissance und des Barock*, Köln 1983.
ders., *Barocke Gartenparadiese*, Köln 1996.
Hirschfeld, Christian C., *Theorie der Gartenkunst*, Leipzig 1779/80.
Hughes, Ted (Übers.), *Tales from Ovid*, London 1997.
Hunt, John und Peter Willis, *The Genius of the Place*, London 1975.
Huxley, Anthony, *An Illustrated History of Gardening*, New York–London 1978.
Inaji, T., *The Garden as Architecture*, London–Tokyo–New York 1998.
Jekyll, Gertrude, *Colour Schemes for the Flower Garden*, London 1914 (Neudruck, Woodbridge 1990).
Jellicoe, Geoffrey und Susan, Patrick Goode und Michael Lancaster, *Oxford Companion to Gardens*, Oxford–New York 1986.
Kassler, Elizabeth B., *Modern Gardens and the Landscape*, New York 1964.
Laird, Mark, *The Formal Garden*, London 1992.
Lyall, S., *Designing The New Landscape*, London 1993.
Macoubbin, Robert P. und Peter Martin (Hg.), *British and American Gardens of the Eighteenth Century*, Williamsburg 1984.
The New Royal Horticultural Society Dictionary of Gardening, 4 Bde., London 1992.
Shepheard, Peter, *Modern Gardens*, London 1953.
Strong, Roy, *Gardens Through the Ages 1420–1940*, London 2000.
Whalley, Robin und Anne Jennings, *Knot Gardens and Parterres*, London 1998.

Europa

Finnland

Aalto, Alvar, *The Architectural Drawings by Alvar Aalto, 1917–1939: Bd. 10 Villa Mairea, 1938–39*, New York–London 1994.
ders., *Toward a Human Modernism*, München-London-New York 1999.
Olsson, Paul, *Trädgårdkonst i Finland*, Helsingfors 1946.
Pallasmaa, Juhani und Alvar Aalto: *Villa Mairea 1938–39*, Helsinki 1998.
Pallasmaa, Juhani, *Alvar Aalto: Villa Mairea, Noormarkku, Finland, 1937–39*, Tokyo 1985.
Weston, Richard, *Villa Mairea: Alvar Aalto*, London 1992.

Frankreich

Adams, William Howard, *The French Garden 1500–1800*, London 1979.
Clément, G., *Le Jardin en Mouvement: de la Vallée au Parc André Citroën*, Paris 1994.
ders., *Les Libres Jardins de Gilles Clément*, Paris 1997.
ders., *Une Ecole Buissonière*, Paris 1997.
Cohen, J. L. und B. Fortier, *Paris, a City in the Making*, Paris 1992.
Hucliez, M., *Jardins et Parcs Contemporains*, Paris 1998.
Roger, A. (Hg.), *Théorie du Paysage en France, 1974-1994*, Seyssel 1995.

Deutschland und Österreich

Auböck, Maria, *Grün in Wien*, Wien 1994.
„Potsdamer Schlösser und Gärten", in: *Bau- und Gartenkunst vom 17. bis 20. Jahrhundert* (Ausst.-Kat.), Potsdam 1993.
Bechtold, Frank A. (Hg.), *Weltbild Wörlitz*, Wörlitz 1996.
Bigler, Robert R., *Schloß Hellbrunn*, Wien 1996.
Danreiter, Franz A., *Salzburger Ansichten*, Dortmund 1982.
Diesel, Matthias, *Erlustierende Augenweide*, Stuttgart 1989.
Erlach, Johann Fischer von, *Entwurff einer historischen Architektur*, Wien 1721.
Giersberg, Hans-Joachim und Adelheid Schendel, *Potsdamer Veduten*, Potsdam-Sanssouci 1984.
Günther, Harri (Hg.), *Gärten der Goethe-Zeit*, Leipzig 1993.
Hajós, Beatrix, *Die Schönbrunner Schloßgärten*, Wien 1995.
Hajós, Geza, *Romantische Gärten der Aufklärung*, Wien 1989.
Hennebo, Dieter, *Geschichte der Deutschen Gartenkunst (II)*, Hamburg 1963.
Jellicoe, Geoffrey A., *Baroque Gardens of Austria*, London 1931.
Kopisch, A., *Geschichte der Königlichen Schlösser und Gärten zu Potsdam*, Berlin 1854.
Kreisel, Heinrich, *Der Rokokogarten zu Veitshöchheim*, München 1964.
Maier-Solgk, Frank, *Landschaftsgärten in Deutschland*, Stuttgart 1997.
Rave, Paul Ortwin, *Gärten der Goethezeit*, Berlin 1981.
Reil, Friedrich, *Herzog und Fürst von Anhalt Dessau*, Dessau 1845.
Reisinger, Claus, *Der Schloßgarten zu Schwetzingen*, Worms 1987.
Schaub, Franz, *Berühmte Gärten in Franken*, Würzburg 1984.
Seiler, Michael und Jörg Wacker, *Insel Potsdam. Ein kulturhistorischer Begleiter durch die Potsdamer Parklandschaft*, Berlin 1991.
Streidt, Gert und Peter Feierabend, *Preußen. Kunst und Architektur*, Köln 1999.
Werner, Ferdinand, *Der Hofgarten in Veitshöchheim*, Worms 1998.
Zenkner, Oswalk, *Schwetzinger Schloßgarten*, Schwetzingen 1993.

Italien

Bajard, Sophie und Raffaello Bencini, *Villas and Gardens of Tuscany*, Paris 1993.
Chatfield, Judith, *A Tour of Italian Gardens*, London 1988.
Coffin, David, *The Villa in the Life of Renaissance Rome*, Princeton 1979.
Dernie, David, *The Villa d'Este at Tivoli*, London 1996.
Lazzaro, Claudia, *The Italian Renaissance Garden*, London–New Haven 1990.
Masson, Georgina, *Italian Gardens*, Woodbridge 1987.

Niederlande
Hunt, John D. und Erik de Jong, (Hg.), *The Anglo-Dutch Garden in the Age of William and Mary* (De Gouden Eeuw van de Hollandse Tuinkunst), London l988.
Jong, Erik de, *Nature and Art: Dutch Garden and Landscape Architecture 1650–1740*, Philadelphia 2000.

Spanien und Portugal
Segall, Barbara, *Gardens of Spain and Portugal*, London 1999.

Großbritannien
Abrioux, Yves und Stephen Bann, *Ian Hamilton Finlay: A Visual Primer*, London 1992.
Bisgrove, Richard, *The Gardens of Gertrude Jekyll*, London 1992.
Brown, Jane, *The English Garden through the Twentieth Century*, Woodbridge 2000.
dies., *Gardens of a Golden Afternoon. The Story of a Partnership: Edwin Lutyens and Gertrude Jekyll*, Harmondsworth 1982.
dies., *Vita's Other World*, Harmondsworth 1985.
Cooper, Guy, Clive Boursnell und Geoffrey Jellicoe, *English Water Gardens*, London 1987.
Cooper, Guy und Gordon Taylor, *English Herb Gardens*, London 2000.
Daniels, Stephen, *Humphry Repton: Landscape Gardening and the Geography of Georgian England*, London–New Haven 1999.
Dixon Hunt, John, *William Kent: Landscape Garden Designer*, London 1987.
Eyres, Patrick, „Ian Hamilton Finlay and the cultural politics of neo-classical gardening", in: *Garden History*, 28:1 (Sommer 2000).
Fearnley-Whittingstall, Jane, *Historic Gardens: A Guide to 160 British Gardens of Interest*, London 1993.
Festing, Sally, *Gertrude Jekyll*, Harmondsworth 1991.
Fleming, Laurence und Alan Gore, *The English Garden*, London 1979.
Hussey, Christopher, *The Life of Sir Edwin Lutyens*, London 1950.
Jekyll, Francis, *Gertrude Jekyll: A Memoir*, London 1934.
Jekyll, Gertrude, *Home and Garden*, London 1900 (Neudruck, Woodbridge 1982).
Jekyll, Gertrude und Lawrence Weaver, *Gardens for Small Country Houses*, London 1912 (Neuauflage als *Arts and Crafts Gardens*, Woodbridge 1981).
Jellicoe, Geoffrey, *Studies in Landscape Design*, 3 Bde. Oxford–New York 1960–1970.
Lawson, Andrew und Jane Taylor, *Great English Gardens*, London 1996.
Richardson, Margaret, *RIBA Drawings Monographs No. 1: Sketches by Edwin Lutyens*, London 1994.
Robinson, John Martin, *Temples of Delight: Stowe Landscape Gardens*, London 1990.
Robinson, William, *Gravetye Manor, or Twenty Years' Work Round an Old Manor House*, New York 1984.
Spens, Michael, *Jellicoe at Shute*, London 1993.
Stowe Landscape Gardens (offizieller Führer), London 1997.
Strong, Roy, *The Renaissance Garden in England*, London 1979.
Symes, Michael, *Fairest Scenes: Five Great Surrey Gardens*, Elmbridge 1988.
Tankard, Judith und Martin A. Wood, *Gertrude Jekyll at Munstead Wood*, Stroud 1996.
Taylor, Patrick, *Period Gardens*, London 1996.
Tooley, Michael und Primrose Arnander (Hg.), *Gertrude Jekyll: Essays on the Life of a Working Amateur*, Witton-le-Wear 1995.
Turner, Tom, *English Garden Design: History and Styles since 1650*, Woodbridge 1986.
Woodbrigde, Kenneth, *The Stourhead Landscape*, London 1982.

Osteuropa
Arkadia: The Illusion and the Reality (Ausst.-Kat.), London 1995.
Stevens Curl, James, „Arkadia, Poland: Garden of Allusions", in: *Garden History*, 23:1 (1995).

Nordamerika
Balmori, Diana, Diane Kostial McGuire und Eleanor M. McPeck, *Beatrix Farrand's American Landscapes: Her Gardens and Campuses*, New York 1985.
Boesiger, W., *Richard Neutra: Buildings and Projects*, 1923–50, Zürich 1955.
Hilderbrand, Gary R., *The Miller Garden: Icon of Modernism*, Washington, D.C. 1999.
Hines, Thomas S., *Richard Neutra and the Search for Modern Architecture*, Berkeley–Los Angeles–London 1994.
Hoffmann, Donald, *Frank Lloyd Wright's Fallingwater: The House and its History*, New York 1978.
Kaufmann Jr., Edgar, *Fallingwater: A Frank Lloyd Wright Country House*, New York 1986.
Leighton, Ann, *Early American Gardens, „For Meate of Medicine"*, Amherst 1970.
dies., *American Gardens of the Eighteenth Century: „For Use or Delight"*, Boston 1976.
dies., *American Gardens of the Nineteenth Century, „For Comfort and Affluence"*, Amherst–London 1987.
Lloyd Wright, Frank, *An Autobiography (1932)*, New York 1977.
Martin, Peter, *The Pleasure Gardens of Virginia*, Princeton 1991.
McCarter, Robert, *Fallingwater: Frank Lloyd Wright*, London 1994.
ders., *Frank Lloyd Wright*, London 1997.
McCoy, Esther, „California Landscaping No. 9: Succulents... A Rich Effect While Undemanding", in: *Los Angeles Times Home Magazine* (21. April 1957)
Messenger, Pam-Anela, „El Novillero revisited – a testimony to Thomas D. Church", in: *Landscape Design*, Nr. 142 (1983).
dies., „El Novillero revisited", in: *Landscape Architecture*, 73:2 (1983).
Neutra, Richard, *Mystery and Realities of the Site*, New York 1951.
Padilla, Victoria, *Southern California Gardens*, Berkeley–Los Angeles 1961.
Seidenberg, Charlotte, *The New Orleans Garden*, New Orleans 1990.
Streatfield, David C., *California Gardens: Creating a New Eden*, New York–London–Paris 1994.
Treib, Mark (Hg.), *Studies in the History of Gardens and Designed Landscapes*, 2:2 (2000)

Südamerika
Riggen Martinez, A., *Luis Barrágan: Mexico's Modern Master 1902–1988*, New York 1996.
Rispa, R., *Barragán. The Complete Works*, London 1996.

China

Dun-zhen, L., *Chinese Classical Gardens of Suzhou*, Übers. Chen Lixian, New York–London 1993.

Wang, J. C., *The Chinese Garden*, Hong Kong–New York–Oxford 1998.

Wood, F., *China: Blue Guide*, London–New York 1992.

Japan

Bring, M. und J. Wayembergh, *Japanese Gardens*, 1981.

Keane, M. P., *Japanese Garden Design*, Rutland 1996.

Masuno, S., *Ten Landscapes*, Rockport 1999.

Nishi, K. und K. Hozumi, *What is Japanese Architecture*, Tokyo–New York–London 1983.

Nitschke, G., *Japanese Gardens*, Köln 1993.

Treib, M. und R. Herman, *A Guide to the Gardens of Kyoto*, Tokyo 1980.

Indien

Brookes, J., *Paradise Gardens*, London 1987.

Grant Irving, Robert, *Indian Summer: Lutyens, Baker and Imperial Delhi*, London–New Haven 1981.

Türkei

Eldem, S. H., *Köskler ve Kaserlar*, Bd. 1, Istanbul 1969.

Goodwin, G., *Topkapi Palace*, London 1999.

Ncipoglu, G., *Architecture, Ceremonial and Power, The Topkapi Palace in the 15th and 16th Centuries*, New York 1991.

Die Autoren

Helena Attlee ist Autorin und Herausgeberin von Gartenliteratur. Für Zeitschriften wie *Country Life, Gardens Illustrated, House & Garden* und das *Telegraph*-Magazin verfaßte sie zahlreiche Beiträge über Gärten in England und im Ausland. Ihr gemeinsam mit Alex Ramsay verfaßtes Buch *Italian Gardens* erscheint 2001 in einer überarbeiteten Neuauflage.

Andrew Boorman unterrichtet Landschafts- und Gartenkunst am Writtle College, Essex. Seine auf zahlreichen Reisen außerhalb Europas gesammelten Erfahrungen bringt er in seine Vorlesungen über Gärten und Landschaften auf der ganzen Welt ein. Gegenwärtig beschäftigt er sich mit der Erforschung von Aspekten der Landschaftspsychologie und -ästhetik.

Peter Brimacombe ist freier Autor und Fotograf. Zu seinen Werken zählt *The Pitkin Guide to English Gardens*.

Susan Chamberlin, Architekturhistorikerin und Landschaftsarchitektin, ist Gründungsmitglied der California Garden & Landscape Society. Sie lebt in Santa Barbara, Kalifornien.

Peggy L. Cornett arbeitet seit 1983 in Monticello, zuerst als Assistant Director of Gardens and Grounds, seit 1992 als Direktorin des Thomas Jefferson Center for Historic Plants. Sie verfaßte *Popular Annuals of Eastern North America, 1865–1914* und schreibt für zahlreiche Zeitschriften und Publikationen. Sie ist Herausgeberin von *Magnolia*, dem vierteljährlichen Bulletin der Southern Garden History Society, sowie von *Twinleaf*, dem jährlichen Katalog des Center for Historic Plants.

David Crellin ist Architekturhistoriker und Lektor sowie Direktor der Victorian Society Summer School. Sein Spezialgebiet ist das Werk von Sir Edwin Lutyens.

Patrick Eyres unterrichtet theoretische Studien an der School of Art, Design and Textiles am Bradford College. Er ist leitender Herausgeber des *New Arcadian Journal*, das sich den georgianischen Landschaftsgärten widmet. Etliche Ausgaben (Nr. 10, 15, 23, 24, 33/34, 45/46) befassen sich mit dem Werk Ian Hamilton Finlays, zum Beispiel „The Ian Hamilton Finlay Sculpture Garden in Stockwood Park, Luton", in: *New Arcadian Journal*, Nr. 33/34 (1992).

Godfrey Goodwin ist Direktor der Royal Asiatic Society. Er unterrichtete in Ägypten und von 1957–1968 als Dozent für Garten- und Architekturgeschichte an der Bosporus-Universität in Istanbul. Er verfaßte zahlreiche Bücher über islamische Kunst und Kultur in Spanien sowie über die Ottomanen. Kürzlich erschien sein Führer durch das Topkapi-Serail.

Axel Griesinger hält an der Architectural Association in London Vorlesungen über Garden Conservation.

Caroline Holmes ist Autorin mit Spezialisierung auf die Themen Gartengestaltung und Geschichte der Gartenarchitektur. Sie unterrichtet an den Universitäten Cambridge und Essex, am Museum of Garden History und in den USA. Zu ihren Veröffentlichungen zählt *Monet: The Man, The Garden, The Paintings*; ihr neues Buch *Small Victorian Gardens* erscheint 2001.

David Jacques leitete 1982 die historischen Untersuchungen der Gärten von Hampton Court und die Restaurierung des Kammergartens im Jahr 1995. Er ist Vorsitzender der Garden History Society und Direktor der postgraduellen Studiengänge in Landschafts- und Gartenkunst der Architectural Association. In Sugnall, Staffordshire, betreibt er entsprechend der Familientradition eine Farm.

Erik A. de Jong ist Studiendirektor der Freien Universität Amsterdam. Seine zahlreichen Publikationen und Vorträge in Europa und Nordamerika befassen sich mit der Landschaftsarchitektur von 1600 bis heute. Er war 1993 und 2001 Stipendiat für Geschichte der Landschaftsarchitektur in Dumbarton Oaks.

Axel Klausmeier studierte Kunstgeschichte, mittelalterliche und neuzeitliche Geschichte an den Universitäten Bochum, München und Berlin. 1999 schloß er seine Dissertation über den englischen Architekten Thomas Ripley (1682–1758) ab. Seit 1999 arbeitet er als Kunsthistoriker in der Stiftung Preußische Schlösser und Gärten Berlin-Brandenburg. Er ist Autor zahlreicher Artikel zur Garten- und Architekturgeschichte.

Marcus Köhler unterrichtet Gartendenkmalpflege an der Fachhochschule Neubrandenburg.

Susan Garrett Mason lebt in Atlanta, Georgia, wo sie als Archäologin und Herausgeberin tätig war, ehe sie freie Autorin wurde. Ihre Spezialgebiete sind Garten- und Gourmetthemen. Eine ihrer Publikationen ist *Southwinds Gourmet*.

Sue Minter ist Kuratorin des Chelsea Physic Garden, London.

Magnus Olausson arbeitet am Nationalmuseum in Stockholm.

Laurence Pattacini unterrichtet am Department of Landscape, University of Sheffield.

David Radzinowicz studierte Literatur an französischen und englischen Universitäten. Er ist freier Autor, Übersetzer und Lexikograph; seine Spezialgebiete sind kulturelle Themen der Barockzeit und des 20. Jahrhunderts.

Jill Raggett hält Vorlesungen über Gärten und gestaltete Landschaft am Writtle College, Essex, und ist außerordentliche Professorin am Nova Scotia College of Agriculture, Kanada. Ihrer intensiven Reisetätigkeit verdankt sie ein reiches Wissen über historische und zeitgenössische Gärten. Derzeit vollendet sie ihre Dissertation über die Ursprünge und Ausdrucksformen japanischer Gärten in Großbritannien.

Michael Symes ist Gartenhistoriker am Birkbeck College, University of London. Er verfaßte zahlreiche Fachbücher, wie *Garden Sculpture* und *A Glossary of Garden History*.

Jan Woudstra ist Landschaftsarchitekt und Lektor am Department of Landscape der University of Sheffield. Er gehört zum Herausgebergremium von *Garden History*. Seine Dissertation befaßte sich mit der Landschaftsplanung und der Theorie der Moderne.

Personenregister

Bildnachweis

Die Ziffern verweisen auf die Seitenangaben.
o = oben; m = Mitte; u = unten; l = links; r = rechts

AKG, London 19, 22 ul, 30, 32, 35 um, 54 om, 56–57 u, 61 o, u, 64 l, 71 ur, 74 um, 75, 82 ml, 83 ml, 89, 98 ur, 99 o, 106 um, 111, 112 ul, 150
Peter Brimacombe 16 ol, 96 ol, 97, 119 u, 126 ul, 130 ol, ml, 131 or, 136 ol, ml
The Country Life Picture Library 142 ol, ul
Liz Eddison 17 u, 28 ur, 29 o
EWA/Tim Street-Porter 160–161
Garden & Wildlife Matters 124 o, u, 125 o, 154 l, r, 155
John Glover 122–123
Axel Griesinger 50–51, 66 ol, ml, ul, 74 ol, ml, 88 ol, ml, ul, 108 ol, um, 109
Jerry Harpur 25, 72 ml, 90 ml, ul, 92 ol, om, 92–93 o, 118 u, 133 ur, 136 ul, 137, 147, o, ur, 148 ol, 162 ul, 163, um
Peter Hayden 18 ol, ul, 31 o, 33 mr, ur, 38 ol, 41 o, 42 m, 43 o, 44–45, 67, 78 u, 82–83 um, 83 ol, 85 ol, 86 ol, 96 ul, 100 ol, or, 101, 102 ml, ul, 103, 104 om, or, 105 um, 114 o, m, u, 115, 116 o, u
Caroline Holmes 36 um, 65 or, 70 ol, 71 ul, 76 ml, ul, 80 ol, um, 81 ur, 110 o, u, 131 ur, 145 ul
Michael Jenner 22 um, 23, 24 ul, 106 mr
Balthazar Korab 156–157
Andrew Lawson 164–165
Middleton Place, Charleston, South Carolina 94–95
Monticello/Thomas Jefferson Foundation 112 ol, ml, 113
Clive Nichols 138–139
Nordiska Museet, Stockholm 117 o, u
Hugh Palmer 16 ul, 17 o, 29 ur, 31 u, 36 o, 36-37 o, 40 ol, ul, 40–41 u, 47 r, 58 ml, 62 ol, ul, 63 o, 65 om, 68–69, 72 ol, 73, 78 ol, 79, 84 ol, 85 u, or, 90 ol, 91, 93 ur, 98 ol, 99 ur, 106 ol, 108 ml, 120 om, 120–121 or, 128 ol, 132 ol, 132–133 om, 133 ul, 134–135, 140–141, 144, 145 ur, 158–159, 162 ol, 163 o
© M&J Raggett 24 ol, ur, 104 ol
Alex Ramsay Titelbild, 20–21, 33 l, 34 ol, ml, ul, 35 o, 38 ml, ul, 39 o, u, 42 l, 46 ol, ml, 54 ul, 54–55 o, 55 u, 58 ol, 59, 148 ul, 149 o, ur
Royal Library, Windsor Castle 28 ol
Harry Smith Collection 22 ol, 42 r, 43 u, 47 ol, 48 ol, ml, 56 ol, 58 ul, 63 ul, 65 ur, 71 o, 76 ol, 77, 80–81 or, 86 um, 87, 100 om, 105 o, 106 ml, 107, 118 ol, 119 o, 120 ol, 121 ur, 126 ol, 127 o, ur, 128 ul, 129, 145 o, 146 ol, 147 ul, 147 or, mr
SUNY-ESF Archives 125 u
Trip/T. Bognar 13
Trip/C. Rennie 49
Trip/H. Rogers 60 ol
Trip/J. Stanley 151 o, u
Trip/B. Turner 60 um
UNESCO 12
Andreas Volwahsen 143
Richard Weston 152–153
Tobias Wittig 14, 15, 26–27, 52–53

Der Verlag hat gewissenhaft versucht, alle Quellen und Urheberrechtsinhaber zu ermitteln und zu kennzeichnen. Er bittet etwaige Bildrechtsinhaber, die nicht ausfindig gemacht werden konnten, sich mit dem Verlag in Verbindung zu setzen.

Die schönsten Gärten und Parks der Welt
Titel der Originalausgabe: Gartenkunst

Einbandgestaltung: init, Büro für Gestaltung, Bielefeld
Einbandabbildungen auf der Buchvorderseite von oben nach unten rechts: Park Sanssouci in Potsdam, picture-alliance/Bildagentur Huber; Hampton Court Palace, England, picture-alliance/dpa/dpaweb; Kinkaku-ji, Japan, picture-alliance/ dpa/dpaweb; Schloss Hellbrunn, picture-alliance/Bildagentur Huber; Villa d'Este, Italien, picture-alliance/Bildagentur Huber; auf der Buchrückseite: Villa Garzoni, Italien, picture-alliance/Bildagentur Huber

Gesamtherstellung: area verlag gmbh, Erftstadt
Printed in Slovakia 2007

ISBN 978-3-8361-1031-0

www.area-verlag.de